JETZT
WIRD LAUFEN
ZUM ERLEBNIS

Dagmar Rabensteiner
Andreas Maier

JETZT
WIRD LAUFEN
ZUM ERLEBNIS

Deuticke

Inhalt

Die Geschichte dieser Geschichte 7

Selbstvergessen und hellwach
(1963 – 1990: Anfang einer Leidenschaft) 12

Mutig das machen, wofür man sich begeistert
(1990 – 1997) 19

Wie man's anfängt
Ein paar einfache Richtlinien fürs gesunde Laufen 25

Keep on Running
Gesundheit, Laufen, Wohlbefinden 32

Die sportärztliche Untersuchung 39

Ein Talent wachrufen
(1998 – 1999: Faszination der Leistung) 42

Pulsfrequenzen und Laufgefühl 48

„Rasender Stillstand"
(Oktober 1999 – Mai 2000: Die Karenzierung) 55

Marathon – Ein Mythos braucht Methode 62

Erfolgreich, erfolglos?
Frühling 2000: Valencia, Rotterdam, Wien –
Drei Marathons in 15 Wochen 70

Denkdisziplin
Positiv denken, um positiv zu fühlen! 75

Doping
Anabolika, Wachstumshormone und Erythropoietin –
die Wunderdrogen im Ausdauersport? 77

Laufen, Beruf und Familie 82

Ein ganz normaler Tag im Leben
Zum Glück haben manche Tage 36 Stunden! 98

Zeit zum Laufen 102

Ernährung
Was nicht nur Läufer essen sollten 104

In dünner Luft
(St. Moritz, 12.8. – 2.9.2000)   120

St. Moritz 2000 – Das Training   125

Amsterdam – Ich kann es!
(15. Oktober 2000)   128

Gestörter Rhythmus   135

In der Höhe
(Kenia, 19.12.2000 – 25.1.2001)   137

Zerbrechliche Stärke
(Februar – Mai 2001: Die Krise)   150

Übertraining:
Wenn sich der Körper selbst aufbraucht   162

Ein Neuanfang
(Juni/Juli 2001)   167

St. Moritz, die zweite
(11. 8. – 8. 9. 2001: Wie die Kraft zurückkehrte)   170

St. Moritz 2001 – Das Training   177

Athlet und Trainer
Einige (unvollständige) Gedanken über eine
wichtige Partnerschaft im Sport
Von Johannes Langer   183

Zwischen Vorfreude und Verunsicherung
(September 2001: Die Wochen vor dem
Berlin-Marathon)   187

Der Berlin – Marathon
(30. September 2001)   192

Frauen laufen anders   198

Kurze Geschichte des langen Laufens   207

Im Ziel ist immer am Start   209

Anhang:

Lebenslauf   212

Laufbewerbe 1993 – 2001   213

„Übrigens sind die, die ankommen, nicht mehr die gleichen."
(Daniel de Roulet, *Die blaue Linie)*

Die Geschichte dieser Geschichte

In den Straßenzügen von Wien flimmert die Luft über dem Asphalt. Es ist der 30. Mai 1999, zum ersten Mal in diesem Jahr gibt es Temperaturen von über 30° C. Eine drahtige, sanft lächelnde Frau beendet in 2 Stunden, 49 Minuten und 33 Sekunden den City-Marathon in Österreichs Hauptstadt. Mit leicht zur Seite geneigtem Kopf erreicht sie als sechste der Frauenwertung das Ziel. Tags darauf steht in den Zeitungen zu lesen: „Schnellste heimische Läuferin war überraschend Dagmar Rabensteiner, eine 36-jährige Ärztin aus Wien."

Dagmar Rabensteiner? Selbst in Läuferkreisen war dieser Name unbekannt. Das Magazin *Laufsport* wollte daher ein Porträt über diese unbekannte Schnelle bringen. Als ich das erste Mal ihre Nummer wählte und sie sich meldete, meinte ich, mit einer 15-jährigen zu reden. Ihre Stimme klang freundlich und warm. Sie sprach langsam und mit einer eigentümlich schwingenden Melodie, es war, als hätte ich ein naives Mädchen am anderen Ende der Leitung. Aber das passte nicht zu den Fakten, die mir bekannt waren: Medizinerin, viertes Lebensjahrzehnt. Es passte auch nicht zu dem Menschen, den ich kennen lernen sollte. Wir vereinbarten ein Treffen.

Der Lauf in Wien war der Beginn ihres erstaunlichen Aufstiegs. Erst fünf Monate zuvor hatte die Hobbyläuferin begonnen, ihr Training nach einigen sportwissenschaftlichen Grundsätzen aufzubauen. Ihre Leistung war also außergewöhnlich, besonders wenn man die enorme Hitze jenes Tages berücksichtigt. Das Laufen hatte sich sich mehr und mehr in ihrem Kopf festgesetzt. Sie wollte wissen, wie es ist, die eigene Leistungsfähigkeit auszuschöpfen. Sie arbeitete damals als Internistin im Krankenhaus Lainz, einem Wiener Gemeindespital. Auf der Intensivstation betreute sie Menschen an der Grenze ihres Lebens. Wenn sie sich beim Laufen bis zur Erschöpfung belastete, war ihr durchaus bewusst, dass ihre Marathonwelt dagegen ein aufregendes Spiel war. Doch dieses Spiel, dieses Hobby nahm sie dennoch so ernst, dass sie manchmal in schiere Verzweiflung geriet. Aber, so sagte sie einmal, „ist nicht gerade *das* intensives Leben, wenn man um die ‚kleinen Dinge' kämpft, als wären sie ganz wichtig?"

Zur Zeit unseres ersten Telefonats war ihr sportlicher Aufstieg noch Zukunftsmusik. Das Gespräch ein paar Tage danach ging über Fakten nicht wesentlich hinaus. Sie erzählte von ihrer Freude an der Bewegung, und dass sie oft mit Peter, ihrem damals 15-jährigen Sohn, gemeinsam trainiere. Gleich in der ersten Woche nach dem Wien-Marathon sei sie bereits wieder 140 Kilometer gelaufen. Einfach so, aus Spaß. Neben dem Marathontraining verbringe sie oft bis zu 60 Stunden pro Woche im Krankenhaus. Eine ungeheure Energie wohnte in ihr, die manchmal wie Rastlosigkeit anmutete. Sie konnte unglaublich aufgedreht sein, atemlos und mit funkelnden Augen, dann wieder sehr bedacht und plötzlich unsicher. Sie konnte ihre Empfindungen und Gedanken präzise in Worte fassen, und man merkte, dass ihre Sätze nicht vorformuliert waren, sondern spontan aus der Situation heraus entstanden. Nach weiteren Zielen befragt, antwortete sie eher ausweichend. Sie und Peter, ihr Mann, wollten keine großspurigen Ankündigungen machen: „In den nächsten Jahren soll das Training weiter in Richtung Leistungssport optimiert werden", sagten sie damals.

Es blieb in der Folge ein loser Kontakt zwischen uns bestehen. Nichts Besonderes, nichts Persönliches. Oft trafen wir uns zufällig beim Laufen in der Prater Hauptallee, Österreichs meistfrequentierter Läufermeile. Gelegentlich schloss ich mich ihr für einige Kilometer an, wenn mir ihr Tempo nicht zu fordernd erschien. Ich mochte das sehr gerne. Sie hatte einen beschwingten, federnden Laufstil, so dass ich mir selbst unglaublich leicht dabei vorkam. Sie erzählte von ihrem Training, und wenn wir uns nach einiger Zeit wieder trennten, wunderte ich mich jedes Mal, wie aufgeräumt und freudig mich unser kurzes Nebeneinander-Laufen gemacht hatte.

In der Zeit begann ihre Leistungskurve anzusteigen. Im Oktober 1999 gewann sie den Marathon in Graz mit einer Zeit von 2:41:46 Stunden; erst vier Läuferinnen aus Österreich waren zuvor schneller gewesen. Sie spürte, dass trotz ihres für eine Sportlerin hohen Alters noch ein großes Potenzial in ihr steckte.

Das Laufen hatte als intensives Hobby begonnen, das sie neben dem Beruf als Wissenschaftlerin und Ärztin zum Ausgleich brauchte. Erst 1993, im Alter von 30 Jahren, war sie ihren ersten Marathon gelaufen – ihr erstes Rennen überhaupt. Nun wollte sie den Sport zur Hauptsache machen. Sie trainierte nach genauen Plänen und ließ sich im Oktober 1999 für sieben Monate vom Spitalsdienst karenzieren. Sie richtete ihre ganze Energie auf das Laufen. Am Horizont standen zwei Ziele: Der österreichische Rekord, seit über einem Jahrzehnt bei 2:37:09 Stunden, und die Qualifikation für die Olympischen Spiele in Sydney im Herbst 2000. Es war klar, dass es für sie, die mit 36 Jahren in den Spitzensport einstieg, nicht mehr um den Gewinn einer Weltmeisterschaft gehen könnte. Aber sie wollte ihre Grenzen ausloten. Das war es, was sie faszinierte.

Diese Periode der vollen Konzentration auf das Laufen begann wenig erfreulich, und wer an Vorzeichen glaubt, hätte sich entmutigen lassen. Im Dezember 1999 machte sich am ersten Tag eines für zwei Wochen geplanten Trainingslagers in Gran Canaria an der vorderen Schienbeinsehne eine schmerzhafte Entzündung bemerkbar. Sie, die sich praktisch unverwundbar gefühlt hatte, fürchtete plötzlich das vorschnelle Ende ihrer Laufbahn. Es war der Tag des ersten schweren Schneefalls in Wien, als sie vor dem Eingang zur Orthopädischen Ambulanz des Wiener Spitals SMZ-Ost saß und darauf hoffte, an einer Operation vorbeizukommen. Ich war damals Zivildiener beim Roten Kreuz und kam zufällig diesen Gang entlang. Ihr sonst leuchtendes Gesicht wirkte grau. Der kleine Rest Lächeln schwankte zwischen selbst auferlegter Zuversicht und stummer Verzweiflung. Ich bekam eine Ahnung davon, wie extrem das Befinden dieser scheinbar stets fröhlichen Frau – wie wohl das eines jeden Leistungssportlers – an die Verfassung des eigenen Körpers geknüpft sein musste.

Ihre Verletzung heilte ohne Operation ab, und sie konnte ihr gewohntes Training wieder aufnehmen. Bereits wenige Wochen später, an einem nebligen Vormittag, trafen wir wieder laufend aufeinander. Eine schmale, leichtfüßige Person kam mir entgegen. Sehr locker. Erst aus wenigen Metern Entfernung erkannte ich sie. Sie erzählte, dass sie auf einem 3-Stunden-Lauf unterwegs sei, die Donau aufwärts bis Greifenstein. Die Begeisterung stand wieder in ihrem Gesicht, diese im besten Sinn kindliche Freude an der unmittelbaren Situation. „Manchmal, wenn Dagmar nach einem 40-km-Dauerlauf vor Freude durch die Gegend hüpft, frage ich mich schon, woher diese 48 Kilo ‚schwere' Läuferin die scheinbar grenzenlose Energie nimmt", schrieb ihr damaliger Trainer Wilhelm Lilge. „An anderen Tagen frage ich mich, wie man diesem sensiblen und verletzlichen Menschen die große Verunsicherung wieder nehmen kann."

Während ihrer Karenzierung lief Dagmar Rabensteiner drei Marathons binnen 15 Wochen, nicht eben ein empfehlenswerter Trainingsaufbau. Sie erreichte in Rotterdam ihre damalige Bestzeit von 2:38:56 Stunden. Unmittelbar nach dieser Phase sagte sie: „Ich kann keinen Trainingsplan mehr sehen im Moment. Jetzt laufe ich nur für mich, das brauche ich einfach." Das war es, was sie zum Laufen gebracht hatte: Das selbstvergessene Traben, irgendwo hügelauf, hügelab durch den Wald. „Laufen ist mein Platz zum Träumen", sagt sie oft, und wer sie je beobachtet hat, weiß, dass es stimmt. Meistens zumindest. Dass außer dem Laufen nichts zählen sollte, hatte ihr während der Karenzierung die Freude daran genommen und ihre Kraft blockiert. Die Medizin, der Kontakt mit Patienten und Kollegen, waren ein Teil ihres Lebens, der ihr fehlte. Stets braucht sie eine Gegenwelt zu dem, was ihr gerade wichtig ist. Weder der österreichische Rekord noch die Olympiaqualifikation schien damals in Reichweite.

Doch der Leistungssport übte weiter einen unwiderstehlichen Sog auf sie aus. Kaum jemals trainierte sie weniger als 20 Stunden pro Woche. Ihre Karenzierung lief aus. Sie nahm im Mai 2000 wieder ihre Arbeit im Krankenhaus Lainz auf, um ihre Facharztausbildung zu beenden. Zwischen Nachtdiensten, Familie und Training drohte ihre Kraft zu versiegen. Oft trainierte sie bis an die Grenze ihrer Belastbarkeit: „Fast macht mir mein Körper Angst", schrieb sie während eines Höhentrainingslagers in St. Moritz. „Ich atme schwer, bin ausgelaugt und zittrig, verunsichert und ängstlich. Es ist für mich immer wieder verwunderlich, wie solch intensives Training die Stabilität ins Wanken bringt und einen Menschen verändert. Wozu dieser Einsatz? Doch auf eigentümliche Art liebe ich diese extreme Form, den Laufsport zu betreiben." Wenige Wochen danach startete sie beim Marathon von Amsterdam. Am 15. Oktober 2000, nach nur 20 Monaten leistungsorientiertem Training, überbot sie dort die 14 Jahre alte Österreichische Bestleistung im Marathonlauf. Minuten nach dem Zieleinlauf erschien auf dem Handy-Display ihres Trainers in Wien die Nachricht: „2:35:42 – Ich bin so glücklich!"

Nach ihrem Rekordlauf war das Limit für die Weltmeisterschaft ein nächstes Ziel – eine Zeit von unter 2 :35:00. Sie war in blendender Form und hatte für den 11. März 2001 eine Einladung zum Frauenmarathon im japanischen Nagoya. Doch ihr Training lief falsch. Wochenlang war sie übermüdet. Sie stürzte von der Spitze ihrer Leistungsfähigkeit in eine monatelange Kraftlosigkeit: „Übertraining" – eine tiefgreifende Reaktion des Körpers, wenn seine Grenzen zu lange ignoriert werden. Zu dieser Zeit rief ich sie wieder einmal an. Ich hatte keine Ahnung von ihrem körperlichen und mentalen Zustand. Sie begann zu erzählen: „Ich bin durch Situationen gegangen, die ich nicht für möglich gehalten hätte. Ist es nicht paradox, seine gesamte Energie darauf zu verwenden, dass man völlig die Kraft und die Zuversicht verliert – nur durch das Laufen? Aber jetzt kommt die Freude wieder, dieses leichte Laufgefühl." Sie habe bereits öfters daran gedacht, ihre Erlebnisse aufzuschreiben, ihre Emotionen weiterzugeben, und ihr Wissen als Ärztin. Aber nie habe sie Zeit und Ausdauer dafür gefunden. „Wollen wir nicht ein Buch gemeinsam schreiben?", fragte sie. „Alleine mache ich es nicht. Zu zweit würde es gehen."

Wir begannen im Juni 2001 unsere Zusammenarbeit. Fast 25.000 Menschen hatten kurz zuvor an den Bewerben des jährlichen Wien-Marathons teilgenommen. Hunderttausende laufen unabhängig von Veranstaltungen irgendwann morgens oder abends ihre Strecken. Was treibt sie an? Was treibt Dagmar Rabensteiner an? Es wurde ein Buch über die Freude am Laufen, über Talent, Training und Gesundheit. Über den Mut, intensiv das zu machen, wofür man sich begeistert, und über jene Erfahrungen, die einen Menschen einzigartig machen. Ein Bericht aus der schönen Grenzwelt des Marathonlaufens und über Dagmar Rabensteiners Liebe zu 42,195 Kilometern.

Selbstvergessen und hellwach
(1963 – 1990: Anfang einer Leidenschaft)

Nein, sie hatte keine sportlichen Eltern. Und niemals war sie im heimatlichen Tirol bei irgendwelchen Kinder- oder Jugendläufen gestartet. Eine Dagmar Rabensteiner kannte man in Läuferkreisen nicht.

Wie das mit dem Laufen begann? Vielleicht so:

„Durch ein Gebüsch, auf einen Felsblock hinauf, quer über die Almwiese – jeden Nachmittag das gleiche: Die Schultasche in die Ecke stellen und weg. Stundenlang durchstreifte ich die Umgebung unseres Hauses am Innsbrucker Stadtrand, die Wälder und Almen unterhalb der Nordkettengipfel. Ich hatte einen Lieblingsort, eine hohe Kastanie, nicht weit von zu Hause. Mein Platz zum Träumen."

Sie klettert oft den Stamm hinauf, legt ihre Kniekehlen um einen waagrecht abstehenden Ast und lässt den Oberkörper nach unten fallen. So baumelt sie kopfüber in der Luft. Eingehängt in ihren Lieblingsbaum und ausgeklinkt aus ihrer Realität. Sie träumt von der Sahara, die sie mit ihrem Großvater bereist hatte, von den unendlichen, heißen Dünenwogen, geschwungene Sandgrate, messerscharf konturiert vom Sonnenschein. Sie stellt sich vor, dazwischen umherzustreifen, geleitet nur von ihrer Neugier. Sie fühlt sich unsagbar wohl in diesen Phantasiewinkeln im Blätterwerk. Es ist eine Welt, die nur ihr gehört, die sie Zeit und Alltag vergessen lässt.

„Dagmar!"

„Ja, ja." Ein Fingerschnippen genügte, und sie schaltete blitzschnell um, zurück in die Wirklichkeit. Ihre Lehrer mussten die Vorzugsschülerin oft dazu anstoßen. „Der Wechsel zwischen Tagträumen und der totalen Konzentration auf die momentane Anforderung prägte schon immer meinen Tagesablauf." Sie konnte sich völlig einer Sache widmen, wenn es die Situation verlangte. Die Schule war für sie daher trotz träumerischer Abwesenheiten kein Problem. Sie war genau und fleißig. Im Zeugnis standen nur Einsen. So sehr sie oft gänzlich in ihren Träumen versank, so intensiv konnte sie sich auch ganz praktischen Dingen widmen. Eines schien immer das andere zu brauchen. Heute träumt sie beim Laufen. Anders würde ihr der Sport keinen Spaß machen, und anders wäre sie auch nicht erfolgreich. Damals, zu ihrer Schulzeit, gab es nichts, was man als „Training" oder „Sport" hätte bezeichnen können. Und in ihrem Kopf ist dieses spielerische Unterwegs-Sein immer noch lebendig.

„Wenn ich einen Lauf von zwei Stunden auf flacher, exakt vermessener Strecke absolvieren soll, zieht sich das Training manchmal unerträglich in die Länge. Meine Schritte sind unrund, ich laufe wie gegen einen Widerstand. Ich mühe mich ab, blicke irgendwann auf die Uhr und stelle erschrocken fest: Erst 20 Minuten! Anders hingegen im Wald. Die Zeit vergeht dort wie im Flug, und ich komme erfrischt zurück. Das sind meine schönsten Läufe, wenn ich nur um des Laufens willen laufe, und dabei vergesse, was ich eigentlich mache."

Ihr Laufen ist dennoch anders geworden. Es ist nun sportwissenschaftlich analysiert und gesteuert. Sie achtet auf Pulsfrequenzen, Kilometerzeiten und die Einhaltung eines Trainingsplans. „Nicht bei jeder Trainingseinheit fällt es mir leicht, das Laufen als Vergnügen und Platz zum Träumen zu sehen. Aber würde ich ohne Freude am Laufen durch die Gegend jagen, könnte ich niemals mein Trainingsprogramm von über 200 Kilometern pro Woche durchziehen." Auf die gleiche Weise legte sie als Kind in den Innsbrucker Bergen einen wichtigen Grundstein für ihre heutige Ausdauerleistungen: Das Herumstreifen war ein aufregendes Spiel, das einfach Spaß machte. Wer Erfolg haben will – was immer man als Erfolg ansieht –, braucht diese innere Freude, die ohne äußeren Anstoß auskommt.

Als kleines Mädchen trippelte Dagmar Rabensteiner stets zu Fuß zur Schule, obwohl es einen Schulbus gab. Einfach so. Jeden Morgen die sieben Kilometer lange Strecke von Sadrach, einem Innsbrucker Stadtteil, der direkt an die Wälder der Nordkette grenzt, durch den Botanischen Garten zur Schule in der Steinerstraße: „Hille, ein fünf Jahre älteres Nachbarmädchen, begleitete mich oft einen Teil des Weges, und ich musste mich gehörig anstrengen, um mit ihren großen Schritten mitzuhalten." Wahrscheinlich konnte Dagmar nur deshalb die Schulstunden einigermaßen ruhig verfolgen, denn längere Zeit still zu sitzen ist noch heute nichts für sie. Schilifte wollte sie damals ebenso wenig nutzen. Wozu auch? Die Wiese neben ihrem Haus stieg sie selbst hoch und brettelte dort ihre Piste. Später unternahm sie mit Freunden oft lange Schitouren oder war auf Langlaufschiern und mit Firngleitern unterwegs.

Leistungssportlerin – ein vorgezeichneter Weg? Vom Mädchen mit dem weiten Schulweg zur Marathonläuferin, so wie das bei afrikanischen Athleten sein soll? „Dass ich zu laufen begonnen habe, war von Zufällen, Emotionen und Ereignissen geprägt, denen ich Platz eingeräumt habe". Dagmar sieht bei sich selbst keine logische oder vorhersehbare Entwicklung. „Es hätte alles ganz anders verlaufen können – und lange Zeit tat es das auch."

Sport als bewusste Tätigkeit war in den ersten drei Lebensjahrzehnten ein fremder Kontinent für sie. Ihr Umfeld war kein Vorbild für das Laufen. Ihre Mutter hatte jedoch eine besondere Vorliebe für das Ausgefallene. Sie pflegte einen exzessiven Lebensstil, kaufte teure Möbel für ihre Wohnungen, nur um sie einen Monat später wieder hinauszuwerfen. Sie verwirklichte oft nahezu rücksichtslos das, worauf sie Lust hatte. Ein „Das-gehört-sich-doch-nicht" war ihr unbekannt. Peter, Dagmars Sohn, nannte sie liebevoll und entwaffnend die „Spinner-Omi". Sie mochte Verhaltensweisen, die nicht der Norm entsprachen. Deshalb war sie auch stolz auf die Unruhe ihrer Tochter und ihren Drang auszubrechen; wahrscheinlich mehr als auf deren gute Zeugnisse. „Ich habe von ihr einen gewissen Hang geerbt, das Gefühlsbetonte zu tun und nicht unbedingt das Logische. Zum Beispiel Marathons zu laufen."

Das Laufen auf einer vorgegebenen Strecke hatte jedoch keinen Reiz für Dagmar. Bei Laufbewerben in der Schule war sie zwar meistens die Schnellste. Über andere zu triumphieren war aber kein Gewinn, der sie gefreut hätte. Sie suchte die Herausforderung nicht auf dem Sportplatz. Die kleine Dagmar war augenscheinlich nett und angepasst. Aber in ihr steckte ein Drang zum Ausloten der Grenzen, der sich nicht auf manche freche Bemerkungen den Lehrern gegenüber beschränkte. Aus dem Durchstreifen der Umgebung erwuchs eine Lust an halsbrecherischen Unternehmungen.

Die Gymnasiastin suchte das Risiko und manövrierte sich begeistert in extreme Situationen. Klettertouren, bei denen Felsbrocken mit voller Wucht auf ihren Helm prallten; ein Motorradcrash in Südportugal, frontal in eine Hauswand; Schitouren, bei der sie von einem Schneebrett mitgerissen wurde ...

Es war eine wilde Zeit, und die Situation drohte zu eskalieren.

Sie fühlte, dass sich ihr Leben ändern musste und suchte nach einer anderen Richtung. Mit 18 Jahren lernte sie Peter Rabensteiner kennen, ihren jetzigen Ehemann. Auch mit ihm unternahm sie lange Berg- und Radtouren. Einmal fuhren sie an einem Tag von Innsbruck über den Brenner nach Sterzing, weiter über das Pfitscher Joch ins Zillertal und über Schwaz wieder zurück nach Innsbruck. Mehr als 200 Kilometer und über 3000 Höhenmeter. Doch das bewusste Eingehen von Risiken war plötzlich vorbei. „Als ich schwanger wurde, war vollends klar, dass ich Verantwortung trage, nicht nur für mein eigenes Leben. Bergtouren machten wir zwar weiterhin. Aber es waren gefahrlose Unternehmen. Nach der Geburt unseres Sohnes gings dann sofort wieder in die Berge – den kleinen Peter um den Bauch oder auf den Rücken geschnallt. Körperliche Aktivität gehört einfach zu mir, sie ist mir ein Grundbedürfnis."

Zu dritt unternahmen sie oft mehrwöchige Reisen, zum Beispiel durch den Dschungel von Sulawesi in Indonesien oder ins Hochland von Kaschmir bis zum Fuß des Mount Everest, auf eigene Faust, ohne Adventure-Guide. Als sie einmal im Himalaya auf einem Treck vom starken Schneefall überrascht wurden und nicht mehr weiter konnten, halfen ihnen die Einheimischen mit Unterkunft und Verpflegung. Es waren Ausbrüche aus der Welt des Vertrauten. Nicht wirklich extrem, aber abenteuerlicher, als es den meisten Leuten lieb wäre. Der Marathon wurde dann später so etwas wie eine domestizierte Form dieser Unternehmungen.

Unterdessen hatte sie an der Universität Innsbruck ein Medizinstudium begonnen – eine standesgemäße Entscheidung für die Tochter einer gutsituierten Akademikerfamilie. Doch die Medizin interessierte sie wirklich. Sie war am Ende des zweiten Studienabschnitts, als Peter, ihr Mann, einen beruflichen Wechsel vornahm, der einen Umzug nach Wien nach sich zog: „Es war außerordentlich schwierig – Studium, Kind, Großstadt. Unsere erste Wohnung lag im 5. Bezirk, in einer grauen Umgebung. Die Freunde fehlten mir. Ich fühlte mich entwurzelt und verloren. Für das Leben in der Asphaltstadt schien ich nicht geeignet. Sehnsüchtig blickte ich nach draußen und entdeckte langsam die Hügel des Wienerwaldes für mich. Dort konnte ich mich frei fühlen und durchatmen."

Und erst zu dieser Zeit, mit 27 Jahren, begann sie mit jener Aktivität, von der sie damals nicht ahnte, dass sie einmal zur Hauptsache in ihrem Leben werden würde: mit dem Laufen.

Was Laufen ist ...

Das selbstvergessene Spiel des Kindes
Beim Dahintraben den vergangenen Tag abstreifen
Die eigene Schnelligkeit spüren, dahinfliegen und jubeln
Das Beste aus sich herausholen
Dampf ablassen und Ruhe ernten, Energie verbrauchen und neue
* Energie gewinnen*
Die Arbeit der Muskeln fühlen, das Pumpen der Lunge, den Hunger
* in allen Körperteilen und die grenzenlose Gelassenheit nach einem*
* langen Lauf*
Eine Verwandlung: Konzentriert am Start, euphorisch im Ziel – oder
* niedergeschlagen*
Aus sich heraus gehen und in sich hineinhorchen
Eine meditative Bewegungsform, ein anderer Zustand von Sein und
* Wirklichkeit, Körper und Kopf sind weggetreten, nur die Leichtig-*
* keit zählt, der Strom der Schritte, Kraft gepaart mit Anstrengungs-*
* losigkeit*
In einen Trancezustand geraten, aus dem du nicht herausgeholt
* werden möchtest*
Natur und Umgebung wahrnehmen, Augenblicke und Stimmungen –
* teils unbewusst, gleichzeitig doch intensiv und mit allen Sinnen*
Gemeinsam um Zeiten kämpfen – das verbindet.
Ein Spiel und ein Experiment mit dem Körper: Traben, lossprinten,
* hüpfen, zwei Stunden lang den gleichen Rhythmus, große Schritte*
* bergab, einfach laufen lassen. Und zwischendurch so richtig auf-*
* drehen ...*

Dagmar Umfer, Innsbruck 1968

Kindheit in den Bergen, Tirol 1971

Skitour mit Sohn Peter, Tirol 1992

Mutig das machen, wofür man sich begeistert

(1990 – 1997)

April 1993: Wien läuft gerade Marathon, und Dagmar Rabensteiner denkt: „Aus." Das Rennen ist etwas über drei Stunden alt, und die Schnellsten werden bereits gefeiert. „Wozu?", denkt sie und hockt sich vor das Museum für Angewandte Kunst auf den Gehsteig. Knapp 40 Kilometer auf Asphalt haben die Muskelfasern in ihren Oberschenkeln und die Zuversicht in ihrem Kopf zermürbt. „Warum jetzt noch weiter hecheln? Sollen sich doch alle ins Ziel quälen! Mich freut das nicht mehr."

Die Ankündigungen in den Wiener Straßen hatten sie auf den Marathon aufmerksam gemacht. Spontan meldete sie sich an. Zuvor war sie regelmäßig gelaufen, etwa sechs Stunden die Woche irgendwo durch den Wald, jedoch ohne Ahnung von Trainingsplanung oder Marathonvorbereitung. Ausdauer war seit jeher ihre Leidenschaft: „Es reizte mich einfach. Ich wollte es ausprobieren." Aber die erste Bekanntschaft mit einem Marathon schien nach 39,6 Kilometern vorschnell ein Ende gefunden zu haben.

„Komm, lauf weiter!"

„Um Himmels willen", dachte sie. „Keine Anfeuerungen. Ich will nicht mehr."

Einen Marathon aufzugeben, ist manchmal schwieriger, als es den Anschein hat. Das Publikum ist immer dagegen.

Nochmals: „Komm, Dagmar!"

Peter, ihr Mann, war urplötzlich aufgetaucht. Auch er hatte an diesem Tag zum ersten Mal den Marathon laufen wollen. Allerdings hatte er sein Tempo nicht halten können und das Rennen bereits in einen Spaziergang verwandelt. „Wie lange sitzt du schon hier? Laufen wir gemeinsam ins Ziel." Als hätte der Körper jedoch erst durch die Pause realisiert, was ihm widerfahren war, meldete er schmerzend Protest an. Sie rannte dennoch wieder los. Gemeinsam querten sie die Ziellinie – 3:28:00 Stunden. Ein Lachen gab es nur fürs Erinnerungsfoto. „Die nächsten Tage ist sie dann vor Schmerzen die Stiegen nur rückwärts runtergekommen", erinnert sich ihr Mann. Dagmar ahnte damals nicht, dass ihre Laufzeit inklusive zehnminütigem Stopp vor dem Museum für eine Debütantin recht passabel war. Damals dachte sie nur: Marathon – nein danke. Doppeltes Rufzeichen.

Gelaufen ist sie dann doch immer wieder. Es war ein Ventil für sie, das sie neben der Arbeit brauchte. Es war ein Stück Freiheit, wenn sie die Weinberge unter ihre Füße nahm, wenn sie oft kraftlos weglief und voller Energie zurückkehrte.

Doch wie kam es dazu, dass Dagmar Rabensteiner – 36-jährige Mutter, Ärztin, Joggerin –, Woche für Woche Hunderte Kilometer zu laufen begann? Dass Laufen zum Zentrum ihrer Gedanken wurde, nach dem sich jede Lebensäußerung auszurichten begann wie Eisenspäne um einen Magneten? Dass es zum Objekt der Identifikation wurde, das zeitweise völlig ihr Selbstwertgefühl bestimmen konnte? Am Anfang stand – wie der berühmte Flügelschlag eines Schmetterlings, der ein Unwetter auslösen kann – ein berufliches Angebot, das mit dem Laufen nichts zu tun hatte.

„So eine Chance kriegst du nur einmal im Leben", sagten ihr die Kollegen am Wiener AKH.

Und sie hatten zweifellos recht. Eine derartige Möglichkeit für eine Laufbahn als Wissenschaftlerin würde sich ihr kein zweites Mal eröffnen. Dennoch regten sich Bedenken.

Sie hatte 1991 in Wien ihr Medizinstudium abgeschlossen und anschließend begonnen, im Allgemeinen Krankenhaus an Forschungsprojekten zu arbeiten. Ihr Interesse galt Stoffwechselerkrankungen wie Diabetes. Die Arbeit im Forschungslabor der Abteilung für Innere Medizin III tauchte sie tage- und nächtelang ins Neonlicht. Aber ihre Begeisterung für die Untersuchungen auf Ebene 7 der Medizin-Festung war unerschütterlich: „Ich verbrachte viele Stunden dort. Selbst zu Hause sprach ich unermüdlich von Gen-Mutationen, Polymerase-Kettenreaktionen und dergleichen." Ihre praktisch-gewissenhafte Seite hatte Hochkonjunktur.

Die Forschungstätigkeit war recht mühsam, aber sie hatte Erfolg. Es war ihr gelungen, eine mögliche Erklärung zu finden, warum manche Diabetiker als Folge ihrer Krankheit erblinden, andere hingegen trotz ständig schlechter Blutzuckerwerte keine schweren Spätfolgen an den Augen aufweisen. Eine der Ursachen liegt in einem bestimmten Gen, dem „Angiotensin Converting Enzym Gen", das in drei Varianten auftreten kann. Zwei davon sind relativ harmlos. Trägt ein Diabetes-Patient jedoch die dritte Spielart in sich, läuft er ein hohes Risiko, seine Sehkraft zu verlieren. Sie veröffentlichte ihre Ergebnisse in *Diabetes Care*, einem renommierten amerikanischen Wissenschaftsjournal. So etwas hebt das Ansehen unter Medizinern. Publikationen in Top-Journals, wie sie ihr gelungen waren, sind die harte Währung im akademischen Betrieb. Sie wurde zu Kongressen eingeladen, um ihre Forschungsergebnisse zu präsentieren. Das tat sie mit großer Begeisterung, überzeugt von der klinischen Wertigkeit ihrer Untersuchungen. 1995 etwa war sie bei der Europäischen Diabetes-Tagung in Stockholm. Dort kam erstmals Andrzej Krolewski auf sie zu. Krolewski, Professor an der Harvard University in Boston, gilt als der Diabetes-Papst. Jeder, der sich mit Stoffwechselstörungen beschäftigt, kennt seinen Namen.

„Doktor Rabensteiner", begann er, „wollen Sie nicht an das Joslin Diabetes Center in Boston kommen und dort forschen? Sie haben alle Möglichkeiten. Sie bräuchten ein Jahr, um zu forschen, ein weiteres, um ihre Ergebnisse niederzuschreiben. In absehbarer Zeit könnten Sie sich habilitieren."

Sie war wie betäubt.

Jeder ihrer Kollegen hätte wohl sofort zugegriffen. Sie hingegen überlegte: „Soll ich mich jetzt freuen?" Die Habilitation ist das Sprungbrett in die akademischen Hierarchie. Ohne Habilitation, für die eine umfangreiche wissenschaftliche Arbeit nötig ist, gibt es keine Stelle als Professor an einer Universität. Krolewski bot ihr die Chance zur Karriere an einer der angesehensten Universitäten der Welt. Sein Angebot schien die perfekte Fortsetzung ihres bisherigen Weges zu sein. Aber paradoxerweise rüttelte es an ihrem Selbstverständnis.

„Klar, ich war geschmeichelt, und mein Selbstbewusstsein hob ab wie ein Heißluftballon. Doch die Zweifel nagten. Die Wissenschaft faszinierte mich. Zu verlockend war die Aussicht, an einer US-Forschungsklinik zu arbeiten, vielleicht an wichtigen Entdeckungen beteiligt zu sein. Andererseits schien mir die medizinische Forschung ein sehr streng reglementierter Betrieb, aus dem es kaum mehr möglich sein würde auszubrechen." Sie merkte, dass es auf eine Weichenstellung zuging. „Heute weiß ich", sagt sie, „dass meine Entscheidung von Anfang an feststand. Doch heimlich ärgerte ich mich über meine Zögerlichkeit. Es braucht manchmal sehr viel Mut, seiner Überzeugung Worte zu verleihen."

Krolewski. Vor ihr lag ausgebreitet die wissenschaftliche Karriere, und sie sah mit zunehmender Klarheit, wohin sie dieser Weg führen würde. Die praktische Seite war rasch abgeklärt: Mann und Sohn würden ihr keine Steine in den Weg legen. Gegen das Angebot sprach, dass sie ihre Zeit nicht nur im Labor verbringen wollte, weil sie den Umgang mit Patienten liebte. Außerdem wollte sie mehr Zeit zur Verfügung haben. Sie kannte von Kollegen die Gepflogenheiten an US-Instituten. Wer nach Arbeitszeiten fragt, erntet ein vielsagendes Grinsen und bekommt etwa folgende Auskunft: Das Labor ist 24 Stunden am Tag geöffnet, selbstverständlich sieben Tage die Woche ...

Fast alle ihre Kollegen und Freunde rieten ihr, nach Boston zu gehen, und ihr Zögern schien fast schon kokett. Doch zwischen Aufbruch und Bedenken stand es zunächst unentschieden. Da erhielt sie ein weiteres Angebot, und zwar von Professor Karl Irsigler. Er schlug ihr vor, bei ihm im Krankenhaus Lainz Assistenzärztin zu werden und die Facharztausbildung für Innere Medizin zu absolvieren. Sie hätte pro Monat mehrere Nachtdienste zu leisten, die 29 Stunden durchgehend dauern, aber üblicherweise wäre sie ab 13 Uhr frei.

Es blitzte in ihrem Kopf: „Nachmittag = Laufen."

Nach außen hin war sie eine durch und durch strebsame und erfolgreiche Frau. Ihr Weg zu Ansehen, zu irgendetwas „Bedeutendem" schien für viele so folgerichtig wie ein mathematischer Beweis. Sie hatte alle Prüfungen an der Universität mit „sehr gut" bestanden. Ihre Publikationen hatten ihr Ansehen in der Fachwelt eingebracht. Sie hatte das Angebot, ins Mekka der Diabetes-Forschung zu gehen. Doch plötzlich schien all das zu platt. Zu einfallslos. Zu sehr vorgezeichnet: „Wenn alles in eine einzige Richtung geht, muss ich gegenlenken. Dieses direkte, geradlinige Ansteuern von Zielen hat mich immer geängstigt. Ich brauche einen Gegenpol zu dem, was ich gerade mache." Ihr schien, als fordere die Tätigkeit im Wiener AKH immer nur eine Seite ihrer Persönlichkeit. Als atme sie nur mit einem Lungenflügel.

Wir trafen uns einmal im „Manhattan", einem Wiener Fitness-Tempel im 19. Bezirk. Sie hatte soeben zwei Stunden Kraft- und

allgemeines Ausdauertraining hinter sich, als sie, noch in Sport-
kleidung, einen Zeitungsausschnitt mit einem Gedicht des argen-
tinischen Schriftstellers Jorge Luis Borges hervorzog und meinte:
„Ich habe das irgendwo ausgeschnitten. Genau das ist der Grund,
warum ich nicht nach Boston gegangen bin, und genau deshalb
konnte mich auch das Laufen derart begeistern."

„Wenn ich mein Leben noch einmal
leben könnte, im
nächsten Leben, würde ich versuchen,
mehr Fehler zu machen.
Ich würde nicht so perfekt sein wollen,
ich würde mich mehr
entspannen.
Ich wäre ein bisschen verrückter, als
ich es gewesen bin.
Ich würde viel weniger Dinge so ernst
nehmen.
Ich würde nicht so gesund leben.
Ich würde mehr riskieren, würde mehr
reisen,
Sonnenuntergänge betrachten, mehr
bergsteigen,
mehr in Flüssen schwimmen.
Ich war einer dieser klugen Menschen,
die jede Minute ihres
Lebens fruchtbar verbrachten;
freilich hatte ich auch Momente
der Freude, aber wenn ich noch
einmal anfangen könnte, würde
ich versuchen, nur mehr gute Augenblicke zu haben.
Falls du es noch nicht weißt, aus diesen
besteht nämlich das Leben;
nur aus Augenblicken; vergiss nicht
den jetzigen.
Wenn ich noch einmal leben könnte,
würde ich von Frühlingsbeginn
an bis in den Spätherbst hinein
barfuss gehen. Und ich würde mehr mit
Kindern spielen, wenn ich das Leben
noch vor mir hätte (...)"

„Ein bisschen verrückter sein, mehr riskieren": Das klang verspätet pubertär, nicht nach der 32-jährigen Frau, die sie zur Zeit dieser Entscheidung war. Aber die Medizin trieb sie in eine eindeutige Richtung: immer höher, immer besser. Sie hatte die Spielregeln des wissenschaftlichen Betriebs in sich aufgesogen, merkte aber nun, dass sie nicht auf Dauer zu ihr passten. Sie spürte dieses Widerständige in sich, das sie schon als Mädchen empfunden hatte, und war in der glücklichen Situation, zwischen zwei Wegen wählen zu können. Sie wollte sich auch noch Dingen außerhalb des Wissenschaftsbreiches widmen – so faszinierend diese Tätigkeit auch war. „Ich musste Mut sammeln, um aus einer vorgegebenen Bahn auszubrechen. Man muss aber irgendwann anfangen, ‚Nein' zu sagen, und manchmal etwas anderes tun, als von einem erwartet wird."

Mit der Möglichkeit, in Lainz als Assistenzärztin zu arbeiten, konnte sie ihre Entscheidung rechtfertigen. Das war die rationale Begründung – für ihre Kollegen und zur Beruhigung ihres eigenen Leistungsdenkens. Aber die Entscheidung war zutiefst emotional. Im November 1995 dankte sie Krolewski für sein Angebot und begann im Krankenhaus Lainz ihre neue Arbeit. Borges setzte sich gegen Boston durch, das Eigenwillige gegen das Angepasste. Daraus wurde eine Art Lebensphilosophie: „Ich tauschte Emotion gegen Leistung, Zufriedenheit gegen das Nacheifern von Lebensentwürfen anderer Menschen. Ich bekam mehr und mehr Mut, das offen auszusprechen. Ich genoss es zunehmend – dieses Gefühl der Freiheit und Unabhängigkeit, das sich breit macht, wenn man das Streben nach noch mehr Leistung und Ansehen abgelegt hat. Das Leben hat oft einen unglaublichen Sog, man muss sich ihm nur hingeben."

Lainz hieß für sie mehr Kontakt zu Kollegen und Patienten, und es brachte mehr freie Zeit. In vielen Wochen verbrachte sie durch die Nachtdienste zwar über 60 Stunden im Spital. Aber in der Regel konnte sie ab 13 Uhr laufen. Es hatte etwas vom „Schultasche-in-die-Ecke-und-weg" ihrer Jugend an sich. Trotz gegenteiliger Absichten nach der verunglückten Premiere 1993 lief sie in der Folge einige Male die 42,195 Kilometer. Unbewußt stellte sie genau damit die Weichen für ihr späteres Abenteuer Marathon.

Wie man's anfängt

Ein paar einfache Richtlinien fürs gesunde Laufen

3:28:00 Stunden für den ersten Marathonlauf – als Frau sehr bemerkenswert. Aber einfach so einen Marathon laufen, das geht selten gut. Es sei denn, man wäre über längere Zeit sechs Stunden pro Woche gelaufen, wie Dagmar Rabensteiner das gemacht hatte. Nur: Allzu viele halten das nicht aus. Sechs Stunden Laufen, etwa 70 Kilometer pro Woche, das ist gerade für Einsteiger meist weit jenseits der Belastbarkeitsgrenze.

Also: Wie anfangen? Weder Atemtechnik noch Laufstil sind der alles entscheidende Stein des Weisen. Aber es gibt dennoch ein paar einfache und wissenschaftlich verlässliche Regeln dafür, wie viel und welche Bewegung nötig ist, um durch Laufen Anpassungserscheinungen im Körper hervorzurufen – das Herz-Kreislaufsystem zu stärken, Blutdruck und Cholesterinwerte zu senken, den Fettstoffwechsel anzukurbeln, die Stimmung zu heben, die Gedanken in Schwung zu bringen, kurz: um durch das Laufen mehr Gesundheit und Wohlbefinden zu bekommen. Die Dosis ist entscheidend dafür, die gewünschte Wirkung zu erzielen:

Mindestens zweimal wöchentlich

Einmal ist keinmal. Aber zweimal ist bereits gut. Wenn man sich nur an einem Tag der Woche Zeit für Bewegung nimmt, fängt man jedes Mal wieder von vorne an. Der Körper „merkt" sich dieses Training nicht über derart lange Zeit. Es ist kein Effekt für den Kreislauf oder den Stoffwechsel erkennbar. Daher sollte man mindestens an zwei Tagen pro Woche Sport betreiben, optimal trainiert man drei- bis fünfmal wöchentlich.

Zehn Minuten durchgehend

Man braucht nicht gleich mit einer Stunde zu starten. Für den Anfang sind bereits 10 bis 20 Minuten durchgehender Bewegung ausreichend. Optimal sind 30–35 Minuten kontinuierliche Belastung. Das heißt aber, dass Aufwärmzeiten, in denen das Intensitätsniveau noch nicht erreicht wurde, abzuziehen sind. Und das heißt weiters, dass Spielsportarten wie Squash oder Tennis mit rasch wechselnden Intensitäten und häufigen Pausen zwischendurch nicht wirklich für ein Herz-Kreislauftraining geeignet sind.

Drei Stunden pro Woche

Das erforderliche Minimum für gesundheitlich wirksame Bewegung liegt bei einer Stunde pro Woche. Im optimalen Fall trainiert man drei Stunden. Bei dieser Dosis wurde in Studien der beste Effekt für die Gesundheit und die Lebenserwartung festgestellt. Zusätzliches Training führt zu keiner gesundheitlichen Verbesserung mehr! Sehr wohl steigen jedoch die Leistungsfähigkeit und die Schnelligkeit.

Wie schnell? Wie anstrengend?

Am besten verlässt man sich auf sein Körpergefühl – das ist nicht immer einfach. Dann gibt es Anweisungen wie „Laufen ohne Schnaufen" oder „So, dass man sich gerade noch unterhalten kann". Derlei Ratschläge sind nicht falsch, aber fast immer unzureichend. Die Erfahrung zeigt, dass ein Großteil der Läufer zu intensiv unterwegs ist. Im Nu erreicht man Belastungen, die den Körper überfordern, der Grundlagenausdauer nicht dienlich sind und auch zu Schäden am Bewegungsapparat führen. Um funktionelle Veränderungen zu bewirken, muss das Minimum der Trainingsintensität bei 50 % der individuellen maximalen Leistungsfähigkeit liegen, das Optimum bei 60 – 70 % – und für gesundheitliche Belange niemals über 80 %! Das ist der sogenannte „aerobe Bereich", in dem vom Körper hauptsächlich Fett verbrannt wird. In der Praxis ist es am effektivsten, die Belastung durch Kontrolle der Herzfrequenz mittels Messgerät zu steuern. (Genaues darüber im Kapitel „Pulsfrequenzen und Laufgefühl", S. 48)

Auch Gehen wirkt

Für viele Menschen kommt Laufen nicht in Frage – das Gewicht, das Herz, die Lungen, orthopädische Probleme ... Es gibt viele körperliche Ursachen, die Laufen nicht ratsam erscheinen lassen. Soll man daher Bewegung vergessen? Nein, niemals! Es muss nicht Laufen sein. Radfahren oder Wandern sind hervorragende Alternativen und weniger belastend. Das Herz-Kreislaufsystem wird durch langsame Spaziergänge zwar nicht gefordert, der Stoffwechsel aber allemal.

Für den Energieverbrauch ist es nämlich egal, ob ein Weg von fünf Kilometern in einem einstündigen Spaziergang zurückgelegt wird, oder ob man die gleiche Strecke im Laufschritt binnen 30 Minuten durcheilt. Die verbrauchte Kalorienmenge ist praktisch die gleiche, der Geher braucht nur länger. Der Läufer und Radfahrer stärkt zwar zusätzlich sein Herz-Kreislaufsystem, der Spaziergänger profitiert trotz seiner gemütlicheren Bewegung jedoch ebenso von den positiven Auswirkungen etwa auf den Stoffwechsel (Fettabbau) oder auf den Blutdruck. Der für die Gesundheit optimale Energieverbrauch durch körperliche Aktivität liegt bei 2000 – 3000 Kalorien pro Woche bzw. 300 – 400 Kalorien pro Tag. Abhängig vom Körpergewicht sind das etwa 20 – 25 Kilometer, die wöchentlich laufend oder auch gehend zurückgelegt werden sollten. Wer sich konditionell auf sehr niedrigem Niveau befindet, kann deshalb auch mit Spaziergängen, Wanderungen oder abwechselndem Gehen und Traben große Fortschritte machen.

Richtlinien für den Hobbysport

Der Übergang vom Gesundheitslaufen zum Hobby- und Breitensport ist fließend. Bei vielen, die aus gesundheitlichen Gründen zu laufen beginnen, entwickelt sich mit der Zeit ein sportlicher Ehrgeiz. Egal, ob das Ziel Gesundheit oder Bestzeit lautet: Wichtig ist das ruhige Laufen im „aeroben Bereich". Wer über das gesundheitliche Mindestmaß hinaus Bewegung macht, sollte einige zusätzliche Richtlinien beachten – auch wenn er nicht die Absicht hegt, sich bei Wettbewerben mit anderen und der unerbittlichen Stoppuhr zu messen:

Training ist mehr als Sport

Niemand ist nur Läufer, auch ein Profi nicht. Die körperliche Aktivität ist nur ein Aspekt, wenn es um Leistungssteigerung und Freude an der Bewegung geht. Sicher ein wichtiger. Aber viele andere Faktoren beeinflussen das Wohlbefinden und die Wirkung des Laufens: die Ernährung, die Situation im Beruf, private Sorgen und privates Hochgefühl, Schlaf, Erholung, Leistungsdruck … Es geht darum, die Rahmenbedingungen zu optimieren, eine entspannte Atmosphäre für das Training zu schaffen – und auch andere Lebensaufgaben zu berücksichtigen.

Schrittweise steigern

„Mehr trainieren." Ganz einfach, wer schneller werden will, muss, so meint man, mehr trainieren. Ein verführerisches, aber trügerisches Rezept. Denn der Körper verkraftet eine Steigerung des Trainingsumfangs nur bedingt. Wer nie mehr als 40 Kilometer pro Woche gelaufen ist, kann nicht plötzlich 70 Kilometer schaffen. Die wöchentliche Trainingsdauer sollte nur schrittweise erhöht werden. Als angemessene Steigerung des Umfangs gelten etwa 25 % im Abstand von sechs bis acht Wochen. Je mehr man bereits trainiert, umso geringer sollen jedoch die Steigerungen sein. Grundsätzlich gilt: Zuerst die Trainingsdauer erhöhen, dann erst die Intensität.

Grenzen beachten

„Wenn ich die Zeit dazu hätte, wie ein Profi zu trainieren ..." – so träumen viele. Es haben jedoch nur sehr wenige Menschen die körperlichen Voraussetzungen dazu, Spitzenleistungen zu erbringen, Zeitbudget hin oder her. Jeder hat eine individuelle Belastungsgrenze, die nur um den Preis von Erschöpfung, Krankheit oder Verletzungen überschritten werden kann.

Langfristig denken

Marathonlaufen verlangt Ausdauer – über 42,195 Kilometer und mehrere Jahre. Es ist kein Sport der schnellen Erfolge, es setzt lange Aufbauarbeit voraus. Das Herz-Kreislaufsystem scheint fast beliebig trainierbar, und die meisten Menschen können innerhalb weniger Monate dazu gebracht werden, einen Marathon durchzuhalten. Um die Grundlagenausdauer optimal zu entwickeln, braucht man jedoch etwa fünf bis sieben Jahre. Trainingsjahre bringen Zinsen. Zudem fordern die Muskeln, Sehnen und Gelenke eine langsame Anpassung an zunehmende Trainingsumfänge und Intensitäten.

Erholung macht stark

Training besteht aus dosierter hoher Belastung, um schneller oder ausdauernder zu werden. Aber eine Leistungssteigerung ist nur bei ausreichender Erholung möglich. „Trainingswirksame Reize", wie etwa Intervall-Läufe in hohem Tempo, bringen den Körper aus dem Gleichgewicht, schwächen ihn, machen ihn müde. Um für die nächste Belastung besser gerüstet zu sein, passt sich der Körper an: Atmung, Herz, Kreislauf und Muskulatur werden leistungsfähiger. Diese „Superkompensation" ist das Prinzip jedes Trainings. Wer ohne

Pause „so richtig hart" trainiert, lässt dem Körper aber keine Zeit, um stärker zu werden. Für Hobbyläufer sind einzelne Ruhetage ohne Sport sehr wichtig, weil der Körper mehr Zeit zur Regeneration braucht als bei einem Spitzensportler. Vielen fällt es jedoch schwerer zu pausieren als zu trainieren. Gerade an Ruhetagen, von denen man sich eine Stärkung erwartet, fühlt man sich oft müde und kraftlos. Und dann diese Unruhe im Kopf: Du willst ja schneller werden. Du musst arbeiten dafür. Du musst trainieren. Aber tägliches Training können nur sehr wenige verkraften. Nur ohne knallhartes Leistungsdenken kommt die Leistung tatsächlich.

Superkompensation

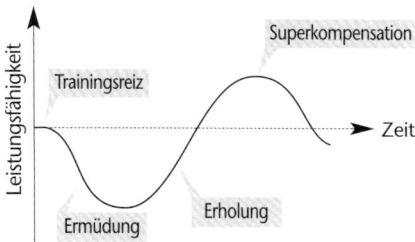

Jeder ist anders

Dagmar Rabensteiner läuft am liebsten durch den Wald, sodass sie oft nicht einmal genau weiß, auf welchem Hügel sie gerade dahinfliegt. Ihr Schritt ist dabei locker und frei, trotz des hügeligen Geländes wird sie dabei muskulär wenig beansprucht. Andere Läufer trainieren hingegen mit Vorliebe auf flachen, exakt vermessenen Strecken, weil sie dabei Belastung mit Geschwindigkeiten abgleichen und die Distanzen besser kontrollieren können. Alle berücksichtigen im Grunde die gleichen Trainingsprinzipien. Aber sie laufen unterschiedlich, denn jeder reagiert auf Trainingsreize ganz individuell.

Verlier nie die Freude dabei!

Das ist das wichtigste. In sich hineinhorchen und so laufen, dass es Spaß macht. Trainingspläne sind gut, Kontrolle der Pulsfrequenzen ebenso, und wer seine Leistung steigern will, muss sich auch anstrengen. Aber entscheidend ist das Gefühl für den Körper: „Einfach herumlaufen, aus Jux und Tollerei, das brauche ich immer wieder, besonders nach einem Rennen. So kann ich mir die Freude am Training erhalten", sagt Dagmar Rabensteiner.

Die Verbesserung kommt sprunghaft

„Wann werde ich endlich besser?" Viele, die sich Tag für Tag beim Laufen darum bemühen, fragen sich: „Wann spüre ich endlich einen Trainingseffekt?" Man trainiert regelmäßig, und lange Zeit scheint gar nichts zu passieren, außer dass man mehr oder weniger müde vom Laufen zurückkehrt. „Auch ich war immer der Meinung, ich müsste kontinuierlich besser werden, konnte das aber nur selten bemerken", meint Dagmar Rabensteiner. „Eher schien es mir, als würde sich der Körper in Sprüngen verbessern." Nach etwa sechs bis acht Wochen ist es, als würde man einen Schritt vorwärts machen – und die Erfolgserlebnisse kommen wie im Galopp. Wie leicht das Laufen plötzlich fällt! Das Tempo wird höher, man kann länger laufen, man ist schneller wieder erholt. Erst nach einem solchen Sprung, wenn man diese neue Leistungsfähigkeit in sich spürt, kann die wöchentliche Trainingsdauer gesteigert werden. Es braucht erneut einige Wochen Anlauf, dann ist der Körper bereit für eine weitere Verbesserung. Bleibt das Training gleich, bleibt auch der Körper auf seinem – erhöhten – Niveau.

Nie jeden Tag gleich

Egal, ob das Ziel Gesundheit oder Bestzeit heißt, wichtig ist Abwechslung. Der Körper soll vielseitig belastet werden, unterschiedlich schnell, unterschiedlich lang und mit unterschiedlichen Sportarten. Wer etwa für einen Halbmarathonlauf trainiert, für den steht das Laufen klarerweise im Vordergrund, vor allem, wenn der Zeitpunkt des Rennens näher rückt. Aber die allgemeine Ausdauer – Grundlage für die Gesundheit und praktisch jede Sportart – ist auch durch Radfahren, Skaten, Langlaufen, Wandern, Bergsteigen, Schwimmen oder Aqua-Jogging hervorragend trainierbar. „Ich fahre sehr viel und sehr gern auf dem Rad. Es schont Muskeln und Sehnen, und der Fettstoffwechsel wird bei niedrigen Belastungen sehr gut trainiert". Für Dagmar ist das Radfahren besonders in Zeiten hoher Trainingsumfänge nicht wegzudenken. Es kann sein, dass sie vormittags eine Stunde im Marathontempo läuft und nachmittags 120 Kilometer auf dem Rennrad zurücklegt. Oder dass sie abends mit der Wet-Vest hohe Intensitäten im Wasser trainiert (Aqua-Jogging), und am nächsten Vormittag auf der Laufbahn Intervalle läuft.

Auch beim Laufen selbst ist Abwechslung gefragt: Neue Strecken suchen, über Wiesen und auf Waldwegen joggen, nicht nur auf Asphalt. Einmal nur eine halbe Stunde, das nächste Mal vielleicht 90 Minuten laufen – dazu braucht es bereits einige Ausdauer. Zwischendurch oder zum Schluss ein paar Minuten schneller laufen – das ist anstrengend, fördert aber das Gefühl für Tempowechsel und Koordination. Wie ein Klavierspieler seine Fingerübungen, machen auch Läufer regelmäßig ihre Basisarbeit, zum Beispiel mit dem sogenannten „Lauf-ABC". Das sind Übungen wie Anfersen, Hopserlauf, kleine Schritte auf den Zehenballen, beim Laufen die Knie anheben, kurze Beschleunigungsschritte ... Wer sich nur im Vertrauten bewegt, lernt nichts mehr dazu. Es braucht immer wieder Neues, um die Kräfte zu aktivieren.

Keep on Running
Gesundheit, Laufen, Wohlbefinden

Unsere Körper sind für Bewegung geschaffen. Zum Glück müssen wir jedoch nicht mehr nach wilden Tieren jagen oder vor ihnen fliehen. Wir können stattdessen Marathons laufen, Berge besteigen, spazierengehen, in Seen schwimmen. Aber unsere Körperfunktionen sind immer noch die gleichen wie bei jungsteinzeitlichen Jägern. „Vogel fliegt, Fisch schwimmt, Mensch läuft", wusste der tschechische Läufer Emil Zatopek. Es scheint jedoch, als hätten wir uns einen neuen Reflex anerzogen, den Reflex, jedes Bedürfnis nach Bewegung sofort im Keim zu ersticken und dem Leitspruch zu folgen ...

WHENEVER I FEEL THE DESIRE TO TAKE EXERCISE I LIE DOWN AND WAIT UNTIL THE FEELING PASSES BY.

Heutzutage leistet es sich jeder Zweite, zu dick zu sein. Überkalorische Ernährung und körperliche Inaktivität sind die Ursachen: Mehr Essen, als gut ist und gut tut, viel zu viel Fett. Immer unterwegs, aber nie in Bewegung. Unser Körper ist zu den unglaublichsten Leistungen und Ausdrucksformen fähig, kann mit widrigsten Umständen zurechtkommen. Aber Bewegungslosigkeit macht ihn krank, darauf ist er genetisch nicht vorbereitet. Unser Lebensstil ist für uns selber gefährlich.

Das Metabolische Syndrom – Unsere typische Wohlstandserkrankung

„Zu dick, mein Gott", so denken viele. „Wer ist das nicht?" Eben. Fettleibigkeit steht als Risikofaktor an erster Stelle einer ganzen Reihe von Problemen. Übergewicht führt zu Unempfindlichkeit des Körpers gegenüber Insulin. Der Zucker im Blut kann nicht abgebaut werden. Diabetes (Zuckerkrankheit), erhöhte Cholesterin- und Harnsäurewerte und Bluthochdruck sind die Folgen der Insulinunempfindlichkeit – in Kombination eine gefährliche und chronische Stoffwechselstörung, das sogenannte „Metabolische Syndrom". Endpunkt dieser typischen Wohlstandskrankeit ist die Arteriosklerose mit Folgeerkrankungen wie Herzinfarkt, Schlaganfall, etc. – und daran pflegen wir ja heutzutage zu sterben. Herz-Kreislauferkrankungen sind die häufigste Todesursache in der westlichen Welt.

Metabolisches Syndrom

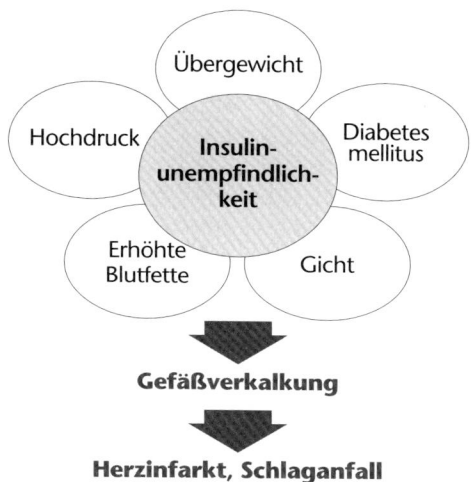

Weichen Blutdruck-, Blutfett- und Blutzuckerwerte von der Norm ab, macht das dem Arzt Angst. Er weiß, welche Gefahren damit verbunden sind. Wie soll er reagieren? Nach bestem Wissen und Gewissen, wie er es gelernt hat. Der Rezeptblock wird gezückt, Tabletten verschrieben, der Speiseplan entworfen. Der Arzt verschreibt ein Medikament gegen den Hochdruck – oder auch zwei –, denn die ergänzen sich ja ganz gut, einen Cholesterinsenker, ein Medikament zum Senken des Blutzuckers, etc. Laborparameter und Messwerte werden sich bessern, aber wird der Mensch gesünder? Der Arzt hätte auch eine andere Wahl. Aber um andere Maßnahmen setzen zu können, ist er auf die Mithilfe des Patienten angewiesen! Der Lebensstil müsste geändert werden. Wie mündig und eigenverantwortlich sind Patienten?

„Da flehen die Menschen die Götter an um Gesundheit und wissen nicht, dass sie die Macht darüber selbst besitzen", sagte schon Demokrit.

Der Ausweg aus dem Dilemma? Wälzen gegen Fettbauch, wie das Anfang des letzten Jahrhunderts empfohlen wurde, dürfte nicht des Rätsels Lösung sein, aber Bewegung hilft allemal.

*Wälzen gegen Fettbauch: **Stellung 1** und **Stellung 2**.*
So stellte man sich um die Jahrhundertwende das Fitnesstraining vor. (Aus: Anna Fischer-Dückelmann, Die Frau als Hausärztin, *Stuttgart 1908)*

Laufen verwandelt

Wer gern läuft, braucht keine Begründung dafür. Laufen verwandelt, dieses Gefühl genügt. Laufen verwandelt auch medizinisch. Ein paar Fakten:

❖ Laufen stärkt das Herz-Kreislaufsystem. Das Herz pumpt das Blut ökonomischer durch den Körper. Der Ruhepuls kann von etwa 80 bei Untrainierten auf unter 40 Schläge pro Minute fallen, und bei Belastung steigt die Herzfrequenz langsamer und weniger hoch an. Durch zusätzliche Wirkung auf die Gefäßrisikofaktoren wird die Verkalkung der Herzkranzgefäße verhindert. Der Herzmuskel wird besser durchblutet, die Infarktgefahr sinkt. Die Sterblichkeit durch Schäden am Herz-Kreislaufsystem ist mit steigender körperlicher Fitness deutlich reduziert.

❖ Ausdauertraining senkt den Blutdruck. Nach sechs bis acht Wochen ist ein Rückgang um etwa 10 mm Hg zu erkennen. Nicht sehr viel? Oh, doch! Das ist vergleichbar mit der Wirkung so mancher Hochdruckmedikamente. Bei leichtem und mittlerem Hochdruck – das betrifft ca. 80% der Hochdruckpatienten! – sind manchmal keine Medikamente mehr nötig. Ein genau dosiertes Bewegungsprogramm, verbunden mit Kalorien- und Kochsalzreduktion, bringt meist die nötige Senkung in den Normalbereich. Ohne Bewegung und bei Gewichtszunahme geht der Druck jedoch wieder in die Höhe.

❖ Ausdauertraining beeinflußt Blutplättchen und Gerinnungsfaktoren, das Blut wird dünnflüssiger, was vor Thrombosen schützt.

Hochzeit mit Peter Rabensteiner, Innsbruck 1983

Im Dschungel mit Sohn Peter, Malaysien 1993

Promotion, Wien 1991

Training steigert außerdem die Zahl und Leistungsfähigkeit der roten Blutkörperchen, die dadurch mehr Sauerstoff durch den Körper und zu den Muskeln transportieren.

❖ Aufgenommene Fette werden besser verwertet, freie Fettsäuren leichter in Energie umgewandelt, was die Triglyceride senkt. Das „gute" HDL-Cholesterin steigt an, das „schlechte" LDL-Cholesterin sinkt. Der Einlagerung von Fett in den Blutgefäßen wird entgegengewirkt.

❖ Blutgefäße werden durch Laufen erweitert und elastischer. Fein verästelte Kapillargefäße bilden sich neu, der Körper wird besser durchblutet.

❖ Die Wirksamkeit von Insulin aus der Bauchspeicheldrüse erhöht sich. Zucker kann so schneller abgebaut werden. Laufen beugt Altersdiabetes vor. Bei übergewichtigen Diabetikern können durch ein Bewegungsprogramm sogar Insulingaben unnötig werden.

❖ Laufen ist „Fatburning". Fettverwertende Enzyme werden aktiviert – umso mehr, je besser man trainiert ist. Angelagertes Depotfett wird – langsam – aufgebraucht. Das Körpergewicht sinkt, was wiederum Blutdruck und Stoffwechsel positiv beeinflusst.

❖ Laufen wandelt Fett in Muskeln um. In den Zellen werden vermehrt Mitochondrien gebildet, die Fett verbrennen. Trainierte Muskeln können mehr Energie speichern. Der höhere Anteil an Muskulatur bewirkt wiederum ein Ansteigen des Grundumsatzes, das heißt, der Läufer verbraucht selbst in Ruhe mehr Energie.

❖ Laufen hebt die Stimmung. Der u.a. durch Bewegung ausgeschüttete Botenstoff Serotonin wirkt positiv aufs Gemüt. Selbst bei Personen, die medikamentös behandelt werden sollten, aber auf Antidepressiva nicht ansprechen, verbessert sich mit regelmäßigem Ausdauertraining der Zustand merklich. Bei langen oder sehr intensiven Läufen unterdrücken körpereigene Morphine („Endorphine") aus der Hirnanhangdrüse die Schmerzwahrnehmung – ein gelöstes, schwebendes Gefühl kann sich einstellen.

❖ Laufen beruhigt. Stresshormone wie Adrenalin werden abgebaut und auch in Ruhe vom Nervensystem vermindert ausgeschüttet. (Häufiges Training mit zu hohen Intensitäten und körperliche Überlastung bewirken jedoch das Gegenteil. Auch ein Marathonlauf bringt den Hormonhaushalt für mehrere Tage aus dem Gleichgewicht.)

❖ Moderates Lauftraining stimuliert das Immunsystem. Makrophagen, die Viren und Fremdstoffe bekämpfen, werden verstärkt gebildet. (Bei extrem hartem Training wird das Immunsystem jedoch unterdrückt, die Anfälligkeit für Infektionskrankheiten steigt.)

❖ Laufen stärkt den Bewegungsapparat. Es macht die Knochen fester und die Sehnen elastischer. Sport in jungen Jahren beugt der Osteoporose im Alter vor.

Bewegungsarmut und Übergewicht sind die Hauptursachen für einen Großteil der Erkrankungen und Beschwerden in der westlichen Welt: Bluthochdruck, Stoffwechselstörungen wie Diabetes und schlechte Blutfettwerte, Arteriosklerose, Schlaganfall, Herzinfarkt, Verdauungsprobleme, Schlafstörungen, Wirbelsäulenbeschwerden … Laufen ist kein Allheilmittel, aber es hat große vorbeugende und auch therapeutische Wirkung – das ist wissenschaftlich durch zahlreiche Studien und Veröffentlichungen belegt. Große Mengen an Medikamenten wären unnötig, würde man Ausdauertraining als „Medikament" wirksam und genau dosiert einsetzen. Eine Studie vom „Center for Disease Control and Prevention" in Atlanta hat für die USA immense Einsparungen im Gesundheitsbereich berechnet, würde die Bevölkerung nur dreimal 30 Minuten pro Woche Sport betreiben: „Die direkten und indirekten Kosten von Bewegungsmangel im Jahr 2000 dürften 150 Milliarden Dollar übersteigen", heißt es dort. Für Betablocker und andere blutdrucksenkende Mittel oder Insulin beispielsweise werden jährlich Unsummen ausgegeben – der Griff zum Rezeptblock, der Gang in die Apotheke: es ist so einfach. Aber Ausdauertraining, richtig angewandt, könnte vieles davon ersetzen. Die Gelder des Gesundheitssystems fließen in teure Arzneien, nicht jedoch in die Beratung für einen gesunden Lebensstil, den jeder leicht mit regelmäßiger Bewegung und richtiger Ernährung erreichen könnte. Laufen verwandelt.

Die sportärztliche Untersuchung

Jeder kann laufen. Man hat es ja als kleines Kind schon gelernt. Laufen hat so vielfältige positive Einflüsse auf Gesundheit und Wohlbefinden, dass es diese Bewegung mit allen Mitteln zu fördern und zu unterstützen gilt. Aber Laufen birgt auch Risiken. Immer wieder kommt es zu Überlastungen, manchmal brechen Menschen während eines vermeintlich gemütlichen Laufs zusammen, meist auf Grund von Problemen am Herzen, und manchmal kommt jede Hilfe zu spät. Nicht oft, aber es passiert.

Eine sportärztliche Untersuchung kann diese Gefahren minimieren und schafft die Gewissheit, gesund und belastbar zu sein.

Es kann sein, dass der Körper nach bewegungsarmen Jahren selbst einer leichten Anstrengung nicht mehr gewachsen ist. Dazu muss man sich nicht schwach und hinfällig fühlen. Es genügen einige Risikofaktoren, die für sich gesehen wenig spektakulär klingen, ja beinahe schon zur internistischen „Standardausstattung" eines erwachsenen Mitteleuropäers gehören:

❖ Bluthochdruck

❖ bauchbetontes Übergewicht

❖ Rauchen

❖ erhöhte Cholesterinwerte

❖ erbliche Belastung (Herzinfarkte oder Schlaganfälle in der Familie)

❖ Zuckerkrankheit

Männer sind generell stärker gefährdet als Frauen, und auch mit dem Alter steigt das Risiko der Herz-Kreislauferkrankungen.

Die Gründe für die Anhäufung von Risikofaktoren wurden bereits erwähnt: Schlechte Lebensgewohnheiten, fettreiche Ernährung, mangelnde Bewegung, Stress, Alkohol. Sind erst einmal die Schäden vorhanden, kann eine intensive körperlicher Belastung gefährlich werden. Das Herz macht nicht alles mit.

Jeder Sportanfänger über 35 Jahre sollte bei Vorliegen eines oder mehrerer Risikofaktoren unbedingt zu einer sportmedizinischen Untersuchung.

Checken Sie ihre Risikofaktoren!

Viele Gefahrenquellen sind so alltäglich, dass sie fast nicht mehr auffallen: Ein gewisser Bauchansatz – der gehört ja fast zu einem richtigen Mann dazu. Das Cholesterin etwas erhöht. Irgendein Onkel ist in jungen Jahren an einem Herzinfarkt verstorben. Manchmal ein dumpfes Gefühl in der Herzgegend, beim Laufen – vor allem, wenn's schneller wird, ist's deutlich – wenn es draußen kalt ist, tritt es häufiger auf ... Das reicht schon!

Der Sportmediziner überprüft Gesundheit und Leistungsfähigkeit. Sie werden mehr Vertrauen in Ihren Körper gewinnen und Empfindungen während der Belastung wie Krämpfe, Schmerzen, Schwindel, Lufthunger etc. mit mehr Gelassenheit hinnehmen und als Ausdruck der Anstrengung sehen können. Niemand nimmt gern Platz im Warteraum eines Arztes. Aber ich habe eben so oft Überraschungen erlebt, wenn Menschen, die angaben fit und sportlich zu sein (und auch so aussehen!), im EKG bei Belastung plötzlich eine eingeschränkte Durchblutung des Herzens aufweisen.

Warum ein Sportarzt?

Es geht nicht in erster Linie darum, die optimale Laufleistung zu erbringen, sondern zu klären, in welchem Maß der Körper überhaupt belastbar ist. Es geht darum, festzustellen, welche Belastungen gesundheitlich unbedenklich und förderlich sind, welche gefährlich. Internistische Erkrankungen tun meist nicht weh, sind aber bei körperlicher Anstrengung lebensbedrohlich:

❖ Am weitaus häufigsten ist die einengende Gefäßerkrankung (Arteriosklerose) der Herzkranzgefäße, daneben aber auch

❖ angeborene oder erworbene Herzfehler

❖ Herzinsuffizienz (Herzschwäche)

❖ schwergradige Herzrhythmusstörungen

❖ schwere Formen des Bluthochdrucks

❖ aber auch verschiedene Erkrankungen anderer Organe

❖ nicht wirksam eingestellte Stoffwechselerkrankungen etc.

Eine Reihe von Untersuchungen schafft Klarheit: Abhören der Herzgeräusche als Hinweis auf Fehler der Klappen oder Herzscheidewände, Ruhe-EKG, Belastungs-EKG mit Blutdruckkontrolle, eventuell auch Laktatkontrolle zur Evaluierung der Leistungsfähigkeit und für spezielle Trainingsanweisungen, Analyse der Blutwerte, Herz-ultraschalluntersuchung. Eine orthopädische Untersuchung kann sich anschließen.

Besonders die Belastungsuntersuchung, meist auf einem Fahrrad-Ergometer, ist sehr aussagekräftig. Dabei werden u.a. die Durchblutungsreserven des Herzmuskels sichtbar. Sind die Herzkranzgefäße verengt, ist die Versorgung des Herzmuskels mit Sauerstoff mangelhaft. In Ruhe mag das unbemerkt bleiben. Bei Belastung, wenn der Kreislauf angekurbelt wird, können jedoch Durchblutungsstörungen auftreten, die auf dem EKG deutlich zu sehen sind – und dem Herzen höchst gefährlich werden!

Was macht der Sportarzt mit diesen Ergebnissen? Im besten Fall, und der ist bei rechtzeitiger Untersuchung und Vorsorge ja ohnehin wahrscheinlich, gibt er die Sicherheit, gesund und belastbar zu sein. Daher: Rechtzeitig zur Untersuchung, bevor es eng wird – in der Brust. Bei einem Sportmediziner, der eine leistungsdiagnostische Analyse durchführt, bekommen Sie bei Bedarf passende Trainings-empfehlungen mitgeliefert. Bei von der Norm abweichenden Befunden werden gegebenenfalls Medikamente verordnet, bestehende Therapien optimiert oder weiterführende Untersuchungen veranlasst.

Ein Talent wachrufen
(1998 – 1999: Faszination der Leistung)

„Kann ich dir das Blatt faxen? Es ist ein wirklich hervorragendes Ergebnis." Martin Apolin klang ganz aufgeregt am Telefon. Der Trainer von Susanne Pumper, Österreichs bester 5000 Meter-Läuferin, wollte Dagmar Rabensteiner die Auswertung ihres ersten leistungsdiagnostischen Tests vorlegen.

Sie hatte Apolin Ende 1998 kontaktiert. Zwei Monate zuvor war sie beim Venedig-Marathon unter der begehrten 3-Stunden-Schallmauer geblieben. Bereits zum zweiten Mal (nach Florenz im Jahr 1997) hatte sie eine Zeit von 2:55 Stunden erreicht. Um diese Marke kämpfen selbst die meisten männlichen Läufer ein Leben lang vergeblich. Dabei trainierte Dagmar Rabensteiner lediglich aus Spaß, ohne Planung, ohne genaue Aufzeichnungen, ohne Tempoläufe. Laufen war ein Hobby, das zu ihrem Leben gehörte. Es war mittlerweile normal für sie, zehn Stunden pro Woche zu laufen. Ohne dass sie bewusst für ein Ziel trainiert hätte, hatte sie höhere Umfänge absolviert als die meisten Hobbymarathonläufer verkraften würden. „Ich hab ihr schon lange gesagt: Lauf doch einmal bei einem Rennen mit", erinnert sich Peter, ihr Mann. „Aber es hat sie überhaupt nicht interessiert." „Wozu mit anderen messen?", fragte sie. „Ich laufe für mich, das genügt." Erst langsam wurde ihr bewusst, über welch ungewöhnliches sportliches Talent sie verfügt.

Also Apolin. Sie wollte versuchen, mehr aus ihrem Laufen herauszuholen. Gleichzeitig fürchtete sie, ein striktes Trainingsprogramm könnte ihr die Freude an der Bewegung nehmen. Es war nicht ein bestimmtes Ereignis, das sie dazu veranlasst hätte, Sportlerin zu werden. Keine einzelne, bewusste Entscheidung: „Es sind einfach Dinge passiert, die dem ganzen eine Eigendynamik verliehen haben."

Zum Beispiel, dass ihre Leistung von 2:55:08 in Venedig nicht in die Österreichische Bestenliste aufgenommen wurde, weil sie bei keinem Leichtathletikverein gemeldet war – sie wäre in der Reihung des Jahres 1998 auf Platz sieben gekommen. Zum Beispiel, dass sie sich deshalb an „Cricket" wandte, einen Läuferclub in Wien, und sie dort von Vereinspräsident Leopold Kascha die

Nummer von Apolin bekam. Zum Beispiel auch, dass sie jenes Blatt zugefaxt bekam, von dem Apolin am Telefon gesprochen hatte. Sie hatte sich auf sein Anraten hin einem leistungsdiagnostischen Test unterzogen. Das Ergebnis lag vor ihr. Ihr Talent wurde nun in einem Diagramm erstmals sichtbar.

„Sie hatte tolle körperliche Voraussetzungen", sagt Apolin. „Ihre Grundlagenausdauer war bereits damals hervorragend trainiert, sicher gleich wie die von Susanne Pumper. Sie hatte einen für eine Frau extrem niedrigen Ruhepuls von 38 Schlägen pro Minute, und sie erholte sich außergewöhnlich schnell vom Training." Der Sportwissenschaftler Apolin war von ihrer Leistungsfähigkeit sehr angetan. Sie vereinbarten ein Treffen. Die Sache begann ihren Lauf zu nehmen.

„Tempo trainieren", sagte Apolin, als er auf der Couch in ihrem Wohnzimmer saß, und sie dachte: „Was will der Mann eigentlich? Ich habe mit Beruf, Haushalt und Familie genug um die Ohren. Ich brauche keine Zusatzbelastung." Schon gar nicht wollte sie sich das Laufen vermiesen lassen.

Sie machte es trotzdem: Tempo trainieren. Und zum ersten Mal nach Ende eines Laufes dachte sie: „Hei, jetzt hast du dich richtig gefordert!" Die Tipps von Apolin waren im Grunde sehr einfach; mehr wollte sie zu diesem Zeitpunkt auch nicht. Aber sie merkte, dass es ihr leicht fiel, seine Anregungen zu befolgen:

❖ Pro Woche absolvierte sie zwei lange Dauerläufe zu je zwei Stunden. Dazu zwei Läufe bei „mittlerer Intensität" etwas langsamer als die angestrebte Marathongeschwindigkeit, einer davon mit intensiveren Einheiten. Der Rest waren regenerative Läufe mit geringer Belastung.

❖ Sie begann, die Laufintensität mittels Herzfrequenz zu steuern.

❖ Sie führte erstmals Aufzeichnungen über Dauer und Intensität des Trainings, um die Wirkungen verfolgen und steuern zu können.

❖ Wöchentlich absolvierte sie einen Testlauf mit vorgegebenen Pulsfrequenzen, der über den Trainingsfortschritt und die Ermüdung Auskunft gab.

❖ Sie folgte einem periodisierten Programm, das von Februar 1999 bis zum Wien-Marathon Ende Mai 1999 fünf Trainingszyklen von je drei Wochen vorsah. Auf zwei Belastungswochen folgte eine Erholungswoche. Zum Beispiel steigerte sie von 13:40 Stunden in der ersten auf 15:40 Stunden in der zweiten Woche; anschließend folgte eine Woche mit zehn Trainingsstunden und verminderter Intensität. Auf Distanzen umgelegt bedeutet dies etwa 130 bis 180 Kilometer pro Woche. Acht Wochen vor dem Marathon war der Höhepunkt des Trainingsumfangs vorgesehen, danach nahm die wöchentliche Belastungsdauer ab, die Länge der Läufe im Marathontempo jedoch zu.

Alles in allem handelte es sich um eine Struktur, mit der jeder Hobbyläufer, der seine Marathonzeit verbessern möchte, hervorragend bedient ist. Die 180 Kilometer pro Woche, die Dagmar Rabensteiner lief, sind jedoch nicht jedermann zu empfehlen; für die meisten wäre bereits die Hälfte nicht verkraftbar.

Im Februar des Jahres 1999 begann Dagmar Rabensteiner nach den Vorgaben von Martin Apolin zu laufen und die Intensität ihres Trainings über die Herzfrequenzen zu steuern. „Ich war eher skeptisch, aber nach einigen harten Wochen bereitete es mir unerwarteten Spaß. Es war wunderbar, plötzlich die eigene Schnelligkeit zu spüren." Das Training – nun gab es etwas, das sie so bezeichnete – war enorm wirksam. Ende April 1999 erreichte sie bei den Staatsmeisterschaften über die Halbmarathondistanz im Wiener Prater den dritten Rang – noch immer war selbst Kennern der Szene ihr Name völlig unbekannt. „Ich muss mich jetzt umstellen", sagte sie zu Apolin. „Zum ersten Mal laufe ich nicht mehr nur für mich selbst." Fünf Wochen später, am 30. Mai 1999, stand sie beim Wien-Marathon in der ersten Startreihe, und ihr Name dröhnte durch die Boxen der Lautsprecheranlage. „Erstmals war ich nervös vor einem Rennen, so vorne unter all den Stars." Sie absolvierte den Marathonlauf in 2:49:33 Stunden – trotz der Temperatur von 30° C eine Verbesserung ihrer persönlichen Bestzeit um über fünf Minuten! Sie belegte den sechsten Platz und war damit beste Österreicherin des Feldes.

Ihr Mann erinnert sich: „Wir sind am Nachmittag mit dem Rad durch die Stadt gefahren. Leute, die wir gar nicht kannten, haben ihr zugerufen: Bravo, Dagmar!"

Ehrgeiz. Plötzlich spürte sie so etwas wie Ehrgeiz. Oder besser: Eine Lust am Selbstexperiment. Sie wollte wissen, zu welcher Leistung sie fähig wäre. Wie vor zwanzig Jahren als Gymnasiastin in der Kletterwand wollte sie ihre Grenzen ausloten. Mit 36

Jahren – einem Alter, in dem die meisten Sportler ihre Karriere schon beendet haben – und einem anspruchsvollen Beruf wollte sie den Weg von der Hobbyläuferin zur Leistungssportlerin antreten. Emotion schlug wieder einmal Vernunft: „Ich spürte diese Eigendynamik, die das Leben manchmal haben kann. Es ist so spannend!"

Völlig unrealistisch war der Gedanke nicht. Gerade im Langstreckenlauf bringen Läufer an die 40 oft hervorragende Leistungen. Der Portugiese Carlos Lopez etwa gewann 1984 als 37-jähriger Olympiagold im Marathon. Und ein Jahr später lief er in Rotterdam mit 2:07:12 Stunden Weltrekord. Auch die Deutsche Kathrin Dörre-Heinig, Bronzemedaillengewinnerin der Olympischen Spiele von Seoul 1988, lief erst im Alter von 37 Jahren mit 2:24:35 Stunden ihre persönliche Marathonbestzeit.

Das sportliche Niveau von Dagmar Rabensteiner lag jedoch etwas tiefer. Um Weltrekorde und Olympiamedaillen würde es für sie als Späteinsteigerin nicht mehr gehen. Aber je mehr sie sich dem Laufen widmete, umso deutlicher trat ihr Talent zu Tage. Ihr Körper konnte hohe Trainingsumfänge gut verkraften. Die zehn Stunden Laufen pro Woche, die sie vor dem Beginn des strukturierten Trainings absolviert hatte, waren ihr nicht als Belastung erschienen. Als sich ihr Wochenpensum auf 200 Kilometer hin steigerte, Tempoläufe inklusive, wurde sie zwar müde davon, aber sie wurde auch stärker. Und sie hatte einen fanatischen Kopf, der sich für das intensive Laufen begeistern konnte. „Es brauchte eine Reihe von Zufällen und Anstößen, bis mir mein Talent bewusst wurde. Wer kennt schon seine Fähigkeiten? Es braucht auch die persönliche Bereitschaft und Offenheit, eine Begabung an sich zu entdecken und zu akzeptieren."

Dagmar hatte das Talent, das wurde ihr klar, und sie wollte es bis zur Neige ausschöpfen. Trotz eines zeitraubenden Berufes hatte sie auch das nötige Umfeld dazu. Ihr Mann und ihr Sohn waren selbst begeisterte Läufer und unterstützten sie. Sie spürte, dass mit dem Wien-Marathon 1999 ihre Möglichkeiten bei weitem nicht ausgeschöpft waren. Da sie nie leistungsorientiert trainiert hatte, war eine weitere Verbesserung durchaus zu erwarten. Der Marathon weckte ihre Lust, an die Grenzen zu gehen. Sie wollte wissen, wie schnell sie noch werden könnte. Das erschien ihr als großes Abenteuer. Ein Abenteuer ohne das Risiko ihrer früheren Bergunternehmen, das aber gerade deshalb mit umso größerem Einsatz in Angriff genommen werden konnte.

Etwas hatte sich geändert. „Du (warst) eben noch eine Läuferin, die nach innen läuft, die nur läuft, weil es ihr Spaß macht", schrieb ihr Martin Apolin. „Und auf einmal spüre ich einen Ehrgeiz in dir, den ich vor wenigen Wochen noch nicht kannte. Ich bin sehr verwirrt." Die Dagmar Rabensteiner, die nach Laune durch den Wald lief, gab es noch. Aber sie wurde mehr und mehr zur Marathonläuferin, die bereit war, ihre Grenzen auszuloten. Sie suchte nach intensiverer Betreuung. Martin Apolin schien ihr neben seinem Beruf als Gymnasiallehrer mit der Betreuung von Susanne Pumper ausgelastet. Pumper konnte sich in jenem Sommer in Sevilla als erste Österreicherin für ein Weltmeisterschaftsfinale über 5000 Meter qualifizieren und belegte dort den zwölften Rang. Bei der Suche nach einem neuen Trainer stieß Dagmar auf Wilhelm Lilge, Leistungsdiagnostiker am IMSB (Institut für medizinische und sportwissenschaftliche Beratung) in der Südstadt. Seine Frau, Carina Lilge-Leutner, war die Inhaberin der österreichischen Marathonbestleistung. Am Nationalfeiertag des Jahres 1986 war sie in Chicago 2:37:09 Stunden gelaufen.

Lilge war sofort Feuer und Flamme. Sie führten Leistungstests durch und planten Dagmars nächsten Marathonstart: Graz, 17. Oktober 1999. Ein intensiver Sommer lag vor ihnen. Lilges Trainingssteuerung beruhte auf einem von ihm entwickelten Computerprogramm, das sich schwerpunktmäßig am wöchentlichen Trainingsumfang orientiert.

Die beiden trafen sich in Lilges Büro in der Südstadt. Er setzte sich vor den Computer. Auf dem Bildschirm drängten sich Zahlenwerte in einer Tabelle zusammen. Für Monate im voraus waren darin exakt die Anteile der unterschiedlichen Intensitätsbereiche festgelegt. Darauf basierend sollte für jede Trainingswoche ein individuell angepasster Laufplan erstellt werden. Ein Balkendiagramm veranschaulichte das Schema.

„Das soll Laufen sein?", entfuhr es ihr. Selbst für die Medizinerin, die einst im Labor stundenlang Genmutationen untersucht hat, passte dieses minutiöse Zahlenwerk nicht zu ihrem Verständnis von Sport. Noch vor einem halben Jahr hätte sie das leistungsorientierte Laufen bei einem derartigen Anblick sofort bleiben lassen. „Diese Zahlen sollen wirklich Laufen sein? Das muss ich erst studieren." Doch im Sommer 1999 wurde alles anders. Das Laufen übte mit jedem Schritt einen stärkeren Sog auf sie aus. Es begann sich in ihrem Kopf festzusetzen und bestimmend zu werden.

„Was ist damals mit mir passiert?", schrieb sie zwei Jahre später vor dem Lauftraining auf einen Zettel. „Nichts habe ich aktiv gesteuert, ich habe den Gefühlen gehorcht, die wollten mehr über das schnelle Laufen wissen – so einfach ist das! Hat das mit Ehrgeiz zu tun?"

Durch die Zusammenarbeit mit Lilge steigerte sie ihre Leistung bis in den Herbst weiter. Im Oktober 1999 gewann sie in Graz den Marathon in 2:41:46 Stunden. Erst vier Österreicherinnen waren davor schneller gelaufen: Henriette Fina (2:39:22), Anna Haderer (2:39:22), Verena Lechner (2:41:38) und eben die Rekordhalterin Carina Lilge-Leutner. Auf dem Siegespodest stand neben Dagmar die Zweite dieses Rennens, Elisabeth Rust, seit Jahren eine der stärksten Marathonläuferinnen Österreichs, und sagte. „Jetzt wird's Zeit, dass wieder mal eine unter 2:40 läuft."

Ja. Das wollte sie. Und noch mehr.

Pulsfrequenzen und Laufgefühl

Pulskontrolle? Dagmar Rabensteiner ist zwei Mal rein nach Gefühl den Marathon in 2:55 Stunden gelaufen. Rein in die Schuhe und weg, braucht man wirklich mehr? Die Erfahrung zeigt, dass viele Läufer im Training zu schnell unterwegs sind, was weder für die Laufleistung noch für die Gesundheit positiv ist. Die Steuerung der Intensität über die Herzfrequenz ist der verlässlichste Weg, sein Training wirksam zu gestalten – selbst wenn man nicht Bestzeiten anstrebt.

Warum also Pulskontrolle? Bei zunehmender Belastung steigt die Herzfrequenz kontinuierlich an. Es kommt im Training darauf an, die richtige Intensität zu wählen. Ein zu gemütlicher Lauf hätte nur sehr geringe oder gar keine Wirkung. Wer dauernd zu intensiv trainiert, riskiert Erschöpfung und Folgeschäden und kann auch seine Ausdauerleistung nicht verbessern. Die Geschwindigkeit allein sagt noch nichts darüber aus, wie fordernd ein Trainingslauf ist.

Dagmar Rabensteiner etwa absolviert ihre langen Dauerläufe mit einem Tempo von ca. 13,5 km/h (4:30 Minuten pro Kilometer, Herzfrequenz 127 – 135). Ein anderer kann 13,5 km/h keine fünf Minuten lang durchhalten. Einige Weltklasseläufer laufen einen Marathon mit etwa 20 km/h – kaum ein Hobbyläufer könnte auch nur einen Kilometer weit dieses Tempo halten. Für viele kann hingegen bereits schnelleres Gehen eine ausreichende Belastung sein. Deshalb sagt die Laufgeschwindigkeit nichts über die körperliche Belastung aus. Es ist die Pulsfrequenz, die Auskunft über die Intensität eines Laufes gibt und somit hilft, die richtige, wirksame Dosis fürs Training zu finden.

Laufen mit einem Pulsmessgerät um den Brustkorb ist nur nach einem leistungsdiagnostischen Test wirklich sinnvoll. Pulsfrequenzen sind nämlich so individuell wie Kleidergrößen. Allgemeine Durchschnittswerte oder Faustregeln fürs Training („180 minus Lebensalter") geben daher bestenfalls annäherungsweise Auskunft, wie erholsam oder belastend ein Training ist. Nur ein persönlicher Leistungstest kann verlässliche Angaben liefern.

Ein solcher standardisierter Test bestimmt exakt das läuferische Leistungsvermögen. Der dauert nur 30 Minuten: Nach einer kurzen Aufwärmphase läuft man los, alle drei Minuten wird die Laufgeschwindigkeit gesteigert: 8 km/h, 10 km/h, 12 km/h – bis es zu anstrengend wird. In der Regel wird der Test auf einem Laufband durchgeführt. Der Test kann jedoch genauso gut im Freien auf einer abgemessenen Strecke oder einer Laufbahn absolviert werden. Dort sind die gelaufenen Intervalle meist länger – und daher auch etwas anders zu interpretieren. Ein Messgerät zeichnet während des Tests permanent die Pulsfrequenzen auf, und zwischen den Laufintervallen werden ein paar Tropfen Blut aus dem Ohrläppchen abgenommen, um die Konzentration von Laktat darin festzustellen.

Laktat, quasi Zauberwort und Hauptvokabel der Leistungsdiagnostik. Worum geht's?

Die Herzfrequenz ist das Maß für den Anstrengungsgrad des Herz-Kreislaufsystems, Laktat ist das Pendant des Stoffwechsels dazu. „Laktat" ist ein Nebenprodukt der Milchsäure, das im Körper unter Belastung produziert wird. Je höher die Anstrengung, umso mehr ist davon im Blut zu finden. Laktatwerte sind ein verlässlicher Hinweis dafür, ob bei einem bestimmten Tempo im Körper hauptsächlich Kohlenhydrate oder hauptsächliche Fette verbrannt werden, und sie zeigen an, wie belastend die gewählte Geschwindigkeit für die Testperson ist. Ebenso steigt in Korrelation mit dem Laktat die Herzfrequenz an. Als sichtbares Ergebnis eines solchen Tests erhält man ein Diagramm, das etwa so aussehen kann:

Leistungsdiagnostik 28. 10.1999

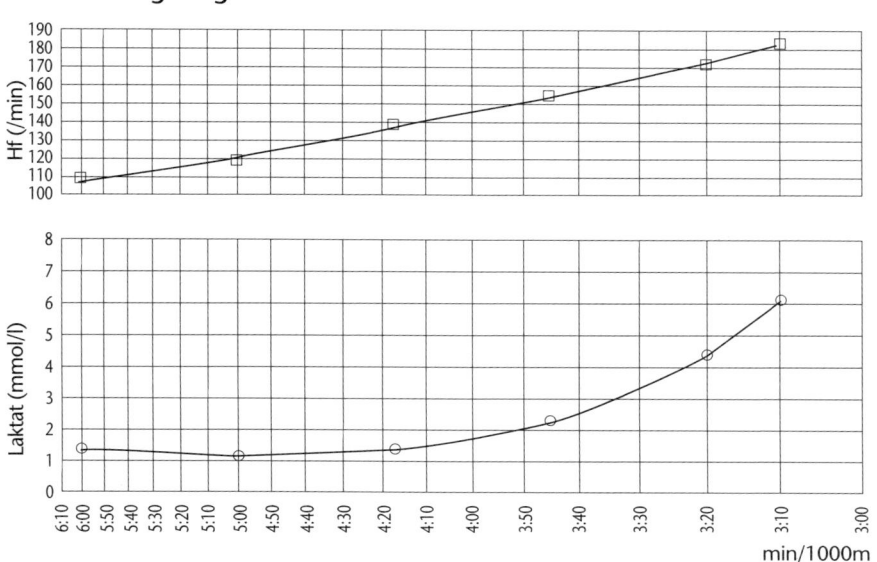

49

Von links nach rechts ist die Laufgeschwindigkeit aufgetragen, beginnend bei 10 km/h (6:00 Minuten pro Kilometer) bis hinauf zu 18 km/h (3:10 Minuten pro Kilometer). Der obere Teil der Grafik zeigt den Anstieg der Herzfrequenz in Abhängigkeit von der Laufgeschwindigkeit, der untere die Konzentration des Laktats im Blut. Diese Kurve verläuft bei jedem Menschen anders! Im konkreten Fall hatte Dagmar Rabensteiner bei einer Laufgeschwindigkeit von etwa 15,65 km/h (ca. 3:50 Minuten pro Kilometer) einen Laktatwert von 2 mmol/Liter in ihrem Blut.

Was lässt sich aus dieser ansteigenden Kurve ablesen? Am wichtigsten: Die geeignete Intensität des Trainings – und zwar sowohl für Hobbyläufer wie auch für Leistungssportler. Im Zentrum stehen immer Läufe unterhalb der sogenannten „aeroben Schwelle" von 2 mmol/l Laktat. Dieser langsame Bereich ist die Basis für alles: Hier trainiert man die Grundlagenausdauer für Marathonläufe, hier wird der beste gesundheitliche Effekt erzielt, hier nimmt man am effektivsten ab, weil bei diesem Tempo hauptsächlich Fett verbrannt wird. Selbst Spitzenathleten trainieren bis zu 90% ihrer Zeit in diesem Bereich – weitaus langsamer als in jedem Rennen.

Trainingsbereiche im Verlauf der Laktatleistungskurve

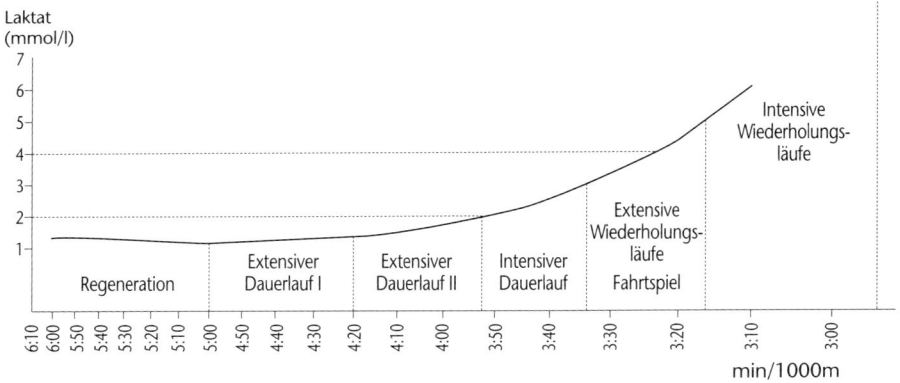

Drei verschiedene Laufintensitäten lassen sich in diesem Bereich unterscheiden:

Regeneration: Der ruhigste Bereich, auf Ruhelaktat. Ein regenerativer Dauerlauf beabsichtigt keinen Trainingseffekt, sondern dient der schnelleren Erholung der Muskulatur. Mit dieser geringen Belastung sollen kurze Läufe, maximal 30 – 40 Minuten, durchgeführt werden, zum Beispiel nach einem schweren Training oder einem Rennen.

Long Jog – „**Extensiv I**" oder auch „**Dauerlauf 1**" genannt: Noch bevor die Laktatkurve anzusteigen beginnt. Mit dieser Pulsfrequenz werden die langen Dauerläufe (etwa 1:30 bis 3:00 Stunden) absolviert. Dabei kann man am wirkungsvollsten den Fettstoffwechsel trainieren und sich die Grundlagenausdauer für einen Marathonlauf verschaffen.

„**Extensiv II**" oder „**Dauerlauf 2**": Ab dem Anstieg der Laktatleistungskurve bis 2 mmol/l. Auch hier wird noch vorwiegend der Fettstoffwechsel angesprochen. In diesem Tempo soll man jedoch nicht länger als etwa eine Stunde bis 75 Minuten laufen.

Wer keine Wettkampfgedanken hegt, braucht diesen Wert von 2 mmol/l nie zu überschreiten. Kontrolliert wird dies über die Herzfrequenz. Konkret für das obige Diagramm von Dagmar Rabensteiner: 2 mmol/l Laktat entsprachen bei ihr etwa 148 Pulsschlägen pro Minute.

In den Bereich zwischen 2 und 4 mmol/l Laktat braucht man selbst als Wettkampfläufer nur selten vorzustoßen. Diese Intensitäten verbessern spezifisch die Schnelligkeit und die Fähigkeit, ein höheres Tempo über längere Zeit durchzuhalten. Zum Beispiel sind gelegentliche Tempoläufe knapp unter oder über dem möglichen Marathonrenntempo eine hervorragende Vorbereitung auf die 42,195 Kilometer Distanz (siehe Beispiele im Kapitel „Marathon – Ein Mythos braucht Methode", S. 62).

Intensive Läufe mit einem Laktatwert von 4 mmol/l und darüber sind das „Salz in der Suppe" und nur wenige Minuten lang auszuhalten. Im Marathon werden sie – wenn überhaupt – nur zur unmittelbaren Wettkampfvorbereitung eingesetzt, meist in Form von Intervallen, z.B. 12 x 1000 Meter mit entsprechenden Pausen dazwischen. Zu häufige Läufe mit derart hoher Intensität zerstören aber die Grundlagenausdauer.

Hobbyläufer, die ihr Training an den Pulsfrequenzen orientieren, sollten etwa zweimal jährlich einen solchen Test absolvieren. Leistungssportler werden oft alle zwei Monate auf diese Weise kontrolliert, denn der Trainingszustand ändert sich über die Zeit. Der erwünschte Leistungszuwachs drückt sich in der Kurve als „Rechtsverschiebung" aus. Das heißt, je weiter sich die Laktatkurve im Diagramm nach rechts zieht, umso schneller kann man laufen, ohne durch das Laktat zu übersäuern. Die Herzfrequenz ändert sich bei steigendem Trainingszustand ebenfalls, man läuft auf gleichem Herzfrequenzniveau schneller.

Allerdings: Es geht auch ohne Pulsmessung. Wer organisch gesund ist, ohne Wettkampfgedanken läuft, aus Spaß an der Bewegung, zum Gehirn-Durchlüften oder um den eigenen Körper zu spüren: Einfach los! Man braucht sich nicht in Pulsfrequenzen zu verbeissen. Auch unzählige Marathons wurden erfolgreich und schnell gelaufen, ohne dass ein einziger Pulsschlag im Training kontrolliert worden wäre. „Forget your monitors", sagen afrikanische Athleten gern zu den Europäern – und gewinnen trotzdem überlegen die meisten Läufe. Praktisch unverzichtbar ist die Steuerung der Intensität durch Herzfrequenzkontrolle jedoch bei Menschen mit Risikofaktoren oder in der Rehabilitation etwa nach einem Herzinfarkt. Auch jeder Hobbyläufer kann damit sein Training effizienter gestalten – die meisten würden nicht glauben, wie weit persönliche Einschätzung und Testergebnis auseinander klaffen können. Aber Technik ist immer nur ein Aspekt. Das Körpergefühl und die Freude am Laufen sind durch sie nicht zu ersetzen.

Der erste Marathon, Wien 1993

Venedig-Marathon 1998: Nach Florenz 1997 das zweite Mal eine Endzeit von 2:55

„Rasender Stillstand"
(Oktober 1999 – Mai 2000: Die Karenzierung)

Valencia, 6. Februar 2000: „Eine nichtssagende Großstadt, grau, abweisend. Ich fand dort nichts von den Reizen Spaniens, die mich vor zwanzig Jahren so beeindruckt hatten, als ich mit dem Motorrad durch die iberische Halbinsel fuhr." Doch Touristisches war diesmal egal, für Dagmar Rabensteiner ging es um den Marathon. Seit ihrem Sieg in Graz im Oktober 1999 war sie vom Spital freigestellt, ihre ganze Energie widmete sie dem Laufen. Zwei Ziele standen am Horizont: Der österreichische Rekord, seit über zehn Jahren bei 2:37:09 Stunden, und das Olympialimit für die Spiele in Sydney 2000, damals 2:35:00 Stunden. Hier in Valencia wollte sie in diese Leistungsbereiche vorstoßen.

Nach dem Start ging sie sofort mit der Spitzengruppe mit, die Halbmarathondurchgangszeit von 1:16 war glänzend. Nach 37 Kilometern brach sie dann ihren Rhythmus. Was war geschehen? Sie machte ein paar kürzere Schritte, wurde langsamer und blieb stehen. „Und jetzt", war sich ihr Mann in jenem Augenblick sicher, „und jetzt hört sie auf mit dem Leistungssport."

Seit Monaten war sie nun Sportlerin, sonst nichts. Keine Spitalsdienste mehr, nur Laufen. Bald nach Beginn der Zusammenarbeit mit Wilhelm Lilge, ihrem neuen Trainer, war der Gedanke einer Karenzierung vom Spital aufgetaucht. Neben dem Krankenhaus mit den kräfteraubenden Nachtdiensten, das war ihr klar, würde sie ihr sportliches Potential nicht ausschöpfen können.

Anfang August 1999, gerade zwei Monate nach ihrem ersten Erfolg beim Wien-Marathon, stand sie dann auf der Intensivstation im Krankenhaus Lainz und erzählte ihrem Abteilungsleiter, Professor Irsigler, von ihrem Plan. Sie war angespannt und unsicher: „Ich erwartete Ablehnung und Unverständnis. Aber eigentümlicherweise konnte er meine Emotion für das Laufen in voller Intensität nachfühlen." Einige Tage später holte Professor Irsigler sie in sein Besprechungszimmer und versprach, das Ansuchen um Karenzierung zu befürworten, auch bei den Kollegen auf der Abteilung. Diese mussten durch Dagmars Karenzierung zusätzliche Dienste und damit eine Mehrbelastung in

Kauf nehmen. Aber auch sie standen großteils hinter dem Vorhaben.

Zwei Monate später war es soweit. Im Oktober 1999 verließ sie das Krankenhaus. Keine durchwachten Nächte auf der Intensivstation mehr. Aus für den täglichen Trainingsmarathon zwischen Krankenhaus-Laufen-Fitnessstudio-endlichnachHause-FamilieundVorbereitungfürdennächstenTag. Die Rahmenbedingungen schienen ideal: Endlich genügend Freiraum zum Laufen und zur Regeneration. Der Graz-Marathon, den sie mit ihrer persönlichen Bestzeit gewinnen konnte, fiel in die erste Woche der Karenzierung. „Das Gefühl, jetzt ‚Leistungssportlerin' zu sein, beflügelte mich. Ein wesentlicher Grund, dass zu diesem Zeitpunkt bereits eine Verbesserung auf 2:41 Stunden möglich war."

Das sportliche Ziel für die Zeit der Karenzierung war hoch gesteckt: Qualifikation für die Olympischen Spiele von Sydney im September. Eine Marathonzeit von unter 2:35 Stunden war dafür nötig. Der Plan sah zwei Versuche für die Limiterbringung vor: Am 6. Februar 2000 den Marathon in Valencia und am 16. April den auf der bekannt schnellen Strecke von Rotterdam. „Das Olympialimit könntest du schaffen", schätzte Lilge ihre Fähigkeiten ein. Und fügte hinzu: „Wenn keine Verletzungspausen dazwischen kommen."

Verletzungspausen? Warum Verletzungspausen? Sie war überzeugt, jedes Training verkraften zu können. Sie fühlte sich unverwundbar, voller Energie. Gerade jetzt, wo sie sich ganz dem Laufen widmen konnte. Mit dem Sieg von Graz im Rücken startete sie schwungvoll in diesen neuen Laufabschnitt. Dass sie als Sportlerin verletzlich war, mehr als zuvor, war ihr noch nicht bewusst.

Es waren kleine Ereignisse, die zuvor nicht so wichtig gewesen wären. Das erste, das ihre Selbstsicherheit ins Wanken brachte, kam von außen: Das Österreichische Olympische Komitee setzte die Qualifikationsnorm für Olympia auf 2:33 Stunden herab. Sydney war damit gelaufen. Eine Zeit von 2:35 schien bei optimalen Bedingungen möglich, eine Steigerung binnen weniger Monate auf unter 2:33 jedoch utopisch.

Der zweite Angriff auf ihre Zuversicht ging von ihr selbst aus, von ihrem Körper, der ungebeten auf sich aufmerksam machte. Sie war Anfang Dezember nach Gran Canaria geflogen, um die in der Vorbereitung auf Valencia intensivsten Trainingswochen bei angenehmen Temperaturen verbringen zu können. „Ich kam in San Augustin an und wollte eigentlich sofort wieder weg. Nur

Hochhäuser, Betonburgen, Betonstraßen – ein hässlicher Ort. Ich dachte: Zieh einfach den Trainingsplan durch, das wird schon gehen." Zwei Tage lang lief sie unglücklich durch die Gegend, spulte das Programm ab, ignorierte die Warnsignale ihres Körpers. Dann begann der Fuß zu schmerzen. Eine Sehnenscheidenentzündung des vorderen Schienbeinmuskels kündigte sich an, eine typische Überlastungserscheinung. An Laufen war nicht zu denken, also Rückflug nach Wien – darüber war sie nicht unglücklich. Das für zwei Wochen geplante Trainingslager war binnen zwei Tagen beendet, der Schmerz aber blieb. Antirheumatika, Physiotherapie, Laser, Lymphdrainagen – keine Behandlung zeigte Wirkung. Für Ende Dezember wurde eine Operation der Sehnenscheide geplant. „Ich hatte nicht mehr alle Kraft der Welt, wie ich es von mir gewohnt war. Mein Wille war gebrochen, die Zuversicht von Verzweiflung überrollt. Ich erlebte zum ersten Mal, wie sehr Verletzungen zum Alltag jedes Leistungssportlers gehören, mir wurden diese ständigen Höhen und Tiefen mit voller Gewalt bewußt."

Spitzensport ist Spezialisierung des Körpers auf ein einziges Ziel: Stärker werden und erfolgreich sein. Alles andere ist nebensächlich. Der Körper ist die wichtigste Ressource, quasi die Geschäftsgrundlage. Ohne ihn funktioniert gar nichts, außer das Chaos im Kopf. Der Schmerz an der vorderen Schienbeinsehne strahlte aus auf den ganzen Menschen.

Mit geschientem Sprunggelenk war immerhin ein Training auf dem Fahrrad weitgehend schmerzfrei möglich. Sie versuchte, ihre allgemeine Kondition zu halten. Insgesamt fast fünf Stunden täglich – zwischen Untersuchungen, Therapien und Besprechungen – trat sie auf dem Ergometer gegen die Verzweiflung an, die Trainingszeit aufgeteilt zwischen dem Leistungszentrum in der Südstadt, Fitnessstudios und dem Bike bei sich zu Hause. „Die vielen Stunden auf dem Rad, etwa 30 pro Woche, und der äußerst träge Heilungserfolg ließen mich an der Sinnhaftigkeit meines Vorhabens stark zweifeln. Dieses ständige Hinterfragen meiner Ziele und die Monotonie des Trainings verlangten mir eine mentale Stärke ab, wie ich sie kaum aufzubringen imstande war. Ich war des öfteren bereit, einfach aufzugeben."

Über die Weihnachtstage ließ der Schmerz jedoch nach, eine Operation wurde unnötig. „Nach mehr als drei Wochen auf dem Fahrrad sah ich das Licht am Ende des Tunnels", schrieb sie am Silvestertag 1999 an Professor Irsigler, der ihre Karenzierung unterstützt hatte: „... seit drei Tagen laufe ich wieder, und das Laufen ist noch schöner geworden."

Ein Leistungstest auf dem Laufband Anfang Januar versetzte sie dann in Euphorie. „Wie machst du das nur?", staunte ihr Trainer: „Du hast praktisch nichts verloren!" Ihre Leistungsfähigkeit war so gut wie vor der Verletzung. Fünf Wochen waren nun noch Zeit bis Valencia, und nachdem nun die Entzündung abgeklungen war, stieg sie sofort wieder in die spezifische Marathonvorbereitung ein – binnen einer Woche von Null auf 200 Laufkilometer. Ihre Ausdauer war hervorragend, aber die Muskeln brannten vor Schmerz. Der Umstieg aufs Laufen war zu unvermittelt gekommen. Ihre Trainingsergebnisse waren gut, aber die frühere Zuversicht wollte sich nicht einfach wieder einstellen.

„Ist die Vorbereitung wirklich ausreichend? Den ganzen Dezember nur auf dem Rad, die Entzündung der Sehne, jetzt der Muskelkater. Soll ich wirklich sofort Valencia laufen? Vielleicht geht es gut. Einfach probieren? Eine schnelle Strecke ist es, und außerdem die Karenzierung, wenn schon Leistungssportlerin, dann auch Ergebnisse. Oder verschieben, ein Monat später wäre besser ... – So grübelte ich in den Wochen vor Valencia."

Wilhelm Lilge, ihr Trainer, wollte das Rennen nicht auslassen. Er vertraute auf Dagmars Fähigkeiten.

Bei Dagmar hatten sich bereits vor der Verletzung Zweifel an ihrem Trainingsalltag geregt. War es richtig gewesen, die Karenzierung anzustreben? Alles dem Laufsport zu widmen und die Medizin links liegen zu lassen? Sie liebte die Medizin, den Umgang mit den Menschen. Diese kleinen Erfolgserlebnisse im Alltag, die Gespräche mit Patienten, denen sie Kraft geben konnte, und die auch ihr Kraft gaben.

„Der höchste Grad der Arznei ist die Liebe. Die Liebe ist es, die die Kunst lehrt, und außerhalb derselbigen wird kein Arzt geboren. Schwätzen, süß reden ist des Maules Amt; helfen aber, nutz sein ist des Herzens Amt. Im Herzen wächst der Arzt, aus Gott geht er, des natürlichen Lichtes der Erfahrenheit ist er. Nirgend ist, wo große Liebe vom Herzen gesucht wird, größer als im Arzt." Während der Vorbereitungen auf Valencia las sie die Memoiren des begnadeten Arztes und bedeutenden Chirurgen Ferdinand Sauerbruch, *Das war mein Leben,* der dieses Paracelsus-Zitat seinen Erinnerungen vorangestellt hat.

Die Begeisterung für die Medizin erwachte wieder in ihr. Bereits ihr Großvaters hatte dieses Buch bei sich im Regal stehen gehabt. Auch er war Arzt aus Leidenschaft gewesen, mit allem Idealismus, den dieser Berufsstand haben kann. Sie erinnerte sich an seine Freude über Heilungserfolge bei Patienten, an seinen Enthusiasmus für wissenschaftliche Neuentwicklungen. „Eigentlich hätte ich mich zu diesem Zeitpunkt auf den Marathon konzentrieren sollen, aber ich widmete mich mit genauso viel Begeisterung den Gedanken hinter meiner Lektüre, noch wenige Stunden vor dem Start."

Und doch hatte sie sich auf eine Zeit ohne Medizin eingelassen. Auf den Leistungssport. Alles schien sich im Kreis zu drehen, eine Tretmühle von Laufen, Regeneration, Leistungstests, Krafttraining und der Hoffnung auf eine Verbesserung im Sekundenbereich. Plötzlich hing das persönliche Wohlbefinden vom Verlauf einer Trainingseinheit ab. Einige Sekunden auf 1000 Meter über der Zeitvorgabe brachte tagelange Verunsicherung. Es gab nichts, was das Laufen verdrängen konnte. Keine Nische des Tages, in der nicht schon das Training lauerte. Kein Gegenpol, aus dem sie sich Kraft holen konnte. Keine andere Herausforderung als jene körperliche, ein Programm zu erfüllen, bessere Werte zu erreichen, schneller zu werden. Aus dem Trainieren war ein Trainieren-Müssen geworden. Das Spital war ein Bereich, der viel Zeit gekostet hatte, aber sie hatte dadurch Abstand vom Laufen gewinnen und Kraft für das nächste Training schöpfen können. „Diese Relativierung ist wichtig, sonst wird man verbissen. Ich habe damals gemerkt, dass ich noch etwas anderes als das Laufen brauche, um das Lockere in mir zu erhalten."

Aber nun war die Medizin völlig beiseite geschoben, wie weggesperrt. Und der Spaß an der Bewegung, bisher immer die eigentliche Triebfeder, war plötzlich nicht mehr selbstverständlich. Dann kam die Verletzung, die Unsicherheit wegen des knappen Trainingsaufbaus. Und schon war sie mittendrin in der Spitzengruppe, und neben ihr rannten die Zweifel an der eigenen Stärke, die Gedanken an die Medizin. Die Halbmarathonmarke kam und auch das Grübeln über die entzündete Sehne, 30 Kilometer, die Unstimmigkeiten vor dem Rennen, der übertrieben schnelle Beginn, und plötzlich konnte sie hier in Valencia nicht mehr den Willen aufbringen, ihren Körper zum Weiterlaufen zu überreden, und all die Zweifel ergaben fünf Kilometer vor dem Ziel ein einziges Wort: „Stopp!"

„Und jetzt hört sie auf mit dem Leistungssport", dachte ihr Mann, der am Fahrrad nebenher fuhr, und begann sie zu motivieren, wie bei ihrem ersten Marathon in Wien sieben Jahre zuvor: „Komm Dagmar, lauf weiter! Es ist nicht mehr weit. Du wirst doch nicht Monate trainieren, um dann so kurz vor dem Ziel aufzugeben. Jetzt lasst du es nicht bleiben. Lauf weiter. Lauf ins Ziel!"

Enttäuscht und antriebslos stand sie am Streckenrand: „Was bringt es? Nur Kampf. Schluss. Ich mache Medizin, das ist meine Zukunft." Die Entscheidung stand in diesem Augenblick fest. Doch es war eher das Öffnen der Tür zur Medizin, die Sichtbarmachung einer Alternative zum Laufen, die wieder für Motivation sorgte. Schluss? Fünf Kilometer noch, 2:43:25 Stunden, vierter Platz. Ein glanzloser Lauf, der sie in keinem Augenblick die Faszination Marathon erleben ließ.

Schluss? Vorbei mit dem Leistungssport?

Nein, weiterlaufen. Aber es musste ein anderer Weg gefunden werden. Sie hatte durch die Karenzierung ihre ganze Energie dem Laufen widmen wollen, konnte aber ihre Kräfte nicht mobilisieren, weil es nun das einzig Wichtige in ihrem Leben sein sollte. „Das Laufen begeisterte mich so stark, dass ich bereit war, immer mehr von mir herzugeben. Nur wenn man etwas wirklich intensiv und mit voller Hingabe macht, kann man die ganze Freude erfahren. Aber ich habe gelernt, dass der direkte, geradlinige Weg meist der falsche ist, dass volle Konzentration auf ein bestimmtes Ziel mich blockiert. Wenn ich alles, was ich gemacht und erreicht habe, auch geplant hätte, es hätte mir Angst gemacht. Ich brauche Ausgeglichenheit ebenso wie einen Gegenpol, um dann ein Ziel erreichen zu können."

Ego

„Wie geht es Ihnen denn heute?", so frage ich als Ärztin meine Patienten unzählige Male und will sie zu mehr Bewegung und einem anderen Lebensstil motivieren. Als Sportlerin bin plötzlich ich es, die gefragt wird: „Wie geht es dir? Wie kommst du mit dem Training klar? Stimmen die Zeiten und Pulsfrequenzen? Und wie ist es muskulär?" Spitzensport ist egozentrisch, ein ständiges Kreisen der Gedanken um sich

selbst. Plötzlich hängt das Selbstwertgefühl vom Zustand des eigenen Körpers ab, ausgedrückt in der Zeit, die ich für eine bestimmte Strecke benötige, und den Schlägen, die mein Herz pro Minute tätigt. Leistung zählt, Gesundheit oder Wohlbefinden kommen erst später. Ja, Spitzensport eben. Aber ich will das so, zumindest für eine begrenzte Zeitspanne, in der mein Körper dazu fähig ist. Und auch alle Sportinteressierten wollen das so: Bestzeiten, Siege, Titel. Wenn ich intensiv trainiere, habe ich nur begrenzt Raum für die übrigen Dinge des Lebens. Bestimmte Lebensbereiche – Freunde, Reisen, Kulturveranstaltungen, öffentliches Leben und Politik – gehen fast völlig an einem vorüber, weil weder Kraft noch Zeit dafür bleiben. Ich empfinde keine Reue deswegen. Aber es gibt einen Punkt, an dem die Konzentration auf eine Tätigkeit zur Fixierung wird, wenn man nicht mehr versucht, sich mit anderen Dingen zu beschäftigen, und mit anderen Personen, außer sich selbst. Der Sportler braucht eine unheimliche Konsequenz, manchmal auch Rücksichtslosigkeit sich selbst und anderen gegenüber. Man hat keine Energie, sich zu fragen, wie es anderen Leuten gehen könnte. Man hat keine Kraft, über sich selbst hinauszudenken. Es erhebt auch niemand den Anspruch darauf, nur die Leistung zählt. Das Wettkampfergebnis steht im Mittelpunkt des öffentlichen Interesses. Hat da wer gesagt, Sportler seien uneingeschränkt Vorbilder?

Marathon – Ein Mythos braucht Methode

Wer keine oder immer die gleiche Art von Bewegung macht, auf den wirkt fast jeder neue Trainingseffekt leistungssteigernd. Deshalb konnte Dagmar Rabensteiner scheinbar wie aus dem Nichts die schnellste österreichische Marathonläuferin werden: „Sie war bereits ohne eigentliches Training sehr gut. Ihr Leistungssprung hat mich daher nicht überrascht", meint Martin Apolin, ihr erster Trainer. Da sie zwar seit Jahren gelaufen war, aber nie leistungsorientiert trainiert hatte, waren die ungewohnten Trainingsreize trotz ihres für Sportler hohen Alters von 36 Jahren enorm wirksam.

Je höher das Leistungsniveau eines Sportlers aber ist, umso langsamer erreicht man weitere Steigerungen. Im Spitzensport geht es darum, das individuelle Potenzial voll auszuschöpfen. Je näher es an die Grenzen geht, umso schwieriger wird es. Die Nuancen werden immer wichtiger, in allen Bereichen gilt es zu optimieren. Jeder Sportler reagiert auf Trainingsreize anders. Oft gleicht es einer Gratwanderung: Versuch und Irrtum, Erfolg und Misserfolg – sie liegen beängstigend nahe beisammen. Ob ein Trainingsaufbau angemessen und wirksam war, ist erst rückblickend zu beurteilen. Es geht nicht einfach darum, mehr und schneller zu laufen, um besser zu werden. Es kann vorkommen, dass bei hohen Trainingsumfängen von über 200 Kilometern pro Woche auch weniger Training die Leistung steigert. Ein Umfang, der von einem Sportler mit einer Leistungssteigerung beantwortet wird, kann bei einem anderen zum Absturz führen. Die individuelle Abstimmung und systematische Planung sind entscheidend – vieles davon gilt auch für jeden Hobbymarathonläufer.

Das Training planen

Für eine seriöse Marathonvorbereitung sollten auch gut trainierte Läufer drei bis vier Monate veranschlagen. Der Trainingsaufbau gleicht einer Pyramide: Ruhige, lange Läufe in den ersten 6 – 8 Wochen schaffen die Ausdauer-Basis, schnellere Einheiten sind erst dann sinnvoll, wenn diese Basis steht – und selbst dann nur sparsam einzusetzen. Geschwindigkeit lässt sich im Vergleich zur Ausdauer ohnehin relativ rasch „lernen". Nach jedem einzelnen schnellen Lauf spürt man einen Effekt, der Körper gewöhnt sich rasch. Subjektiv wird die Geschwindigkeit nicht mehr so fordernd, das Herzfrequenzniveau sinkt von Mal zu Mal.

Trainingspyramide

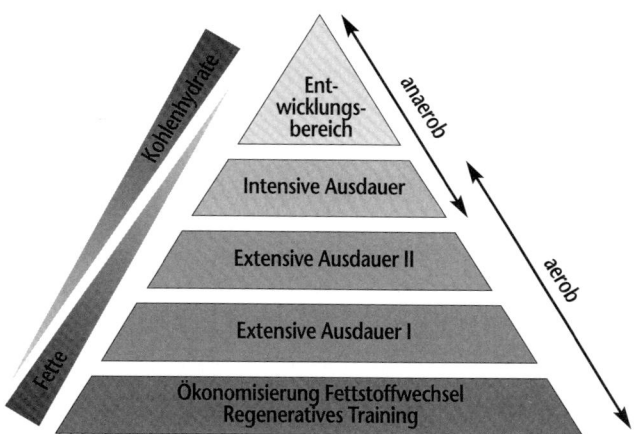

Dementsprechend lag im Trainingsplan, mit dem Dagmar Rabensteiner sich auf Graz im Oktober 1999, Valencia im Februar 2000 und die folgenden Marathons vorbereitete, das Hauptgewicht immer auf ruhigen und mittleren Dauerläufen – so, wie das für Hobby- und Gesundheitssportler gilt. Der Plan ihres Trainers Wilhelm Lilge sah fünf verschiedene Trainingsintensitäten vor:

❖ Regeneration (kurze Läufe zur Erholung bis 70% der maximalen Herzfrequenz)

❖ Extensives Ausdauertraining I (sehr ruhige, lange Dauerläufe, ca. 70% max. Hf.)

❖ Extensives Ausdauertraining II (leichte und mittlere Dauerläufe, ca. 70 – 80% max. Hf.)

❖ Intensives Ausdauertraining (schnelle Dauerläufe im Bereich der Marathongeschwindigkeit, ca. 80 – 90% max. Hf.)

❖ Entwicklungsbereich (Intervalltraining, ca. 90 – 95% max. Hf.)

Die Verteilung dieser Intensitäten war von Woche zu Woche unterschiedlich. Ab etwa zehn Wochen vor dem Termin des Laufes wurden verstärkt Trainingseinheiten im Bereich des Marathonrenn-tempos und schnelle Intervall-Läufe eingebaut. Diese intensiven Einheiten nahmen aber im Durchschnitt nur 10 % der wöchentlichen Trainingszeit ein.

Trainingsdauer variieren

Neben der Intensität ist die wöchentliche Dauer des Trainings zur gezielten Vorbereitung entscheidend. Es geht darum, den Körper langsam an höhere Trainingsumfänge zu gewöhnen, regelmäßige Erholungsphasen einzuplanen und zum Marathon hin die Trainingsdauer zurückzunehmen. Auf jeweils zwei oder drei Wochen mit steigender Belastung sollte eine ruhigere Regenerationswoche folgen. Die maximale Trainingsdauer wird etwa sechs bis höchstens vier Wochen vor dem Marathon erreicht. Danach reduziert man das Gesamtpensum, die Qualität geht nun vor. Wer nur zwei- bis dreimal pro Woche läuft, braucht jedoch lediglich darauf zu achten, sich in den letzten beiden Wochen vor dem Marathon ausreichend zu erholen.

Wöchentliche Trainingsdauer im Verlauf der Marathonvorbereitung

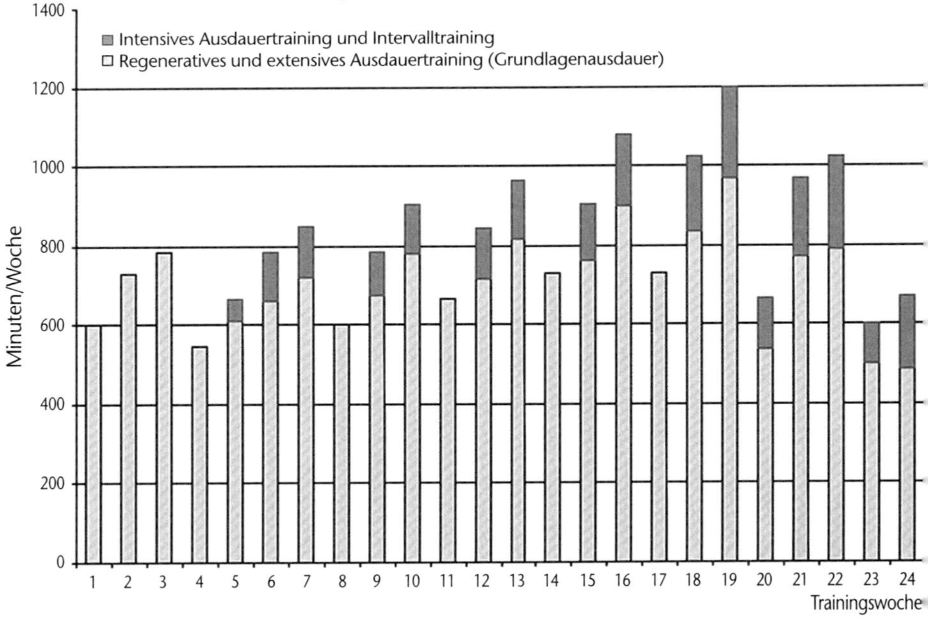

■ Intensives Ausdauertraining und Intervalltraining
□ Regeneratives und extensives Ausdauertraining (Grundlagenausdauer)

(Diagramm: y-Achse „Minuten/Woche" von 0 bis 1400; x-Achse „Trainingswoche" 1 bis 24)

Das Rennen im Training

Besonders wirksam zur Marathonvorbereitung sind Trainingsläufe, die mit dem Renntempo spielen. Es für den Marathonläufer nicht wichtig, 100 Meter schnell sprinten zu können. Die Ausdauer zählt, die Fähigkeit, ein mittleres Tempo über lange Zeit durchhalten zu können. Bestimmte Trainingseinheiten – etwa mit einem Laktatwert von 2 – 3 mmol/l – sollen genau diesen Bereich immer wieder ansprechen und für Muskelfasern wie Fettstoffwechsel die Marathonsituation vorwegnehmen. Konkret sehen solche Trainingseinheiten bei Dagmar Rabensteiner so aus (s. auch S. 66)

❖ 15 Kilometer etwa fünf bis zehn Sekunden langsamer als das Marathonrenntempo, 10 bis 15 Minuten Pause, anschließend fünf Kilometer schneller als das Renntempo. Für Hobbyläufer sind kürzere Strecken anzuraten oder eine zeitliche Vorgabe, z. B. 40 Minuten unter und 20 Minuten über dem Marathontempo.

❖ Progressiver Dauerlauf: Langsam beginnen und etwa alle 15 Minuten bis knapp übers Marathonrenntempo beschleunigen. Schneller werden, wenn man bereits müde ist – ein sehr gutes Training.

❖ Lange Intervalle, z.B. 3 x 5 Kilometer im Marathonrenntempo, dazwischen 10 Minuten Pause, die letzten fünf Kilometer schneller.

❖ Lange Läufe im Wechseltempo: Ein Kilometer im Marathontempo, der nächste etwa 20 Sekunden langsamer, der nächste wieder schneller, aber keine Pause dazwischen.

Ein- bis zweimal pro Woche, pro Trainingseinheit maximal eine Stunde – öfter und länger sollten solche Renntempo-Läufe nicht gemacht werden, das wäre zu fordernd.

Marathonrenntempo

Es kommt darauf an, die richtig dosierte Geschwindigkeit zu finden, sodass bis zum Schluss des Laufes noch Energie in Form von Glukose zur Verfügung steht. Man versucht, von Anfang bis Ende eines Marathons das Tempo konstant zu halten, wenn möglich zum Schluss hin schneller zu werden. Einen langsamen Beginn kann man später immer noch aufholen, den vermeintlichen Polster eines zu schnellen Starts verliert man bis ins Ziel jedoch doppelt. Ein Leistungssportler

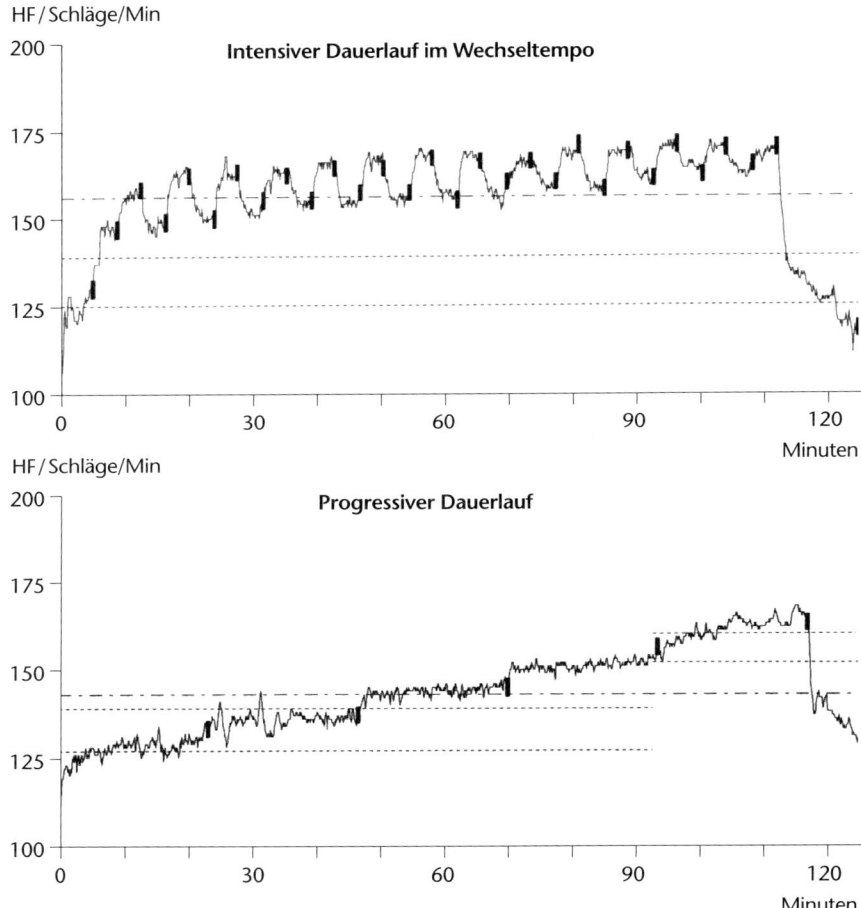

HF-Kurven bei Marathon-Trainingseinheiten

HF / Schläge / Min

Intensiver Dauerlauf im Wechseltempo

HF / Schläge / Min

Progressiver Dauerlauf

ist in dieser Hinsicht exakt vermessen, nichts wird dem Gefühl oder dem Zufall überlassen. Man weiß bis auf wenige Sekunden genau, welches Tempo man im optimalen Fall laufen kann – eine Leistungsmaschine, wenn auch störanfällig. Dieses Tempo kann im voraus mit einem leistungsdiagnostischen Test ermittelt werden. Je nach Trainingszustand und Testmethode kann die Geschwindigkeit vorausberechnet werden. Im Feldtest kann ein Laktatwert von 2,5 mmol/l (+/- 0,5) als Renntempo angenommen werden. Ist das Anfangstempo nur einige Sekunden pro Kilometer zu schnell (und erreicht das Laktat einen Wert von 4 mmol/l), kommt es unvermeidlich zum Einbruch. Der Körper übersäuert und die Energie ist verbraucht, lange bevor das Ziel in Sichtweite kommt.

Wer sein aktuelles Leistungsvermögen über kürzere Laufdistanzen kennt, kann daraus grob das passende Marathontempo abschätzen. Eine 10-Kilometer-Zeit mit 4,6 multipliziert, eine Halbmarathonzeit mit 2,1 – schneller kann der Marathon kaum gelaufen werden. Aber wie das bei Hochrechnungen so ist: Sie geben nur einen Trend wieder, das tatsächliche Endergebnis kann ziemlich anders aussehen. Als Orientierungshilfe, um die ersten Kilometer nicht gleich viel zu schnell anzugehen, sind diese Werte aber geeignet.

Krafttraining

„Muskeln", meinen viele, „das ist was für Boxer und Sprinter. Ein Läufer muss dünn und leicht sein." Im Prinzip stimmt das. Auf einem hohen Leistungsniveau kann gezieltes Krafttraining das Laufvermögen aber unterstützen. Die Zielsetzung im Laufsport ist jedoch nicht der Muskelaufbau. Durch gezielte Übungen werden die Kraftausdauer trainiert und lokale Stoffwechselvorgänge im Muskel angesprochen. Es ist sehr unterschiedlich, wie jemand auf das Krafttraining anspricht und es verarbeitet, jeder muss selbst seine Erfahrungen machen: „Zweimal pro Woche absolviere ich ein Kraftprogramm an zehn verschiedenen Geräten, etwa zwei Drittel für die Beine und ein Drittel für den Oberkörper. Ich mache zwei bis drei Serien mit 25 – 30 Wiederholungen, zwischen den Serien 2 – 3 Minuten Pause. Zum Wettkampf hin reduziere ich diese Übungen, die letzten sechs Wochen vor einem wichtigen Lauf steht kein Krafttraining mehr auf dem Plan", sagt Dagmar Rabensteiner.

Es geht vor allem darum, muskuläre Defizite und Ungleichgewichte auszugleichen, also auch Bauch, Rumpf und Rücken zu stabilisieren, nicht nur die Beine. Das optimiert den Bewegungsablauf und beugt Verletzungen vor. Die Gewichtsbelastung sollte nicht hoch sein, wichtiger ist es, die volle Zahl der Wiederholungen zu schaffen.

Wie planbar ist der Marathon?

„Viele Trainingsprogramme vermitteln den Eindruck, als ob alles exakt vorhersehbar wäre", meint Dagmar Rabensteiner. „Der Körper lässt sich aber nicht vorausberechnen. Die physische wie psychische Trainingsbereitschaft ist selbst bei ein und demselben Athleten nicht immer gleich. Gerade das ganzheitliche Zusammenspiel von Körper, Geist und Seele sollte man nicht unterschätzen. So berücksichtigen die Zahlenwerte und Wochenpläne nicht die aktuellen Lebensumstände, planen keine Tagesverfassungen mit ein, keine persönlichen Hochgefühle, Tiefen und Grenzbereiche, die man beim Laufen erleben kann. Hat ein Freizeitsportler einen schlechten Tag, gut, dann wird's halt einmal nichts mit dem Laufen. Ein Leistungssportler jedoch hat einen Trainingsplan zu erfüllen, exakt durchdacht und folgerichtig aufgebaut. Jede Trainingseinheit verfolgt ein Ziel, die Kombination bestimmter Einheiten verstärkt die Wirkung. Es ist nicht sinnvoll, tageweise Trainingseinheiten zu verschieben oder zu wechseln, nur weil man sich nicht gut fühlt, schlecht geschlafen hat oder dergleichen. Der Gesamtaufbau würde dann nicht mehr stimmen."

Wie gefährlich ist Marathonlaufen wirklich?

Immer wieder liest man in den Schlagzeilen von plötzlichen Todesfällen bei einem Marathon. Solche Todesfälle treten beim Laufen auf, werden aber nicht primär durch das Laufen verursacht. Ein gesundes Herz wird durch Sport nicht geschädigt. Die Medien berichten verständlicherweise recht plakativ über solche Ereignisse, und die Läuferbewegung wird dadurch manchmal ungebührlich verunsichert. Der gesundheitliche Nutzen des Laufens wird so in den Hintergrund gedrängt.

Nicht das Laufen an sich ist gefährlich. Gefährlich ist es, trotz unzulänglicher körperlicher Verfassung zu laufen . Die gefährlichste Sportart hinsichtlich möglicher tödlicher Komplikationen ist – das Kegeln. Nicht, weil man sich dabei körperlich besonders verausgabt, sondern weil Kegeln vor allem bei älteren Menschen beliebt ist, die naturgemäß auch mit höherer Wahrscheinlichkeit Veränderungen an den Herzkranzgefäßen aufweisen. Außerdem sind diese Menschen meist gesellig, genießen Zigaretten, Schweinsbraten, Alkohol ... Kein vernünftiger Mensch würde jedoch Alarm schlagen und das Kegeln einschränken wollen. Nicht das Kegeln ist die Gefahr, sondern der Lebensstil!

Die wenigen Marathonläufer, die auf der Strecke oder im Ziel sterben, litten meist an unerkannten Durchblutungsstörungen an den Herzkranzgefäßen, Herzfehlern oder gefährlichen Herzrhythmusstörungen. Manche liefen auch gegen ärztlichen Rat und im Bewusstsein, dass sie ernsthaften gesundheitlichen Schaden erleiden könnten. Fanatismus – fehlender Rationalismus – Risikobereitschaft –

Unsterblichkeitswahn – Gleichgültigkeit ... schlechte Karten bei einem Marathonstart.

Auch bei akuten oder chronischen Entzündungen und Infektionen sollte man einen Wettkampf lieber bleiben lassen. Bei fieberhaften Infekten sollte man nicht einmal ans Laufen denken! Bei grippalen Symptomen – Husten, Schnupfen, Heiserkeit, mit Temperaturen über 37°C – ist ein Marathonstart absolut tabu, da die Gefahr einer Herzmuskelentzündung droht. Die daraus resultierenden Schäden begleiten einen ein Leben lang. Der nächste Marathon kommt bestimmt, ein Herz bekommt man nur einmal im Leben und nur selten ersetzt.

Erfolgreich, erfolglos?

Frühling 2000: Valencia, Rotterdam, Wien – Drei Marathons in 15 Wochen

Bald nach Valencia lief Dagmar Rabensteiner zwei weitere Marathons – Rotterdam am 16. April und Wien am 21. Mai 2000. „Wie hält sie das aus?", fragten viele Laufinteressierte. „Sie macht sich kaputt!", waren sich andere sicher. Drei Marathons zwischen Februar und Mai. Während kaum jemand mehr als zwei Marathons pro Jahr läuft, absolvierte sie die klassische Langstrecke gleich dreimal binnen 15 Wochen. „Dieser Trainingsaufbau war sicher falsch", sagt sie rückblickend, „und ist auch niemandem zu empfehlen. Es war wohl das Bestreben, möglichst viel aus der Zeit der Karenzierung herauszuholen. Wenn man sehr viel hineinsteckt, erwartet man, dass auch sehr viel zurückkommt."

Sehr viel, das hieß: österreichische Bestleistung, eine Marathonzeit schneller als 2:37:09 Stunden. Egal, ob der angestrebte Rekord ein persönlicher ist oder ein nationaler: Es ist ein unglaubliches Gefühl, wenn im Rennen die Stoppuhr Kilometer für Kilometer die Schnelligkeit bestätigt und das vorgegebene Zeitziel langsam Realität wird. Aber die Zeit ist ein unbarmherziger Gradmesser zwischen Erfolg und Enttäuschung. Wenn nur das Ergebnis zählt, das Laufen nur in Minuten und Sekunden Ausdruck findet – wo bleibt dann das Beglückende am Laufen? Für Dagmar war es ein Erlebnis, auf der ganzen Strecke von Tausenden Menschen angefeuert zu werden, die Stimmung während des Rennens versetzte sie zusätzlich in Euphorie.

Jeder Marathon ist anders, auch für erfahrene Läufer. Gleich bleibt nur die Distanz: 42 Kilometer, 195 Meter. Ein vorgegebenes Maß, wie die volle Runde des Uhrzeigers in einer Stunde. Auf dieser Strecke kann alles passieren, vom Eintreffen der vertrauten Glücksgefühle bis zur Erfahrung ungeahnter Bewusstseinsebenen. Die äußeren Bedingungen, persönliches Empfinden, mentale Kraft, körperliche Verfassung – nichts gleicht sich an zwei aufeinanderfolgenden Tagen und schon gar nicht bei zwei Marathons. Dennoch gilt fast überall das Prinzip der Reduktion: „Wie schnell bist du gelaufen?" So fragt man sich gegenseitig im Ziel, und daran wird der Erfolg eines Marathons gemessen.

Rotterdam, im April 2000: „Hier wollte ich zum ersten Mal ernst-

*Sieg in Graz 1999
mit 2:41:46*

Trainingsoptimierung durch Herzfrequenzkontrolle

haft den österreichischen Rekord laufen. Sogar die Zwischenzeiten schrieb ich mir auf den Unterarm." Statt Sauerbruch las sie diesmal ein Buch über mentale Stärke und entwickelte daraus ein paar Denkhilfen – ihre sogenannte „Denkdisziplin" (siehe S. 75) Und in der Tat: Mit 2:38:56 Stunden verbesserte Dagmar ihre persönliche Bestleistung. Starker Wind auf der zweiten Streckenhälfte verhinderte eine schnellere Zeit, aber davon ließ sie sich nicht beirren: „Ich habe mich so leicht gefühlt, bin zwar langsamer geworden, aber der Wind hat mich nicht beeinträchtigt. Bis zum Schluss habe ich das Gefühl gehabt, ich fliege dahin und es ist schön. Dass es kein Rekord geworden ist, war mir dann egal. Ich habe ihn schon gewollt. Aber der Lauf an sich war eine Freude, mein schönster Marathon, das hat gezählt. Nirgendwo sonst hat die Zeit diesen Stellenwert wie im Leistungssport. Aber wenn ich den Weg nicht sinnvoll finde, ist auch das Erreichen eines Zieles für mich kein bereicherndes Erlebnis. Rotterdam empfand ich trotz des verpassten Rekords als wunderschönen Lauf."

Wien fünf Wochen danach war anders. Es sollte eine Art Höhepunkt der Karenzierung werden, ein Rennen als beste heimische Marathonläuferin beim größten Laufspektakel des Landes. Fast 9000 Teilnehmer gingen damals an den Start, wenn man die Nebenbewerbe auf kürzeren Strecken mitrechnet, sogar knapp 20.000. Der ORF übertrug das Rennen mehrere Stunden live im Fernsehen, alle Zeitungen berichteten ausführlich. Bei Dagmar Rabensteiner klingelte in der Zeit davor ständig das Telefon, ein Interview folgte dem anderen. Oft war sie nicht mehr in der Lage, ihre Gedanken klar auszudrücken. Sie ärgerte sich darüber, wollte sich zurückziehen, einfach Ruhe haben.

Eine Viertelstunde vor dem Start schoss dann das Adrenalin in die aufgewärmten Körper der Marathonläufer. Dagmar hingegen saß mit ihrem Sohn Peter auf dem Rasen einer Verkehrsinsel vor Schloss Schönbrunn, wo damals das Rennen gestartet werden sollte, und lächelte entspannt wie ein indischer Yogi vor sich hin. Sie war gut aufgewärmt, auf ihrem Unterarm standen wieder die Zwischenzeiten des Rekords.

„Ich kann nicht sagen, dass mich der Marathon von Rotterdam in Wien beeinträchtigt hat, ich war muskulär völlig erholt. Aber für eine weitere Steigerung war der Abstand natürlich zu kurz." Bis Kilometer 25 konnte sie das geplante Tempo halten, aber sie fühlte schon zuvor die Anstrengung. Dann die Prater-Hauptallee, kilometerweit musste sie alleine gegen den Wind ankämpfen, ohne Tempomacher oder andere Läufer um sich. Vor ihr huschten immer wieder Zuschauer quer über die Strecke, das störte den Rhythmus. Sie versuchte es mit Denkdisziplin: „Konzentrier dich, konzentrier dich. Es geht ja gut!" Diesmal nutzlos. Sie blieb alleine mit ihren Anstrengungen und erreichte im Ziel mit 2:39:08 Stunden bis auf wenige Sekunden die Zeit von Rotterdam, obwohl das Streckenprofil in Wien ungünstiger ist. Reporter umringten sie. Ihre Gefühle aber waren zwiespältig. Zum ersten Mal gewann sie die Staatsmeisterschaften, die mit diesem Rennen ausgetragen wurden. Natürlich hatte sie Grund zur Freude, aber zum Glücksgefühl eines gelungenen Marathons war sie an diesem Tag nicht vorgestoßen.

In Rotterdam hatte sie mit 2:38:56 Stunden eine persönliche Bestzeit erreicht, fünf Wochen später in Wien ihr Leistungsniveau bestätigt. Ihr Ziel, den österreichischen Rekord, hatte sie in sieben Monaten Konzentration auf den Sport nicht erreichen können, aber sie wusste, dass sie nahe daran war. Vor allem aber wusste sie, dass in wenigen Tagen die Zeit der Karenz ablaufen und sie wieder im Krankenhaus ihren Dienst antreten würde. Dafür hatte sie noch keine Denkdisziplin vorbereitet.

Was der Marathon ist ...

Spitzenathleten kämpfen neben Hobbyläufern um ein gemeinsames Ziel – um das Bestehen auf 42,195 Kilometern
Ein Rennen ohne typischen Wettkampfcharakter
Ein Abenteuer mit sich selbst und Tausenden anderen
Ein Balanceakt zwischen Euphorie und Enttäuschung
Ausklinken aus der Realität und Eintauchen in einen anderen Zustand
Jedes Mal wieder scheinbar unüberwindlich lang
Eine Verwandlung von aufgestauter Energie in eine fließende Bewegung, von Angst in das Gefühl der Unbesiegbarkeit, von Kraft in Schmerzen, und vielleicht in Leichtigkeit
Das Gefühl, etwas geschafft zu haben
„Competition": gemeinsam suchen – nach einer schnellen Zeit, einem guten Laufgefühl, einem langen Augenblick der Selbstvergessenheit
Ein großes Zusammentreffen von Erlebnis, Leistung, Spaß, Ernst, Durchsetzungsvermögen, Einzelkämpfern, Gewinn und Gewinnern
Eine Herausforderung für den ganzen Menschen
Und am Ende darf sich jeder Finisher als Sieger fühlen

Denkdisziplin
Positiv denken, um positiv zu fühlen!

Der Versuchung zu widerstehen, negativ zu denken, weil es den augenblicklichen Gefühlen entspricht, ist keine leichte Aufgabe! Es geht darum, während des Rennens selbst bei schwierigsten Situationen nur positive Gedanken zu akzeptieren und negative nicht zuzulassen – harte mentale Arbeit. Für jede Situation hatte ich mir einen Satz zurechtgelegt, einen ganz einfachen Denkkodex. Sozusagen mentale Reflexe, mit denen ich Anzeichen von Schwäche, Hilflosigkeit, Angst und negativen Emotionen bewältigte. Denn Ausdauerleistung allein genügt nicht, auf dem Körper sitzt ja auch ein Kopf:

❖ Bei Seitenstechen oder Muskelschmerzen sagte ich mir: „Das ist ja gut. Mein Körper strengt sich an!"

❖ Wenn meine Gedanken abschweiften: „Stopp, konzentrier dich!"

❖ Wenn ich denken wollte, *Ich kann nicht mehr:* „Aufgeben steht nicht zur Diskussion! Freilich kannst du noch. Es geht ja gut!"

❖ Ich hielt mir prägnante Imperative wie: „Kein Jammern und Klagen!" oder „Locker und Leicht" vor Augen.

❖ Wenn ein Kilometer langsamer war als geplant: „Der nächste geht dafür besser."

❖ Wenn Unsicherheit aufkam: „Ich bin froh und heiter, das Glück ist mein Begleiter."

Das sind vielleicht kindliche Gedanken, einfache Kochrezepte, aber für mich waren diese Selbstgespräche in der Laufsituation richtig. Jeder muss für sich selbst die geeigneten finden. Mir halfen die Stehsätze, den steigenden Widerstand des Körpers nach 30 Kilometern zu verarbeiten und neue Energie zu schöpfen. Ich habe versucht, negative Gefühle durch entschlossenes Denken in positive umzuwandeln. Dabei gilt es, die unterschiedlichsten Situationen durchzuspielen, verschiedene Bilder zu visualisieren. Aber auch das Unerwartete kann eintreten – und dann?
Ich weiß mittlerweile, dass jedes Rennen anders ist. Am besten ist es, wenn ich mir nichts Konkretes erwarte, aber für alle Situationen

gewappnet bin. So versuche ich, den Wettkampf als Weg zu sehen und meinen Fokus auf die augenblickliche Situation zu richten, das Erreichen des Ziels lässt sich dann ohnehin nicht aufhalten.

Die Erwartungen an ein Rennen beeinflussen dessen Verlauf entscheidend. Wer mit der Einstellung in einen Lauf geht, dass zum Schluss ohnehin der große Einbruch kommt, wird ihn in den meisten Fällen auch erleben. Alles andere, die vielleicht ungeahnte eigene Stärke, die Vielfalt der Emotionen, bleibt dann buchstäblich auf der Strecke, ungesehen, unerlebt. „Alles was ich bin, bin ich durch meine Gedanken", sagte Paavo Nurmi, der finnische Serienweltrekordler und neunfache Olympiasieger der zwanziger Jahre. Selbstverständlich müssen die körperlichen Grundlagen stimmen, aber die Einstellung macht letztlich das positive Erleben und den Erfolg aus.

Doping
Anabolika, Wachstumshormone und Erythropoietin
– die Wunderdrogen im Ausdauersport?

„,Die Rabensteiner kann noch so viel EPO nehmen, die wird den
Rekord nicht schaffen!' Wien-Marathon 2000, Kilometer fünf.
Der Mann schreit mir lautstark ins Gesicht. EPO ist ein im Sport
verbotenes Hormon, das die Ausdauerleistungsfähigkeit verbessert.

Ich kam als sechste ins Ziel, Fotografen und Gratulanten drän-
gelten, und jemand händigte mir einen Zettel aus, auf dem stand,
dass ich mich in spätestens 30 Minuten zur Dopingkontrolle ein-
zufinden hätte. Seit einem halben Jahr war ich im Kader des
Österreichischen Leichtathletikverbandes. Seitdem musste ich
mich jedes Mal abmelden, wenn ich meinen Wohnort für mehrere Tage verlassen wollte. Ich hatte jederzeit für eine Überprüfung verfügbar zu sein. Die Meldeformulare hatte ich immer brav
ausgefüllt, war aber nie kontrolliert worden. Aber nun war es
soweit. Nach 2 Stunden 39 Minuten und 8 Sekunden laufen und
einigen Interviews tappte ich aus der grellen Sonne die Stufen des
Rathauskellers hinunter. DOPINGKONTROLLE stand auf einem
Blatt Papier an der Wand, darunter mit der Hand dazugeschrie-
ben, meine Augen brauchten einige Zeit, um es lesen zu können:
,Salon Lanner'.

Gut, heiterer Walzerklang sollten mich dort nicht erwarten. Es
ging darum, zwei Behälter mit Urin zu füllen, die A- und die B-
Probe. Kontrolle während der Kontrolle: Eine Frau beobachtete
alle Verrichtungen auf der Toilette. Manche Athleten sollen ja
erfolgreich versucht haben, mitgebrachten fremden Urin in die
Behälter zu leeren. Beide Becher musste ich selbst verschließen,
damit niemandem der Vorwurf gemacht werden konnte, die
Probe nachträglich verändert zu haben. Ich fingerte ungeschickt
mit den Deckeln herum. Die Frau von der Kontrolle trommelte
etwas zu laut auf den Tisch. Die Nummern auf den versiegelten
Behältern wurden genau verglichen, um Verwechslungen auszuschließen. Das Prozedere wurde mit meiner Unterschrift bestätigt
– sieht etwas eckig aus, dachte ich, dieses Nach-Marathon-Auto-
gramm. Wochen später kam das Ergebnis ins Haus: Negativ,

keine Spuren der in der Dopingliste angeführten Substanzen wurden in meinem Urin gefunden. Wie sonst hätte das Ergebnis auch aussehen können? Nicht einmal Vitaminpräparate nahm ich zu dieser Zeit.

Selbstverständlich habe ich mich intensiv mit dem Thema Doping, den Mitteln und Möglichkeiten auseinandergesetzt. Sich auszukennen ist die Pflicht eines verantwortungsbewussten Sportarztes, eigentlich aber auch jedes Leistungssportlers, der nicht gleichsam als Endglied in der Kette alles annehmen möchte, was ihm angeboten wird. Auskennen heißt nicht Annehmen. Ich kenne mich aus mit den gesundheitlichen Folgeschäden jedes einzelnen Präparates, es gibt kein, wirklich kein wirksames Mittel ohne Nebenwirkungen. Sowohl aus gesundheitlicher wie aus moralischer Sicht gibt es gute Gründe für ein Dopingverbot:

❖ Doping verstößt gegen das gerade dem Sport innewohnende Gebot des ‚Fair Play‘. Es geht um einen sportlichen Wettkampf, nicht um einen pharmazeutischen. Es darf doch wohl nicht sein, dass man in manchen Disziplinen ohne Anabolikaunterstützung keine Chance mehr hat, in die Weltspitze vorzustoßen.

❖ Jeder Spitzensportler sollte sich bewusst sein, dass er insbesondere für Jugendliche ein Idol darstellt. Sollten sie von ihrem großen Vorbild erfahren, dass seine Leistungsfähigkeit mit Medikamenten gefördert wird, besteht die Gefahr der Nachahmung.

❖ Jedes einzelne Medikament zur Leistungssteigerung übt schädigende Nebenwirkungen auf einen gesunden Körper aus. Hat man irreparable Schäden gesetzt, gibt es keinen Ersatz. Ich denke in dieser Hinsicht nicht nur als Leistungssportlerin, sondern gerade als Ärztin. Absolute Priorität ärztlichen Handelns ist die Gesundheitserhaltung und –förderung. Es ist mit ärztlicher Ethik und Würde unvereinbar, gesunden jungen Sportlern Medikamente mit schädlichen Nebenwirkungen zu verabreichen.“

Die Liste der Dopingmittel liegt bei Dagmar Rabensteiner zu Hause, jeder Kaderathlet bekommt sie vom Leichtathletikverband zugesandt. Wenn sie bei einer Verkühlung Nasentropfen nimmt, studiert sie sie genau, um nicht versehentlich eine verbotene Substanz einzunehmen. Sie will ihrem gesunden Körper, ihrem Training und ihrem Image keinen Schaden zufügen.

Der Sportler ist zwar derjenige, der die Dopingmittel einnimmt und sich selbst damit belügt und gefährdet, aber das Umfeld ist niemals unbeteiligt. „Allein das Dopingproblem macht deutlich, wie sehr Sportler und Trainer heutzutage gefordert sind", schreibt Johannes Langer, seit Mai 2001 Trainer von Dagmar Rabensteiner. „Den Verlockungen des ultimativen Erfolgs auf einer unerlaubten Basis zu widerstehen, ist für manche Sportler schwer. Dies erfordert eine sehr hohe charakterliche Stärke und bewirkt häufig auch ein Zurücknehmen der zunächst nach ganz oben gerichteten sportlichen Erwartungen.

Für mich ist Sport nach wie vor eine interessante Chance, jungen Menschen, den Weg zu einem geraden, erfolgreichen und freudvollen Lebensstil zu weisen. Aber wie motiviere ich meine eigenen Kinder zum Sport, wenn auf dem Höhepunkt einer langen Leistungssportkarriere eventuell Drogen stehen? Denn nichts anderes ist Doping. Meine Mission als Pädagoge im Sport sehe ich dann nicht erfüllt.

Natürlich ist ein Sportlerleben und speziell der Spitzensport nicht durch die rosarote Brille zu betrachten, das wäre sehr naiv. Gerade im Hochleistungssport erlebt man unsere gesellschaftlichen Stärken und Schwächen in extremer Ausprägung, meist schon in sehr jungen Jahren. Aber die Etablierung eines Fairnessgedankens ist nach wie vor unverzichtbar, förderungswürdig, ja, dringlich in einer Gesellschaft, die vielfach zu einer rüden Erfolgs-, Sieger- und Ellbogengesellschaft zu verkommen droht."

Kontrollen aufwerten

Zahlreiche leistungssteigernde Mittel, die im Sport verboten sind, können mit den durchgeführten Tests nicht lückenlos entdeckt werden. Wachstumshormone etwa, die ähnlich wie Anabolika den Muskelaufbau fördern und das Körperfett reduzieren, und auch das vieldiskutierte EPO sind noch nicht verlässlich nachweisbar. EPO (Kurzform für Erythropoietin) ist ein Hormon, das der Körper selbst herstellt und die Produktion von roten Blutkörperchen anregt. Patienten mit Blutarmut wird ein auf gentechnischem Weg hergestelltes Erythropoietin verabreicht. Dieses Medikament gilt als Wunderdroge im Ausdauersport. EPO erhöht – auch bei gesunden Menschen – die Zahl der roten Blutkörperchen, die für die Sauerstoffversorgung der Muskeln entscheidend sind. Bei langen sportlichen Belastungen ist das ein bedeutender Vorteil. 1998 stand EPO im Zentrum des Skandals bei der Tour de France. 250 Ampullen mit dem Blut-Booster wurden in Betreuerfahrzeugen gefunden. Auch im Laufsport soll EPO weit verbreitet sein. Zwei, drei Minuten, so sagen manche, könne man seine Marathonzeit damit verbessern. Erst seit den Olympischen Spielen 2000 in Sydney ist ein Test bei manchen Bewerben in Anwendung, der die Einnahme von EPO einige Tage lang nachweisen kann. Die Dopingkontrollen laufen der Realität praktisch immer hinten nach und gehören finanziell stark aufgewertet.

Was kann die Triebfeder für jemanden sein, Dopingmittel zu nehmen? Ein Leistungssportler, egal ob er in seinem Bewerb Fünfzigster, Zehnter oder Erster wird, widmet praktisch seine ganze Energie dem Sport. Über Jahre trainiert er seinen Körper im Grenzbereich des Erträglichen – und wird dann vielleicht gerade vor einem wichtigen Wettkampf durch einen Leistungseinbruch, durch eine Verletzung zurückgeworfen. Doch wer viel hineinsteckt, will auch Erfolg haben. Der Athlet selbst am allermeisten, und ebenso die Sponsoren, die Veranstalter, die Medien, die Fans, der Verein, der Trainer, der Manager, der Sportarzt ... umso mehr, je höher das sportliche und damit finanzielle Niveau ist. Eine schnelle Zeit zählt, ein Sieg, ein Rekord – der Rest ist egal. Der Sportler ist das sichtbare Glied einer langen Kette, auf ihm lastet ein Großteil des Drucks. Und jeder weiß, dass es Mittel gibt, die den Erfolg wahrscheinlicher machen. Man erholt sich rascher vom harten Training, die Muskeln werden stärker, die Ausdauer besser, Verletzungen kann man rascher überwinden ...

Doping kann aber gefährlich für die Gesundheit sein. Mehrere Todesfälle im Sport sind darauf zurückzuführen, Spätfolgen meist unabsehbar. Die Kontrollen gehören verstärkt, Schwindler gesperrt und auch das System dahinter durchleuchtet. Hinter vielen Leistungen steht ein Fragezeichen: Mit welchen Mitteln wurden sie erbracht? Sicher ist auch: Jeder an der Spitze ist durch Talent und hartes Training dorthin gekommen, Doping kann diese Grundbedingungen nicht ersetzen. Skepsis ist zwar manchmal angebracht, ein allgemeines Misstrauen gegenüber Leistungssportlern aber nicht. Dass „alle was nehmen" ist sicher falsch. Pauschale Verdächtigungen schaden dem Sport genauso wie die tatsächliche Verwendung von Dopingmitteln, egal ob jemand erwischt wird oder nicht. Da Athleten weiterhin gewinnen wollen und Bestleistungen weiterhin erwartet werden, ist eines sicher: Das Rennen zwischen Gedopten und Fahndern geht noch über viele Runden. Die Wettläufe auf der Strasse, die Rekordjagden über die Laufbahn, das Treiben in den Stadien – es ist eine faszinierende Welt. Aber sie ist nicht besser oder schlechter, ehrlicher oder unehrlicher als der große Rest.

Kreislaufproblem

Weil ein Läufer niemals ganz oben anfangen kann, beginnt er zu trainieren.

Wenn er talentiert und fleißig ist, läuft er vielleicht bald schneller als viele andere Athleten seines Landes.

International mögen seine Bestzeiten unbedeutend sein, aber viele können sich nicht vorstellen, wie eine solche Leistung möglich sein soll.

Angenommen, es tauchen Mutmaßungen auf: „Hat der was Verbotenes genommen?" (Der läuft ja besser als ich selbst!)

Angenommen, er würde nichts dazu sagen.

Die Verdächtigungen würden lauter: „Ganz von selbst kann er das nicht schaffen."

Angenommen, er würde sagen: „Ich habe keine Dopingmittel genommen."

Seine Glaubwürdigkeit wäre schon ein klein wenig angegriffen.

„Irgendwas wird schon dran sein, wenn er sich so verteidigen muss", wäre die Meinung der Öffentlichkeit.

Angenommen, er würde seine Bestzeit weiter verbessern.

Diejenigen, die seit jeher immer schon alles gewusst haben, fühlen sich bestätigt: „Das ist der Beweis, der war hochgespritzt."

Angenommen, er würde nichts dazu sagen.

Laufen, Beruf und Familie

Zurück im Spital

Juni 2000: „Dagmar, so geht's nicht weiter. Du bist überhaupt nicht mehr fröhlich. Du jammerst vor dich hin, du traust dir nichts zu." Ganz nach seiner Art, die Dinge klar aber freundschaftlich auszusprechen, redete Oberarzt Alfred Meguscher mit seiner Kollegin. „Was ist los mit dir?"

Zwei Ärzte im Gespräch, gegenüber das Zimmer der Intensivstation mit den piepsenden Monitoren und den Menschen, deren Leben an Schläuchen und Maschinen hängt. Ein heißer Junitag, die sieben Monate der Karenzierung sind abgelaufen. Aus der Marathonläuferin ist wieder eine Ärztin geworden. Ein paar Wochen zuvor lief sie umjubelt durch die Straßen von Wien, jetzt eilt sie zwischen Dienstzimmer und den Betten der Intensivstation im Krankenhaus Lainz hin und her, oft für 29 Stunden durchgehend. Intubieren, zentrale Venenkatheter stechen, Reanimieren, Medikamente über Motorspritzen so dosieren, dass das Herz-Kreislaufsystem stabilisiert wird, Organfunktionen aufrechterhalten werden. Alarmzeichen an Monitoren machen auf lebensbedrohliche Situationen aufmerksam, es gilt, darauf unmittelbar zu reagieren: Intensivmedizin eben. Willkommen in der Realität!

„Zwar habe ich nie meine Liebe zur Medizin und dem Umgang mit Patienten verloren, aber die Rückkehr in den Spitalsalltag empfand ich als sehr unangenehm. Sieben Monate Auszeit von der Krankenhausroutine waren doch enorm lang. Die Selbstverständlichkeit vieler Handgriffe musste ich erst wieder für mich gewinnen. Und ich musste meinen freien Tagesablauf zugunsten des Dienstplans aufgeben."

Aber es war mehr als die leise Melancholie, wie sie einen manchmal nach dem Ende der Ferien überkommt – erholsamer Urlaub waren die sieben Monate Laufen ja nicht gewesen. Es war eine Situation, die sie zu überfordern drohte. Nachtdienste, deren Verlauf völlig unplanbar war, häufig bis zu 60 Stunden pro Woche im Spital, daneben das Training, das sie auf keinen Fall vernachlässigen wollte. Kurz: Hetzen zwischen Verpflichtungen, denen sie allesamt gerecht werden wollte, obwohl es eine geradezu unmögliche Aufgabe schien: Krankenhaus, Laufen, Krafttraining, nach Hause zur Familie, irgendwie die Unordnung beseitigen, den nächsten Tag vorbereiten, dann todmüde ins Bett – jede halbe Stunde war verplant. „Ich hatte abends meist nicht einmal die Kraft, den Computer aufzudrehen und die Trainings-aufzeichnungen abzuspeichern. Aber ich wollte das Laufen weiter betreiben, ganz intensiv, der Leistungssport machte mir Spaß. Ich wollte beides: die Medizin und das Laufen."

Und sie machte beides. „Powerfrau" sagt man wohl in so einem Fall. Aber keine Bezeichnung wäre unpassender. Trainingsplan und Dienstplan – beide erfüllte sie mit der gleichen Gewissen-haftigkeit wie Jahre zuvor die Suche nach veränderten Genen. Aber ohne der Begeisterung, die sie sonst versprühen konnte. Ihre scheinbar grenzenlose Energie drohte zermürbt zu werden. Drei Wochen nach dem Wien- Marathon und zwei Wochen nach dem Arbeitsbeginn im Spital bekam sie dieses Gefühl von Stress und Überlastung schwarz auf weiß präsentiert. Ein Leistungstest auf dem Laufband zeigte einen deutlichen Einbruch ihrer kör-perlichen Verfassung. „Es gibt zwar niemanden außer dir, der das alles auf sich nimmt", kommentierte ihr Trainer Willi Lilge ihre Mehrfachbelastung und das schlechte Testergebnis, „aber Wunder gibt's eben nicht."

Mit dem Laufen ging es also bergab. Und die Arbeit im Spital war fordernd. Abteilungsvorstand Professor Irsigler hatte sie zunächst der Intensivstation zugeteilt – nach der langen Abwe-senheit eine enorm schwierige Aufgabe. Aber es galt, die Routi-netätigkeiten für die Nachtdienste rasch wieder parat zu haben, die Maßnahmen mussten unmittelbar und reflexhaft kommen. „Leben und Tod liegen dort so nah beieinander. Mir war klar, wel-che Verantwortung ich trug. Ich habe zwar rasch wieder gelernt, damit sorgsam umzugehen, aber nach dem mehrmonatigen Abstand von der Intensivmedizin kostete es mich sehr viel Kraft. Ich konnte nie akzeptieren, dass jemand, der jung und stark war, sterben musste, weil seine Organe versagten und ich nichts mehr unternehmen konnte."

Ihr Kollege Alfred Meguscher erinnert sich: „Sie hat mit jeder Faser ausgestrahlt, dass sie unglücklich ist. Manchmal war es zum Verzweifeln mit ihr. Sie konnte alles, aber sie hat sich nichts zuge-traut." Aber so war es damals: „Das Spital empfand ich als belas-tend. Selbst über Erfolgserlebnisse konnte ich mich nicht freuen. Meine körpersprachliche Ablehnung muss Bände gesprochen haben."

Dr. Meguscher wollte die Situation ansprechen, nahm sie mit ins Dienstzimmer: „Dagmar, was ist nur los mit dir? Du bist überhaupt nicht mehr fröhlich. Du hast deine ganze positive Ausstrahlung verloren. Wo ist deine ganze Energie? Du machst den Eindruck, als wärest du von deiner Karenzierung gar nicht zurück gekommen."

Seine Worte gaben genau Dagmars Zustand wieder: „Ich hatte keinen Schwung zu dieser Zeit, alles war nur Belastung. Ständig hatte ich das Gefühl, man will mir das Laufen wegnehmen. Nie habe ich mich über einen Erfolg freuen können. Was früher leicht ging, brauchte plötzlich immense Kraft. Wochenlang redete ich mir ein, mit vollen Segeln unterwegs zu sein, und merkte nicht, dass ich längst in einer totalen Flaute steckte."

Bewegung, das war zunächst das einzige Mittel gegen den Stillstand. Wie immer. Sie radelte eine halbe Stunde auf dem alten Ergometer, das sie ins Dienstzimmer gestellt hatte, und ließ Meguschers Worte nachklingen. Abends lief sie durch den Wald, laut Trainingsplan ganz ruhig. „Das konnte die Probleme nicht lösen, aber es half, die Gedanken zu ordnen, mir klar zu werden, was ich mir von meinem Leben erwarte. Ich musste einen anderen Weg finden."

Einen anderen Weg, das war leicht gesagt. Nein, die Intensivstation würde ihr nicht abgehen. Aber da es gab auch die Dienste in der Diabetes-Ambulanz, der tägliche Umgang mit Menschen, denen sie zu mehr Gesundheit und Wohlbefinden verhelfen konnte. Wo sie Patienten zu einem Bewegungsprogramm motivieren konnte, sodass viele Medikamente unnötig wurden. Wo sie oft merkte, dass nach einem Gespräch jemand mit Übergewicht, Hochdruck und zu viel Cholesterin im Blut wegging mit dem Vorsatz im Kopf: „So geht's nicht weiter."

Aber jetzt galt das zuerst für sie selbst. Doch was sollte sie tun? Wie war all das zu schaffen: Laufen, Krankenhaus, Familie – der nächste Marathon im Herbst? Ein Gedanke tauchte auf: Ordination. Vom Krankenhaus in eine Ordination wechseln, dann wären die Nachtdienste weg. Gleich am nächsten Tag würde sie sich informieren. Doch während der nächsten paar Monate, das war ihr klar, müßte sie ihre Situation im Spital hinnehmen.

Tags darauf ging sie auf Alfred Meguscher zu: „Deine Anregungen habe ich mir sehr zu Herzen genommen, ich habe daraus gelernt."

Nichts hatte sich geändert. Nichts am Dienstplan, nichts am

Trainingsplan, nichts an dem Vorhaben, im Herbst einen schnellen Marathon zu laufen, und doch war alles anders geworden. Es waren nur Nuancen: „Mit diesem bewussten Wahrnehmen der Situation war ich plötzlich nicht mehr gefangen darin. Die Lösung war einfach, so banal das klingen mag: Ich habe wieder mehr gelacht, und es ist gegangen. Die Freude an der Arbeit im Spital kam wieder, und auch mein Laufen verbesserte sich. Wenn mir dann manchmal die Intensivstation trotzdem über den Kopf zu wachsen drohte, schloss ich kurz die Augen und dachte ganz fest an einen schönen Lauf. Das blitzschnelle mentale Aussteigen war auf einmal wieder möglich und entspannte mich."

Trotz der besseren Stimmung war die Arbeit im Spital weiterhin nur unter großen Schwierigkeiten mit dem Leistungssport zu vereinbaren. „Bei der Diensteinteilung brauchte ich immer die Unterstützung der Kollegen, so dass zum Beispiel vor einem Wettkampf jemand anderer meine Nachtdienste übernahm. Gleichzeitig wollte ich voll integriert in die Ärzteschaft sein, habe aber das Gefühl gehabt, nur einen Teil der Belastungen zu tragen. Oft hatte ich ein schlechtes Gewissen, wenn andere für mich einsprangen. Eine Kollegin sagte dann einmal völlig zu Recht: ‚Was nutzt uns dein schlechtes Gewissen, wenn du ja ohnehin deine Rennen läufst!'"

Die Nachtdienste blieben natürlich trotzdem Teil ihrer Arbeit – nach wie vor keine optimalen Bedingungen für eine Läuferin. Nach einem Nachtdienst war bestenfalls regeneratives Laufen möglich, doch genau das brauchte sie. „Jetzt legst du dich aber schon schlafen?!", riet ihr immer wieder jemand nach einem aufreibenden Dienst. Sie antwortete stets: „Zuerst gehe ich einmal laufen. Das brauche ich jetzt zum Aufarbeiten der Nacht, sonst ist mit mir nichts anzufangen." Schlafen kam später, manchmal kam es auch zu kurz. Für eine weitere Vorwärtsentwicklung war dies klarerweise nicht förderlich.

Dazu kam das Gefühl, dass im Krankenhaus die Arbeit mit den Patienten nie so möglich sein würde, wie sie das für gut hielt. „Ich mochte die Dienste etwa in der Diabetes-Ambulanz sehr gerne. Aber es war nicht möglich, sich Zeit zu nehmen und die Patienten auch umfassend zu beraten und motivieren. Der Wartesaal war meistens voll, und alle mussten durch, es blieb kein Freiraum." All das bestärkte sie in der Suche nach einer Alternative. Die Sache mit dem Wechsel in eine Ordination war bereits weit gediehen. Sie würde vier Tage die Woche dort arbeiten, jeweils nachmittags ab 13:30 Uhr. Zwar mußte sie noch einige Monate im Krankenhaus arbeiten, aber es war eine neue Option für sie, ein beruhigender Gedanke, wenn sie sich müde dem Spitalsausgang näherte.

Familie: Die Stabilität im Hintergrund

The Running Rabensteiners: Ein Testlauf aus dem Training heraus, etwa 10 Kilometer. Dagmar Rabensteiner gewinnt die Frauenwertung. Peter, ihr Mann, Jurist und Unternehmer, startet bei der gleichen Veranstaltung über die Halbmarathondistanz. Peter junior, ihr Sohn, ist mit von der Partie, am Streckenrand, diesmal nur zum anfeuern und betreuen, er hat einen Tag zuvor die Wiener Meisterschaften im 5000 Meter-Lauf gewonnen. Zuerst läuft er ein paar hundert Meter mit Dagmar mit, aufmunternde Worte, Information über Geschwindigkeit und Zwischenzeiten. Es scheint gut zu laufen, möglicherweise benötigt aber sein Vater Zuspruch und Hilfe. Er läuft ihm entgegen, sucht ihn in der Menge der Halbmarathonläufer. Gefunden! Ein Wasserbecher wird gereicht, ein Schwamm zum Befeuchten. Kilometer 15 ist geschafft, er begleitet den Vater, gibt das Tempo vor. Dagmar ist bereits im Ziel angekommen, kurze Gratulationen, ein paar Worte für die Reporter, dann läuft sie wieder los, in die andere Richtung, ihren beiden Männern entgegen. Drei Kilometer vor dem Ziel stößt sie auf die beiden, ihrem Mann steht die Anstrengung ins Gesicht geschrieben, er kämpft. Peter jun. und Dagmar nehmen ihn in ihre Mitte. Zu dritt geht's plötzlich ganz leicht, Peter sen. schafft die 21,1 km in 1:20:28 Stunden.

Gegenseitige Hilfe bei Rennen – das ist nur ein kleiner Teil des Zusammenspiels der „Running Rabensteiners". Es beginnt mit der Alltags-, Wochenend- und Urlaubsplanung, geht über gemeinsame Trainingslager, die Unterstützung für neue Vorhaben bis zu leistungsdiagnostischen Tests auf der Laufbahn, bei denen Peter jun. für Dagmar das Tempo macht und Peter sen. nach jeder Belastungseinheit 20 Mikroliter Blut zur Laktatbestimmung aus Dagmars Ohrläppchen drückt.

„Wenn ich erzähle, dass ich Ärztin und Leistungssportlerin bin, werde ich oft gefragt: Und, haben Sie auch Familie? Ja, sage ich dann voll Stolz, mein Sohn macht gerade die Matura und meistens läuft er deutlich schneller als ich. Für viele ist es unverständlich, wie man diese Dreifachbelastung bewältigen kann.

Natürlich bringt Familie auch Verpflichtungen mit sich, ist manchmal zeitraubend. Dies steht jedoch in keinem Verhältnis zur Kraft, die ich aus ihr schöpfe. Es ist die Stabilität im Hintergrund, die ich für die Freiheit und die Anstrengungen des Laufens brauche. Mein Mann und mein Sohn sind die Motivation dafür, mich auch nach einem Arbeits- und Trainingstag nicht hängen zu lassen. Sie können mich aus der Selbstbezogenheit des Trainings holen. Und beide sind selbst begeisterte Läufer, sie laufen mit und leben mit. Ich hätte sonst nicht die Kraft zum Sport – einen täglichen Kampf gegen die Familie würde ich nicht aufnehmen."

Sie & Er

Szenenwechsel. Sonntagmorgen, 7:30 Uhr, Peter jun. ist gerade aufgestanden: „‚Heute ist Er & Sie-Lauf im Prater, läufst mit mir? Just for the fun of it?'. Wie kommt er denn plötzlich auf so eine Idee? ‚Hättest du dir auch früher einfallen lassen können! Aber gut, warum auch nicht?' Vier Kilometer für jeden, dazwischen Abschlag, im Ziel fallen wir uns um den Hals. Zwei Körper verschwitzt von der Anstrengung des gemeinsamen Kampfes. Bei der Siegerehrung stehen wir als dritte auf dem Podest, umarmen uns, schauen in die Zuschauermenge, freuen uns über den Applaus. Welch inniges Gemeinschaftsgefühl mit meinem Sohn!

Mit ihm verbindet mich eine enge Trainingsgemeinschaft. Bei schnellen Einheiten hilft er mir, gibt das Tempo vor, das kann er wunderbar, er ist selbst überall schneller als ich – außer beim Marathon und Halbmarathon. Während des Laufens ruft er mir aufmunternde Worte zu, versucht mich zu motivieren, weil er weiß, dass ich diese Tempointervalle nicht mag.

Am 19. Mai 1985, als er 20 Monate alt war, schrieb ich auf die erste Seite unseres Fotoalbums:

‚Wenn man der unbestrittene Liebling der Mutter gewesen ist, so behält man fürs Leben jenes Eroberergefühl, jene Zuversicht des Erfolges, welche nicht selten den Erfolg nach sich zieht.'

Auf diese Aussage von Sigmund Freud war ich in einem seiner Bücher gestoßen. Dieser Gedanke hat mich tief beeindruckt. Es war genau das Gefühl, das ich meinem Sohn auf seinen Lebensweg mitzugeben beabsichtigte: Stabilität für eine freie Entwicklung. Niemals kann man sein eigenes Leben nach Bedarf lenken oder in Bahnen pressen, noch weniger das Leben eines anderen.

Mit 18 Jahren ist mein Sohn Peter – neben vielem anderen – ein sehr guter Läufer geworden, ich habe ihn nie dazu gedrängt. Er hat einfach bei meinem Mann und mir die Begeisterung dafür gespürt."

Er & Sie

Ganz wesentlich ist für Dagmar die Unterstützung der Familie bei den Marathon-Rennen: „Peter, mein Mann, ist immer dabei. Ihn in der Nähe zu wissen, ist unwahrscheinlich wichtig für mich. Dabei muss er mich nicht einmal anfeuern, ihn an bestimmten Stellen wahrzunehmen reicht, er ist die Stabilität für mich, die ich sonst nicht hätte. Freilich, dass er mir Getränke und Power-Gels reicht, ist angenehm, ich kann mich völlig auf ihn verlassen. Manchmal habe ich das Gefühl, er lebt mit, fühlt mit und läuft mit, auch wenn er am Streckenrand steht."

„Es ist unser Marathon, unser gemeinsames Erlebnis, ich unterstütze sie, wo ich kann". Die Begeisterung des Ehemannes ist um nichts geringer als die seiner Frau. „Ich versuche, jeden Stress von ihr fernzuhalten und Ausgeglichenheit zu ermöglichen: Flug und Hotel organisieren, Getränke für den Lauf mixen, Tempotabellen schreiben, Nudeln kochen, wenn es kein passendes Lokal gibt – sie soll an nichts denken müssen, außer ans Laufen. Wir sind beide sehr begeisterungsfähig, versuchen unsere Vorhaben ganz intensiv zu leben und mit voller Kraft anzusteuern, weil dort erst die Freude und der Erfolg anfangen. Das ist unsere Philosophie für alle Bereiche unserer Zweisamkeit.

Ich hinterfrage manchmal den Sport, schließlich könnten wir unsere Zeit ebenso gut anders verbringen. Gemeinsame Unternehmungen oder Reisen, wie wir sie früher gemacht haben, kommen zu kurz. Zu einem derartigen sportlichen Erfolg gehört auch ein gewaltiger Verzicht in anderen Bereichen des Lebens. Wir haben nie eine Laufkarriere geplant. Wir haben uns nur offen gehalten und gesagt: Schauen wir, wohin das führt. Es hat sehr weit geführt, und wir sind alle drei begeistert.

Die Rückschläge, die sie erlebt hat, tun auch als Partner weh. Es war manchmal sehr schwer, sie so verzweifelt und tief am Boden zu sehen, aber das ist auch eine Facette des Leistungssports. Ich sage immer: Es gibt nur Lösungen, keine Probleme. Wenn der Leistungssport zu belastend wird, ist die Lösung ganz

Fernseh-Interview bei Kilometer 32
Wien-Marathon 2000

Start zum Wien-Marathon 2000
Dagmar Rabensteiner startet in der zweiten Reihe (siehe weißen Kreis)

Kilometer 35, Prater Hauptallee, Wien-Marathon 2000

*Zieleinlauf vor
dem Rathaus, Wien-
Marathon 2000*

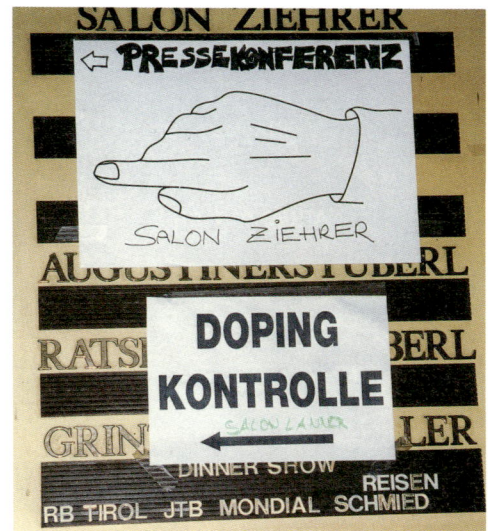

*Der Wegweiser zum
Salon Lanner
Wien-Marathon 2000*

Im Ziel: Familie Rabensteiner
Wien-Marathon 2000

Mit dem Rennrad durch den Wienerwald – Radfahren
als Trainings-Alternative

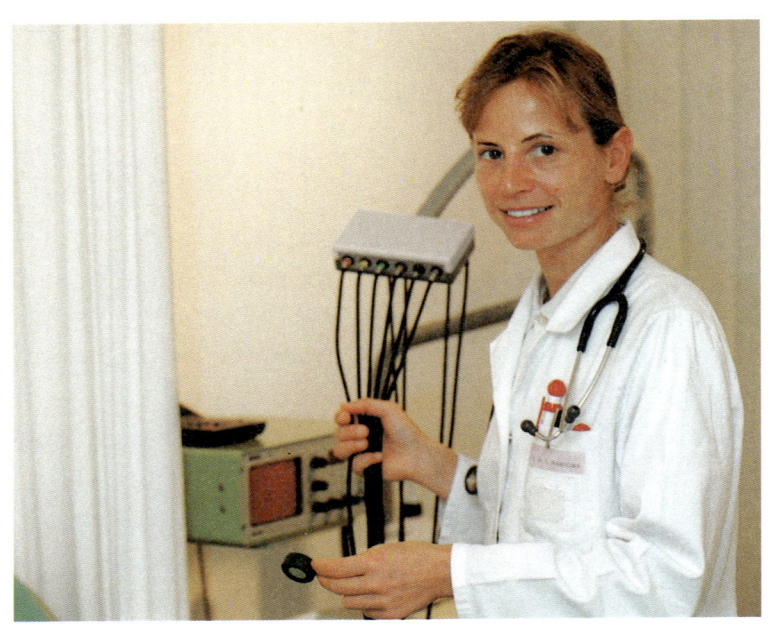

In der Ordination, Wien 2001

Die Kollegen vom Krankenhaus Lainz, in der Mitte Prof. Irsigler, Wien 2000

einfach: Aufhören. Ich versuche sie zu lenken, höre aber auf ihre Wünsche, wir ziehen an einem Strang."

Laufen – ein Einzelsport? Ja, aber ein Einzelkämpfer wird es schwer haben, erfolgreich zu sein – wie auch außerhalb des Sports. Bei praktisch allen österreichischen Spitzenläufern ist die Familie der ausgleichende Faktor im Umfeld. Auch die beiden Marathon-Weltrekordhalter Catherine Ndereba und Khalid Khannouchi werden eng von Ehemann bzw. Ehefrau betreut. Es gibt viele erfolgreiche Trainingsgruppen, in denen die Familie keine Rolle spielt. Aber niemand schafft es mit einem Trainer (oder einem Trainingsplan) alleine. Dazu ist der Leistungssport zu fordernd.

Was Familie sein kann ...

Die Basis für die persönliche Weiterentwicklung
Die Stabilität, um sich frei entfalten zu können
Eine feste Bindung, die Kraft für die Nutzung seines Entwicklungs-
  potentials gibt
Bedingungslos geliebt werden
Offene Worte, manchmal auch ein Streit, ohne Hass und Konse-
  quenzen
Verständnis auch für Fehler und Schwächen
Das Bewusstsein, sich auf die anderen verlassen zu können
Eine Kraftquelle
Teilen, Verzichten zugunsten des anderen, anstrengungslos, selbst-
  verständlich
Gegenseitige Unterstützung bei Alltagsaufgaben
Anstoß, eigene Bedürfnisse manchmal zurückzustellen
Bedingungslose, offene Freude am Erfolg des anderen
... und manchmal kostet sie unwahrscheinlich viel Nerven und Zeit!

Ein ganz normaler Tag im Leben
Zum Glück haben manche Tage 36 Stunden!

Ärztin, Leistungssportlerin, Ehefrau und Mutter – das vorprogrammierte Chaos? Stress? „Manchmal! Zumeist aber ein ausgefülltes, spannendes Leben! Zwar ein schwieriger Balanceakt, aber würde eines der drei Standbeine wegfallen, würde alles umkippen, das Gebäude einstürzen."

Krankenhaus und Marathontraining, das sah in etwa so aus:

„Dienstzeiten als Ärztin im Gemeindespital: 8:00 – 13:00 Uhr. Bei Nachtdiensten 29 Stunden durchgehend von 8:00 – 13:00 Uhr des nächsten Tages. Grundsätzlich also nicht so schwierig – vormittags Spital, nachmittags Laufen. Bei zwei Nachtdiensten pro Woche, also über 60 Arbeitsstunden, aber schon nicht mehr ganz einfach.

5:45 Uhr: Einen Wecker brauche ich nicht, am Morgen bin ich voll Tatendrang. Heute habe ich Nachtdienst – Spital für 29 Stunden – oh, Gott! Die Vorstellung freut mich nicht. 10 Stunden, ja – 12, meinetwegen – aber 29! Bewegungslos. Dienstzimmer – Intensivstation, hin und her. Eine Tasse Kaffee, sonst streikt der Kreislauf. Ich packe die Laufschuhe, 45 Minuten gehen sich noch aus. Obgleich ein Morgenmensch, gehe ich grundsätzlich so früh nicht gerne laufen, mein Herz-Kreislaufsystem braucht etwas Anlaufzeit. Geistig rege, nütze ich diese frühen Stunden des Tages lieber zum Lesen von Fachliteratur, zur Fortbildung, zum Schreiben … Steht aber Nachdienst auf dem Programm, bleibt mir keine Wahl – besser ganz früh laufen als gar nicht. Man nimmt, was man bekommt. Bloß nicht wählerisch sein.

Nach dem Laufen bin ich bestens gelaunt, ich fahre mit dem Auto die Höhenstraße entlang, singe und erwarte den Tag mit großer Neugier.

7:30 Uhr: Auf dem Weg ins Spital liegt eine Bäckerei, dort decke ich mich noch mit Kohlenhydraten ein, ein Weckerl für sofort, ein paar weitere für den Nachtdienst.

8:00 Uhr: Morgenbesprechung, ernst, steif und sachlich – welcher Kontrast! Das Vorgehen und therapeutische Regime bei Problempatienten werden gemeinsam besprochen, Neuaufnahmen vorgestellt.

9:00 Uhr: Ich sitze in der Diabetesambulanz. Der Warteraum ist völlig überfüllt. Unmengen an Patienten, drei Ärzte. Ich arbeite unter Zeitdruck, versuche aber doch, das Hauptproblem jedes einzelnen zu erfassen. Jeder Patient bekommt eine Nummer, wird im Computer erfasst. Jeder einzelne ist auf der Suche nach Hilfe, jeder einzelne hat seine ganz eigene Geschichte. Es ist nicht viel Zeit zur Verfügung, ich verordne Tabletten, behandle gewissenhaft, für Erklärungen bleiben nur wenige Minuten. Der Mensch hinter den Laborparametern und Messwerten wird nur gestreift. Ein paar aufmunternde Worte gebe ich mit auf den Weg. Ein kurzes Lächeln. Diese Tätigkeit als Ambulanzärztin macht mir Spaß, die Rahmenbedingungen nicht.

11:00 Uhr: Die Schwestern denken an mein Energiedefizit. Es gibt Schwarzbrot mit Butter und Marmelade. Kurze Pause, dann geht's weiter.

13:00 Uhr: Wechsel auf die Intensivstation. Fünf Patienten, teils intubiert und beatmet. Kontrastprogramm zum Ambulanzgeschehen. Dr. Meguscher übergibt mir die wichtigsten Details und therapeutischen Zielsetzungen. Dann bin ich für die Station verantwortlich, ein Oberarzt abrufbereit. Heute ist es ruhig, keine Akutinterventionen. Routinetätigkeiten füllen den Nachmittag.

18:30 Uhr: Die Patienten sind versorgt, alles ist stabil, ich ziehe mich kurz ins Dienstzimmer zurück. Das Dienstzimmer liegt ganz in der Nähe, den Pieps habe ich eingesteckt, jederzeit abrufbereit, sofort verfügbar. Eigentlich bin ich schon ziemlich erschöpft, nach 11 Stunden Arbeit auch nicht verwunderlich. Das Ergometer im Dienstzimmer ist meine Rettung, ich schöpfe neue Kraft. 60 Minuten durchgehend kann ich heute treten. Keine Aufnahme, keine Akutprobleme auf der Intensivstation gegenüber.

20:00 Uhr: Infusionen anhängen, Blutgasanalyse, Routinetätigkeiten auch am Abend und in der Nacht. Heute sind keine nächtlichen Neuaufnahmen möglich, alle Betten sind belegt. Action auf der Intensivstation sehe ich ohnehin nicht als Herausforderung. Oft genug habe ich ganze Nächte um das Leben eines Menschen gekämpft. Heute darf ich ein paar Stunden schlafen. Ein leichter, oberflächlicher Schlaf, ständig bereit zum Handeln. Der Pieps ist eingesteckt, das Telefon steht neben dem Bett.

6:00 Uhr: Intensivstation. Ich sehe nach den Patienten, nach

Veränderungen während der wenigen Stunden, in denen ich nicht unmittelbar anwesend war. Ich frage die Schwestern und Pfleger nach etwaigen besonderen Vorkommnissen (diese dürfen nicht schlafen, haben dafür auch nur 12 Stunden Dienst!). Blutabnahmen, Blutgaskontrollen, Vitalparameter beurteilen.

8:00 Uhr: Übergabe der Intensivstation an den verantwortlichen Arzt, Morgenbesprechung, Wechsel in die Ambulanz – ein normaler Arbeitstag beginnt.

Mahlzeiten? Was man gerade bekommen kann, Brot gibt's immer. In der Verzweiflung ist man oft nicht wählerisch. Die Bonboniere im Aufenthaltsraum ist oft die letzte Rettung.

Tiefpunkte während eines Dienst-Marathons von 29 Stunden? Mehrmals! Selbst bei tiefster Erschöpfung lässt einen die unbedingte Notwendigkeit, wach und konzentriert zu sein, doch verantwortungsvoll handeln.

13:00 Uhr: Endlich Dienstschluss. Wie man sich fühlt? Ausgelaugt, der Kopf unfähig, einen vernünftigen Gedanken zu fassen, der Körper übermüdet und unruhig, unwohl, unharmonisch. Jetzt gibt's nur eine Lösung: LAUFEN. Im Dienstzimmer wechsle ich den weißen Mantel gegen die Laufhose. Ich schleiche mich im Laufdress durch den Hinterausgang aus dem Krankenhaus, hoffentlich sieht mich so keiner. Kollegen und Vorgesetzte ohne Verständnis für dieses Bedürfnis mögen dieses Outfit wohl als unseriös empfinden. Nach 29 Stunden Dienst laufen statt schlafen – eine absurde Idee? Quer durch den Lainzer Tiergarten, über Purkersdorf auf die Sophienalpe, Hameau, Schwarzenbergpark – Gersthof. Nach rund zwei Stunden bin ich zu Hause.

15:30 Uhr: Ruhe? Die Müdigkeit ist jetzt übertaucht, weggeblasen von der Bewegung. Geschirrspüler ausräumen, Betten machen – Haushalt eben. Einer meiner beiden Männer hat Staub gesaugt. Peter kommt heute später von der Schule, wir werden alle drei gemeinsam essen.

17:30 Uhr: Ich mache mich auf zum Lebensmittelgeschäft. Was koche ich eigentlich? Makkaroniauflauf mit Melanzani wäre doch fein! Also noch Zwiebel, Knoblauch, Tomaten, Oregano und Rosmarin. Beim Warten an der Kasse werden meine Beine schwer, die Augen brennen.

19:00 Uhr: Peter bereitet einiges vor. Ich lege beim Kochen kurz den Fuß auf die Küchenplatte, dehne meine hintere Oberschenkelmuskulatur, auch die Wadenmuskulatur kommt bei Gelegenheit dran. ‚Hab' ich euch die letzte Mathematik-Schularbeit schon gezeigt? Und die Führerscheinprüfung ist ...' Alle drei sind wir voller Hunger und Neuigkeiten. Irgendwann ist dieser Tag doch zu Ende, 36 Stunden ausgefüllt mit Arbeit, Freude, Verpflichtung. Meine Männer wollen mir noch so viel erzählen, ich kann kaum noch zuhören, jetzt nur noch ESSEN – SCHLAFEN.

Manchmal wünsche ich einige Aufgaben weit weg von mir, aber mit den Anforderungen steigt auch die Belastbarkeit. Nicht alles klappt perfekt, oft möchte ich mehr, als möglich ist. Jeder kann nur das Seine leisten, nicht das, was als optimal und erstrebenswert vorgegeben wird. Und jeder nur auf seine Art. Zuviel Ruhe etwa würde mich kribbelig machen, ich brauche den Stress und die Verschiedenheit der Aufgaben. Äußerlich weniger aktive Menschen haben hingegen oft andere Qualitäten, Muße und Gelassenheit. Dann gibt es aber auch das Phänomen, dass sich manche ständig gestresst fühlen, ohne wirklich etwas zustande zu bringen – kennen Sie die auch?

Dauerläufe bis zu drei Stunden absolvierte ich problemlos selbst nach anstrengenden Nachtdiensten ohne Schlaf. Intensive Dauerläufe und Intervalltrainingseinheiten plante ich für die Nachmittage nach einem normalen Ambulanzvormittag (8:00 – 13:00 Uhr). An diesen langen Nachmittagen absolvierte ich auch gelegentlich zwei Trainingseinheiten, beispielsweise Laufen und allgemeines Ausdauertraining im Fitness-Studio oder Krafttraining als zweite Einheit. Dazwischen deckte ich meinen Energiebedarf bei Gelegenheit mit kohlehydrathältigen Powerbar-Riegeln und verdünnten Fruchtsäften. Natürlich waren manche Tage arbeitsfrei. Aber wirklich gute Trainingsbedingungen, die gab es nur im Urlaub."

Zeit zum Laufen

Zeit zum Laufen ist jederzeit. Zumindest wenn man auf die Strassen blickt, bekommt man diesen Eindruck. Es gibt kaum eine Tageszeit, zu der nicht gelaufen wird. Aber wie findet man selbst die Zeit dazu? Es fängt im Kopf an. Aber der alleinige Gedanke an das Laufen, oder die Absicht, sich mehr zu bewegen, sind unzureichend, um erfolgreich Freiräume zu schaffen. Der Rhythmus und die Reihung der Prioritäten im Leben sehen meistens zu wenig Platz für Bewegung vor. Laufen birgt Konfliktstoff mit dem Alltag. Man findet immer genügend vernünftige Gründe, warum gerade heute wieder keine Zeit zum Laufen übrig blieb.

Natürlich bringt es nichts, jede verbleibende Minute des Tages mit zusätzlicher Aktivität aufzufüllen oder sich darüber zu ärgern, wie „ineffizient" man vielleicht seine Zeit verbringt. Ruhe, „Nichtstun" oder Herumtrödeln sind genauso wichtig – es kann nicht nur High-Speed geben. Laufen ist kein Termin, den man auch noch erledigen sollte. Dann erledigt es einen selbst, und Freizeit wird zum Stress. Dann kann es besser sein, das Laufen einmal bleiben zu lassen, nicht eine Abendveranstaltung oder das Familientreffen.

Die Bewegung muss zum inneren Bedürfnis, zu einem wesentlichen Bestandteil der Persönlichkeit und des Lebensstils werden, um neben all den sonstigen Aufgaben auf Dauer bestehen zu können. Wer das Laufen für sich entdeckt hat, wird nicht mehr darauf verzichten wollen. Bewegung und Naturerlebnis, Ausgleich und Regeneration – die Gedanken werden freier, die Stimmung heller, man fühlt sich wieder wohl in seinem Körper ... Wenn Laufen diese wesentliche persönliche Bedeutung erreicht hat, wird es auch möglich sein, Raum und Zeit dafür zu schaffen, ganz zwanglos.

Natürlich sind Improvisation und Flexibilität gefragt. Gerade dann zu laufen, wenn man die größte Lust danach hat bzw. der tägliche Biorhythmus gerade im Hoch ist, ist allerhöchstens im Urlaub möglich. Aber Zeitnot macht erfinderisch. Die nicht mit beruflichen und alltäglichen Verpflichtungen ausgefüllten Pausen und Zwischenräume können manchmal genützt werden. Während der Nachtdienste im Krankenhaus fand ich gelegentlich Zeit, auf einem alten Ergometer zu treten. Es ging nicht darum, unbedingt eine „Trainingseinheit" zu absolvieren. Es gab mir einfach neue Kraft. Manche laufen frühmorgens vor Arbeitsbeginn – nicht jeder Kreislauf macht da mit –, oder abends vom Büro nach Hause. Der Tagesablauf lässt manchmal den Platz dafür, man muss aber selbst die Zeitfenster dafür finden.

Es geht darum, Laufen und Bewegung in den Alltag zu integrieren, dann kostet es keine Überwindung. Denn Veränderungen im Alltag verlangen immer nur so lange Kraft und Engagement, bis die Routine eingetreten ist.

Am wichtigsten: Stehen Sie positiv zu ihrem Lebensstil und vertreten Sie ihn nach außen, gegenüber ihrem Arbeitsumfeld, dem Freundeskreis, der Familie. Machen Sie keine heimliche Liebe daraus, auch wenn sie anfänglich auf Unverständnis stoßen. Nur wer das Laufen lebt, kann Akzeptanz und auch Unterstützung dafür bekommen. Suchen Sie Gleichgesinnte. Durch die Weitergabe von Emotionen und Erfahrungen lassen sich viele vom Laufenthusiasmus anstecken. Und wenn sich die Umgebung bewegt, fällt es auch einem selbst viel leichter.

Hat man zusätzlich – wie in meinem Fall – das Glück, dass Laufen und Sport zentrale Bedeutung für die ganze Familie haben, sind die optimalen Rahmenbedingungen geschaffen. Neben der selbstverständlichen Unterstützung kann zumindest ein Teil des Laufens gemeinsam mit den liebsten Trainingspartnern absolviert werden.

Laufen ist die schönste Nebensache der Welt – mit dem Potenzial, zur Hauptsache zu werden.

Ernährung
Was nicht nur Läufer essen sollten

Was ist „gesund" beim Essen? Wonach soll man sich richten: Jeden Tag Spaghetti? Soja statt Fleisch? Vitaminpillen für die Sieger? Zum Glück ist richtig Essen sehr einfach, genau wie Laufen. Egal, ob jemand täglich trainiert oder nur gelegentlich einen Radausflug unternimmt – die richtige Ernährung ist in den Grundprinzipien für alle die gleiche. Diese Ernährungsrichtlinien können im Alltag natürlich auf die unterschiedlichsten Arten umgesetzt werden, je nach Geschmack und Vorlieben für manche Speisen. Gesundheit und Genuss gehören zusammen. Die Grundsätze einer sportartgerechten Nahrungsaufnahme beachten heißt nicht, auf Bedürfnisse und Genuss verzichten. Wer sich regelmäßig im Sport und bei Bewegung anstrengt, reagiert ohnehin sensibler auf die richtige Wahl der Speisen und entwickelt einen natürlichen Sinn dafür, was ihm gut tut, und was nicht. Mit zunehmendem Trainingszustand, besonders bei Ausdauersportlern, entwickelt sich der Appetit auf Nahrungsmittel, die man gewöhnlich als gesund bezeichnet. Eine Art intuitives Körperbewusstsein stellt sich ein – dazu muss man kein Spitzenläufer sein. Umgekehrt ist man aber auch eher bereit, Ernährungsfehler zu begehen, wenn der Trainingszustand wieder abnimmt.

Vor allem Kohlenhydrate

Was heißt das konkret? Ganz einfach: Brot, Nudeln, Reis, Kartoffeln oder Getreide sollen der Hauptbestandteil der Mahlzeiten sein. „Ich habe eine besondere Vorliebe für Kohlenhydrate! Nudeln mit Tomatensauce, Reis mit Amaranth und Pilzen, Kartoffel mit Nudeln, Hirse mit Polenta – auch die ungewöhnlichsten Kombinationen sind ein Genuss. Zum Beispiel sind Pizzocheri eine meiner Lieblingsspeisen, das sind italienische Hartweizennudeln mit Polentamehl, die man zusammen mit mehligen Kartoffeln und Kochsalat anrichtet. Zu jedem Nudelgericht brauche ich überdies noch Brot. ‚Die kann sich wohl keine Hauptspeise leisten!', werde ich in Lokalen oft mit Verwunderung, fast mit Ablehnung bedient, wenn ich mehrmals Brot nachbestelle. Aber mein Körper verlangt danach, und es schmeckt mir. In unseren Breiten ist das eher unüblich, während etwa in Ita-

lien und in Frankreich der Brotkorb auf dem Tisch selbstverständlich ist, oder in Mexiko stoßweise warme Tortillas – Fladen aus Maismehl – zum Essen einfach dazugehören. "
Der Durchschnittsösterreicher verzehrt maximal 40 % seiner täglichen Nahrung in Form von Kohlenhydraten – zu wenig. Die Hälfte davon sind überdies einfache Kohlenhydrate – auch nicht gesundheitsfördernd. Für eine gesunde Ernährung hat der Kohlenhydrat-Anteil etwa 60 % der Energiemenge auszumachen, wobei mehr als die Hälfte davon sogenannte komplexe oder langkettige Kohlenhydrate sein sollen. Also Nudeln, Brot, Reis, Kartoffeln, Getreide. Am besten sind Vollwertprodukte wie Naturreis und Vollkornbrot. Sie enthalten deutlich mehr Mineralstoffe, Vitamine, Spurenelemente und Ballaststoffe als etwa weißes Mehl, heller Reis oder Semmeln. Hat man sich erst einmal an den vollen Geschmack gewöhnt, empfindet man die meisten ausgemahlenen, polierten Kohlenhydrate ohnehin als fahl und eintönig.

Strategien, um den Kohlenhydrat-Anteil zu erhöhen:

❖ „Beilagen" suchen – die sollen den Hauptanteil der Mahlzeit ausmachen: Reis, Polenta, Semmelknödel ...

❖ Im Supermarkt statt in die Fleischabteilung zuerst zum Brot oder den Frischwaren schauen

❖ Mit Obst und Gemüse eindecken. Bananen, Kartoffeln und Bohnen liefern komplexe Kohlenhydrate. Der Fruchtzucker in anderen Obstsorten ist zwar ein Einfachzucker, aber die frischen Früchte liefern Vitamine, Mineralstoffe und Spurenelemente. Sie stillen aufkommenden Heißhunger durch den hohen Ballaststoffanteil.

❖ Brotscheiben dicker schneiden, Belag dafür reduzieren.

❖ Auf das Fett achten: Saucen zu Nudeln, Einbrenn beim Gemüse, Öl zum Salat, verstecktes Fette in Wurst und Fleisch mit einrechnen. Butter auf's Brot? Na selbstverständlich, aber sparsam!

Fast alles ist möglich, auf die Menge kommt es an

„Zaudia" – dürr wie eine Zaunlatte auf Hochdeutsch: Einen solchen Eindruck hinterlassen viele Ausdauersportler. Schlank, jeder Muskel und jede Rippe sichtbar. Die reinsten Models. Aber ihr Körper ist nicht durch hungern so geworden, sondern durch hohen Verbrauch. „Ich erinnere mich an ein Trainingslager in der Ramsau. Drei Männer vom Nachbartisch machten die Bemerkung: ‚Wie wir dich gseh'n haben, hamma uns denkt, wieder so a Hungerkünstlerin. Aber wenn man dir beim Essen zuschaut ... also irgendwas kann da nit stimmen!'"

Sportler essen nicht „wenig", sie würden ihr Training sonst gar nicht durchstehen. Aber ob Sportler oder nicht: Es geht darum, so viel zu essen, wie man auch verbraucht. Nicht mehr, denn dieses „Mehr" – und sei es noch so „gesund" – lagert sich als Fett im Körper ab: Am Bauch, an den Oberschenkeln, in den Blutgefäßen.

Selbst das kleinste „Mehr" verwandelt sich mit der Zeit in jene ungesunden Kilos, die man loswerden möchte. Falsche Lebens- und Ernährungsgewohnheiten zu ändern ist nicht leicht. „Aber ich esse ja gar nicht viel", sind viele überzeugt. Freilich ist genetisch festgelegt, dass Menschen unterschiedlich rasch Gewicht zulegen, doch letztlich ist immer auch die Nahrungsmenge entscheidend. Es geht rasch, oft unmerklich, schon sind einige hundert Kalorien zu viel im Körper: Eine kleine Jause am Vormittag, jemand hat etwas ins Büro mitgebracht, dann das Mittagessen – Hunger ist noch keiner da, aber die Kollegen gehen ja auch. Ein Kaffee gegen die Müdigkeit, etwas Süßes dazu, und am Abend, naja, Abendessen halt. Vielleicht ist keine einzige Mahlzeit übergroß, aber in Summe ergibt das einfach zu viele Kalorien, vor allem ohne Bewegung. Es braucht viel Kraft, diese Gewohnheiten abzulegen! Und genauso wie sich Übergewicht über Monate und Jahre aufbaut, braucht es auch Zeit, die Pfunde wieder loszuwerden.

Wenn aber die Menge stimmt, und die Kohlenhydrate im Mittelpunkt stehen, kann gar nicht so viel falsch gemacht werden: „Schokolade und Wienerschnitzel? Natürlich! Wenn ich einmal einen Serotoninschub brauche, zur Aufhellung der Stimmung, kann es passieren, dass ich eine ganze Tafel Schokolade verdrücke – auch um Mitternacht. Ohne Reue und schlechtes Gewissen. Nicht täglich, nicht häufig, aber gelegentlich. Ein, zwei Rippen am Abend gönne ich mir öfter. Ebenso ist es bei Kaffee. Ein oder zwei Tassen trinke ich selbst in der Früh vor einem Marathonlauf. Das brauche ich zum Start in den Tag. Auch die Fettverbrennung wird durch geringe Mengen Koffein angekurbelt – wenn man anschließend Bewegung macht. Aber mehr würden weder meinem Magen noch meinem Flüssigkeitshaushalt gut tun. Auch Schnitzel und Schweinsbraten sind erlaubt, auch das Bier dazu – es ist immer, wirklich immer die Dosis, die Menge, die Häufigkeit, die bestimmt, ob etwas schadet oder positiv wirkt. Zwang mit Maßen! Zuviel des Falschen bekommt einem ohnehin nicht, man fühlt sich dann kraftlos und schlecht."

Nicht mehr, als man verbraucht

Aber wie viel ist zuviel und wie viel genug? Am besten verlässt man sich auf sein Körpergefühl, sofern man sich das trotz des Wohlstandes erhalten konnte. Das natürliche Hunger- und Sättigungsgefühl kann zwar manchmal täuschen, aber praktikabler und lustvoller als Kalorienzählen ist es allemal. Natürlich kann man seine persönliche Energiebilanz auch berechnen: Einnahmen und Ausgaben sollten sich decken, sonst schaut's schlecht aus – für die Figur und die Gesundheit! Schönheit ist nur ein Aspekt, Gesundheit der von länger anhaltender und tiefgreifenderer Bedeutung.

Welche Nahrungsmenge genug ist, hängt von einigen Punkten ab: Körpergewicht, Muskelanteil und der täglicher Bewegung. Wer schwerer, muskulöser und körperlich aktiver ist, verbraucht mehr.

Der Grundumsatz des 49-Kilo-Körpers von Dagmar Rabensteiner in Ruhe beträgt 1550 Kilokalorien (kcal), gemessen in der Stoffwechselabteilung im Krankenhaus Lainz: „So viel würde ich an einem Tag verbrauchen, an dem ich außer sitzen nichts mache. Hätte ich weniger Muskeln und mehr Fett, würde mein Grundumsatz bei gleichem Körpergewicht nur 1200 – 1300 Kalorien betragen."

Den eigenen Grundumsatz kann jeder selbst ungefähr berechnen, und zwar indem man das Körpergewicht mit 24 multipliziert. Ein 75 Kilogramm schwerer Mann hätte demnach einen Grundumsatz von 75 x 24 = 1800 Kalorien.

Da Frauen im allgemeinen einen höheren Körperfettanteil als Männer haben, gilt der Umrechnungsfaktor 21,6. Eine 75 Kilogramm schwere Frau hätte also einen Grundumsatz von 75 x 21,6 = 1620 Kalorien.

Übergewicht erhöht den Energiebedarf des Körpers nicht! Das Depotfett braucht im Gegensatz zur Muskelmasse keine Versorgung mit Sauerstoff, der Grundumsatz bleibt daher gleich. Als Grundlage der Berechnung sollte daher das Normalgewicht herangezogen werden, nicht das aktuelle Körpergewicht.

Zum Grundumsatz muss der Arbeitsumsatz dazugerechnet werden, der je nach Lebensführung und Beruf schwankt. Bei vorwiegend sitzender Tätigkeit sind das lediglich 700 zusätzliche Kalorien, bei einem Schwerstarbeiter 2000 – 3000 Kalorien und sogar mehr. Dagmar Rabensteiner rechnet vor: „Ich verbrauche bei einer Stunde Dauerlauf im Grundlagenausdauerbereich (ca. 13,3 km/h) 650 Kalorien, durchschnittlich bin ich jeden Tag zwei, manchmal drei Stunden unterwegs, macht zweimal Mittagessen extra! Energie wird aber nicht nur während des Laufens verbraucht, auch in den Stunden danach ist der Umsatz erhöht, nach intensiven Läufen stärker als nach ruhigen Dauerläufen."

Körperintelligenz – Essen, was der Körper verlangt: Zusammenspiel von Wissen und Intuition

Bücher über Ernährung verwirren selbst einen Fachmann. Nimmt man ein Buch über Sporternährung zur Hand, wird man so überflutet von Nahrungsbestandteilen, die man in seiner täglichen Ernährung noch nicht berücksichtigt hat, dass man gar nicht mehr weiß, wo man überhaupt anfangen soll: „Eigentlich wären meine Tage schon damit ausgefüllt, meine Mahlzeiten wissenschaftlich zu analysieren und einen genauen Ernährungsplan aufzustellen. Nur, wo bleiben dann die Bedürfnisse, die mir mein Körper signalisiert? Ich vertraue auf die SOMATISCHE INTELLIGENZ, die „innere Intelligenz", also auf die natürlichen Signale, die ich gesendet bekomme. Ich freue mich auf das Müsli in der Früh und die Pasta nach dem Training, wenn das Laufen die Glukose aus dem Körper getrieben hat. Aber ich gehe auch nicht an jedem Stück Kuchen vorbei, und wenn etwas so gut schmeckt wie ein gelegentliches Bier am Abend: Warum sollte das schlecht sein? Die Dosis ist eben wichtig. Wissen und Wollen stehen trotzdem oft in Konflikt miteinander. Die Vernunft etwa sagt, dass Vollkornnudeln gesünder sind als herkömmliche Pasta. Gut, mein Geschmackssinn meint etwas anderes, und ich lasse ihn in diesem Fall gewinnen."

Mit etwas Wissen kann man die Bedürfnisse seines Körpers, die „innere Intelligenz", ohnehin sehr gut lenken. Die Grundlagen einer optimalen (Sport-)Ernährung sind einfach, und die Reflexe im Supermarkt, bei den kleinen Snacks zwischendurch und in der Kantine lassen sich schulen und an die Erfordernisse anpassen.

„Lust auf süße Sünden? Natürlich gebe ich dem nicht bedingungslos nach, aber wenn der Grundtenor stimmt, ist Vieles erlaubt: Was mache ich beispielsweise, wenn ich in der Ordination plötzlich riesig hungrig werde und eine Patientin gerade einen himmlisch ungesunden Schokoladekuchen mitgebracht hat? Ganz einfach, ich esse ihn. Würde ich wohl schneller laufen, wenn ich gewissenhafter reagierte? Ich glaube nicht. Askese ist kein Lebensstil, den man auf Dauer durchhalten kann. Zwänge ersticken meist positives Denken, Spontanität und Lockerheit. Wer seine Ernährungsweise mit Verboten belastet, wird sie sehr bald übertreten – und noch dazu ein schlechtes Gewissen haben. In meiner mehrjährigen medizinischen Arbeit mit Übergewichtigen sah ich immer wieder deutlich: Panik ist die falsche Diät, und einseitige Diäten mit raschem Erfolgsanspruch sind kurzlebig! Nur wer seine Ernährungsgewohnheiten auf eine vernünftige Basis stellt und seine Reflexe danach schult, wird sich langfristig in seinem Körper wohlfühlen."

Wie locker manche Leistungssportler mit strikten Ernährungsrichtlinien umgehen, sieht man immer wieder vor großen Marathons in den Athletenhotels. Eigentlich sollte es in den Tagen vor dem Start außer Kohlenhydraten nur Kohlenhydrate geben. Nicht alle halten das so: „Am Freitag vor dem Berlin-Marathon 2001 etwa genossen einige kenianische Läufer noch ein Wienerschnitzel. Tegla Loroupe, die Marathonweltrekordlerin von 1998 bis 2001, verdrückte samstags Frühlingsrollen – ja genau, im Fett gebacken. Und Naoko Takahashi verblüffte dort nicht nur mit ihren sportlichen Leistungen: Beim Frühstücksbüfett am Marathonmorgen drängten sich die Läufer um die Körbe mit Brot und Toast. Ein letzter, kleiner Energieschub soll es sein, leicht verdaulich und kohlenhydratreich. Eine Marmeladesemmel zum Beispiel. Takahashi kommt, die Rennfavoritin, die Olympiasiegerin. Alle Augen im Saal richten sich auf sie. Ohne Umwege steuert die Japanerin die Warmhalteboxen mit den gekochten Gerichten an, lädt einen Teller voll Eierspeise, nimmt eine Scheibe Toast dazu und verspeist das Ganze mit sichtlichem Genuss. Das also, waren viele verwundert, essen Olympiasieger zum Frühstück am Tag des Marathons! Drei Stunden später stand sie am Start, und 2:19:46 Stunden später war sie im Ziel – mit neuer Weltrekordzeit."

Was Läufer sonst noch brauchen

Hochwertiges Eiweiß und wichtige Kleinigkeiten zur Speicherung der Kohlenhydrate, nämlich Kalium und Chrom, sind für Läufer unverzichtbar.

Ein Mangel an **Eiweiß** ist bei uns in Schnitzelland selten. Wer sich aber fleischarm oder vegetarisch ernährt (und zudem Sport betreibt), sollte auf die Proteinzufuhr achten. Proteine sind die Grundbausteine unserer Zellen, Muskel, Bänder und Sehnen. Sie sind Bestandteil von Hormonen, Enzymen und des Immunsystems und wichtig für die Regeneration nach körperlicher Belastung: „Nudeln, Brot und dergleichen stehen zwar jeden Tag im Mittelpunkt. Aber ich esse oft auch ganz bewusst nach intensiven Trainingseinheiten ein Steak, weil gerade Sportler viel Eiweiß brauchen."

Es muss aber nicht unbedingt Fleisch sein. Tierisches Eiweiß ist zwar grundsätzlich hochwertiger als pflanzliches, man kommt aber auch ohne ihm aus. Wie? Durch das Kombinieren verschiedener Nahrungsmittel, sodass die Eiweißbestandteile aufgewertet und vom Körper besser aufgenommen werden können.

Zum Beispiel: Kartoffel mit Topfen, Müsli mit Joghurt, Brot mit Käse. Auch Amaranth, bereits zur Zeit der Inkas im heutigen Peru bekannt, ist eine hervorragende Eiweißquelle, deren Wirkung in Verbindung mit Milchprodukten verbessert wird. Diese Getreideart enthält viele Eiweißbausteine, die vom Körper selbst nicht hergestellt werden können, sogenannte „essentielle Aminosäuren". Generell ist zu sagen, dass Eiweiß nicht nur in Fleisch, Fisch, Eiern oder Milchprodukten zu finden ist. Auch Getreide (z.B. Hafer, Hirse, Dinkel oder Quinoa) hat einen nicht unbeträchtlichen Eiweißanteil: „Hafer ist mein bevorzugtes Getreide im Müsli am Morgen, er gibt mir Energie für den Tag und das Training. An dem althergebrachten Sprichwort ‚Ihn sticht der Hafer' mag wohl etwas dran sein."

Um sich rasch von einem Lauf zu erholen und in der unmittelbaren Wettkampfvorbereitung ist eines wichtig: das sogenannte Carboloading. Das heißt, viel Kohlenhydrate essen, wenig Fett und Ballaststoffe, und dadurch die Speicher in den Muskeln auffüllen. Gespeicherte Kohlenhydrate sind für die Leistung immer hilfreich – im Gegensatz zu Fetten. Welche Strategien dafür gibt es?

Kleinigkeiten können große Wirkung haben: von **Kalium** und **Chrom** genügen wenige Milligramm. Kalium verbessert die Kohlenhydrateinlagerung in der Muskulatur. Obst und Gemüse sind die besten Quellen – Bananen, Kiwis, Tomaten, Karotten, Champignons oder Spinat, auch Fruchtsäfte und besonders Trockenfrüchte enthalten viel Kalium, ebenso Molkeprodukte, Joghurt und Topfen.

Chrom optimiert darüber hinaus den Fettstoffwechsel und hilft dem Körper bei Belastung sparsam mit den Kohlenhydrat-Reserven umzugehen. Champignons, Vollkornbrot, Edamer- und Goudakäse enthalten dieses Spurenelement. Ins Kulinarische umgewandelt ergibt das zum Beispiel folgende Gerichte:

❖ Nudeln (= Kohlenhydrate) mit Tomatensauce (= Kalium), und Edamerkäse darüber gestreut (= Chrom und Eiweiß).

❖ Naturreis (= Kohlenhydrate) und Amaranth (= Kohlenhydrate, Eiweiß und Eisen) mit einer Sauce aus Pilzen (= Chrom und Kalium) und Sauerrahm (Eiweiß). Naturreis und Amaranth lassen sich zusammen sehr gut weich kochen. Für die Sauce Zwiebel, Knoblauch und Pilze (meist Champignons) kurz anbraten, ca. 200 ml Sauerrahm dazugeben und würzen mit frischen Kräutern, Salz und wenig Pfeffer.

❖ Müsli aus gemahlenem Hafer (= Kohlenhydrate), am Vortag in Milch (= Eiweiß) eingelegt, dann mit Topfen (= Eiweiß), Bananen (= Kalium), evtl. Rosinen und getrockneten Datteln vermischt. Oft gebe ich auch Amaranth und etwas Zitronensaft (= Vitamin C) dazu.

❖ Aufläufe aus dem Ofen: Kartoffelscheiben und Gemüse in eine Auflaufform schichten und das Ganze mit einer Masse aus ca. 1/4 kg Tofu, 200 ml Sauerrahm und zwei Eiern übergießen, würzen und im Ofen bei 200° für 40-50 Minuten backen. Eine hervorragende Mischung aus komplexen Kohlenhydraten, Eiweiß, Elektrolyten und Spurenelementen.

... und natürlich sind der Phantasie keine Grenzen gesetzt!

Eisen

Nicht nur Frauen haben oft zu wenig davon (wegen des Blutverlusts durch die Menstruation), alle Ausdauersportler sollten auf die Eisenwerte achten. Durch Aufprallkräfte beim Laufen werden in den Fußsohlen rote Blutkörperchen zerstört, zu deren Neubildung ist verstärkt Eisen nötig. Auch über die Niere und den Schweiß kommt es zu Eisenverlusten. Eisenmangel ist daher bei Athleten ein häufiger Befund. Die Blutarmut macht müde, vermindert Antrieb und Leistungsfähigkeit. Eisenmangelanämien bei Ausdauersportlern sind nicht die Ausnahme, sondern ein sehr häufig auftretender Grund für einen Leistungseinbruch und chronische Müdigkeit. Also: Regelmäßige Blutbildkontrollen, zumindest einmal jährlich und bei auffallendem Leistungsabfall. Eisen vorsorglich über die Nahrung zuführen: Fleisch, Amaranth, Sojaflocken ins Müsli!

Auf Fleisch sollte im Ausdauersport nur dann ganz verzichtet werden, wenn man konsequent andere Eisenquellen optimiert. Die Aufnahme von Eisen im Darm wird durch Vitamin C gefördert. Tipp: Müsli mit Amaranth (= Eisen) und Zitronensaft (Vitamin C) ansetzen,

Orangensaft dazu trinken. Zu viel Koffein wiederum beeinträchtigt die Eisenaufnahme.

Ist bereits ein Eisenmangel diagnostiziert, wird eine eisenhältige Ernährung alleine in den meisten Fällen nicht ausreichen. Aber Vorsicht: Eiseneinnahme gehört ärztlich kontrolliert!

Essen aus der Apotheke?

Ständig erzählt einem jemand, was man noch unbedingt bei der Ernährung berücksichtigen muss: Selen als Antioxidans, L-Carnitin zur Optimierung der Fettverbrennung, Magnesium zur Muskelrelaxation, Calcium für die Knochen, essentielle Aminosäuren für starkes Bindegewebe und Muskelaufbau, Vitamine, Spurenelemente, Mineralstoffe ... heute schon genug Chrom und Zink zugeführt? Das Angebot an Nahrungsmittelzusätzen wächst immens, und die Versprechungen dazu ebenso. Fast entsteht der Eindruck, dass die „gewöhnlichen" Lebensmittel überholtes Steinzeit-Food sind und nicht mehr den Erfordernissen der Zeit entsprechen.

Kiwi oder Kapsel – für die meisten Menschen in den meisten Situationen ist diese Entscheidung einfach: Frischkost zuerst. Die natürliche Variante ist den Power-Pillen bei weitem überlegen. Mit einer ausgewogenen Ernährung nimmt man ausreichend Vitamine und Mineralstoffe auf, Zusätze sind nicht nötig. Obst und Gemüse beinhalten Hunderte Wirkstoffe in einer einzigartigen Kombination – diese Zusammensetzung erhöht den positiven Effekt für den Körper. Multivitaminpräparate hingegen bestehen aus höchstens zehn bis zwanzig Substanzen. Schon deshalb sind sie zweite Wahl.

Tägliche Tabletten können eine ungesunde Ernährung nicht korrigieren. Nur bei Erkrankungen sind Zusätze sinnvoll. Auch ältere Menschen und schwangere Frauen können ihren Vitaminbedarf nicht immer über die Nahrung decken. Über Nahrungsmittelzusätze zu entscheiden, ist jedoch Sache eines Arztes.

Anders ist die Situation auch bei Leistungssportlern. Die teilweise extremen Belastungen kurbeln den Stoffwechsel immens an. Auch werden durch das fordernde Training verstärkt freie Sauerstoffradikale produziert, die das Immunsystem unter Stress setzen. Die normale Ernährung reicht oft nicht aus, um dem Körper die notwendigen Mittel zum Umgang mit den Belastungen zu geben. Praktisch alle Leistungssportler greifen zu Ergänzungsmitteln: „Lange Zeit war ich der Meinung, dass ich mich ohnehin so vernünftig ernähre, dass ich auf die ‚künstlichen Zusätze aus der Apotheke und dem Reformhaus' verzichten kann. Wenn ich anderen Läufern zuhörte, welche Kapseln sie so täglich schlucken, packte mich oft das schlechte Gewissen. Ich kannte meine Schwachstellen: Zu wenig Obst und Gemüse. Ich weiß das und bemühe mich, es gelingt nur nicht täglich. Ich greife zum Brot anstatt zum Apfel oder zur Birne. Nobody is perfect. Nahrungsergänzung in Form von Kapseln zur Kompensation des daraus entstehenden Defizits? Lange Zeit wehrte ich mich erfolgreich. Bis zum Österreichischen Rekord in Amsterdam 2000 nahm ich praktisch keine Zusatzmittel ein. Dann – unter zunehmendem Druck einer weiteren Leistungssteigerung auf ohnehin schon hohem Niveau – dachte ich: ‚Warum eigentlich nicht?' Schließlich habe ich das Wissen dazu. Also, was nehme ich jetzt gelegentlich?

❖ Magnesium – durch noch so vernünftige Ernährung kann der Bedarf bei einem Leistungssportler nicht gedeckt werden.

❖ Eisen – abhängig von meinem aktuellen Blutbild und den Eisenspeicherwerten

❖ Calcium und Vitamin D zur Stärkung der Knochen. Vorsicht: Ungezielt kann das gefährlich sein, es sollte von einem Arzt kontrolliert werden!

❖ Multivitaminpräparat (mit Vitamin E – ein Radikalfänger, und Vitamin B1 – wichtig für die Energiebereitstellung)

❖ Kapseln aus getrocknetem Gemüse- und Fruchtmark

❖ Selen (Antioxidans), weil ein Ausdauersportler viele freie Radikale im Training bildet, vor allem bei intensivem Training, welches Sauerstoffmangel bewirkt

❖ L-Carnitin zur Verbesserung des Fettstoffwechsels

❖ Zink, falls die Weizenkeime in meinem Müsli nicht ausreichen, beispielsweise bei hohem Trainingsumfang oder bei Erkältungen

Für Hobbysportler mit einer ausgewogenen Ernährung gilt jedoch: Zusatzstoffe sind nicht unbedingt nötig – und haben meist allenfalls einen psychologischen Effekt. Vertrauen in die eigenen Fähigkeiten ist besser als Vertrauen in vermeintliche Sieger-Stoffe. Auf eigene Faust täglich ein paar Tabletten einwerfen und sich davon auch noch eine Leistungssteigerung zu erwarten, kann nur schief gehen. Einen Zaubertrank wie bei Asterix und Obelix gibt es eben nicht. Dafür viele wohlschmeckende Lebensmittel, für Genuss und Gesundheit.

Ernährung und Training vor dem Marathon

Die Saltin-Diät

Der Marathonlauf rückt näher. Wie soll man sich in der Woche vor dem Rennen ernähren: Nur Nudeln? Viel Obst? Mehr Müsli? Oder doch ein gutes Steak? Wichtig ist es, die Kohlenhydratspeicher im Körper möglichst anzufüllen. Denn ohne Kohlenhydrate läuft gar nichts, weder langsam noch schnell, weder im Kopf noch in den Beinen.

Pasta, Reis, Kartoffeln, Brot, Getreide – das sind die wichtigsten Quellen für langkettige oder komplexe Kohlenhydrate. Langkettig heißt, der Körper kann daraus lange und gleichmäßig Energie gewinnen – anders als der „kurzkettige" Zucker, der rasch sein Feuer entfacht, aber bald aufgebraucht ist. Kohlenhydrate sind sozusagen unser Super-Brennstoff. Beim schnellen Laufen werden vornehmlich Kohlenhydrate zur Energiegewinnung herangezogen, beim langsameren Laufen, wo die Fettverbrennung angekurbelt wird, sind die Kohlenhydrate die kleinen „Helferlein", der unabdingbare Zündstoff: Die Fette verbrennen im Feuer der Kohlenhydrate. Sind die Kohlenhydrate erst einmal aufgebraucht, fehlt der Fettverbrennung die Schmiere und sie vollzieht sich noch langsamer und träger, nichts geht mehr – „der Mann mit dem Hammer" kommt. Nicht nur die Muskeln, auch das Gehirn bekommt keine Glukose mehr und schlägt Alarm. Doch wenn sich einmal der Hunger meldet, ist es zu spät. Während des Laufes kann nur begrenzt Nahrung aufgenommen werden, und es dauert zu lange, bis sie verarbeitet und dem Körper als neue Energie zur Verfügung steht. Daher ist jeder Marathonläufer bestrebt, von vornherein möglichst viele Kohlenhydrate aufzunehmen.

Kohlenhydrate werden im Körper in Form von Glykogen in Muskulatur und Leber gespeichert. Beim Untrainierten können ca. 300 Gramm Glykogen in der Muskulatur und 75 Gramm Glykogen in der Leber eingelagert werden. Ein bedeutsamer Effekt des Ausdauertrainings ist die Vergrößerung dieser Glykogenreserven auf ungefähr die doppelte Menge (ca. 500 Gramm in den Muskeln und 120 Gramm in der Leber).

Um für einen Marathonlauf die Kohlenhydratspeicher optimal aufzufüllen, wenden viele Ausdauersportler in der Woche davor eine spezielle Diät an, die sogenannte Saltin-Diät, benannt nach dem schwedischen Physiologen Bengt Saltin. Es geht darum, in der ersten Wochenhälfte auf Kohlenhydrate fast völlig zu verzichten. Der Körper „schreit" dann geradezu nach ihnen. In der zweiten Wochenhälfte bis hin zum Marathon werden dann außerordentlich viele Kohlenhydrate aufgenommen – Nudeln, Reis, Brot etc. –, die der Körper dann besser speichern kann als zuvor. Zuerst Entleerung, dann überschießende Auffüllung, wie ein Schwamm, den man ausdrückt, damit er dann besser saugt – das ist das Prinzip.

Die Praxis sieht so aus: Man absolviert einen intensiven Trainingslauf am Sonntag vor dem Marathon, etwa 10 – 12 Kilometer im geplanten Marathonrenntempo oder einige Sekunden pro Kilometer schneller. Die Kohlenhydratspeicher werden durch den muskulären Verbrauch fast völlig entleert. Dagmar Rabensteiner beschreibt das so: „Ab diesem Tag mache ich etwas, was mir sonst fremd ist: Ich zähle die Gramm und Kalorien, die ich zu mir nehme. Es gilt, 200 Gramm Kohlenhydrate täglich nicht zu überschreiten. Alles wird berechnet, der Kohlenhydrat-Anteil im Joghurt, in der Milch, ein normaler Apfel hat rund 25 Gramm Kohlenhydrate. Ich esse viel Fisch und Fleisch, 200 Gramm Kohlenhydrate sind doch bald zusammen. Über drei Tage (bis Mittwoch abends) ernähre ich mich so hauptsächlich von Eiweiß und Fett. Für einen ,Durchschnittsösterreicher' mag das beinahe eine normale Kost bedeuten, für einen kohlenhydratliebenden Ausdauersportler ist das jedoch eine gewaltige Ernährungsumstellung. Jeden Tag Fisch oder Fleisch mit viel Gemüse, zum Frühstück Joghurt und Topfen OHNE Müsli, und wenn der Hunger plagt Nüsse, Käse, Schinken. Ein Apfel? Gut, einmal am Tag. Bananen sind überhaupt verpönt."

Am ersten Tag ist das gerade noch mit einer normalen Lebensführung vereinbar, mit zunehmender Entleerung der restlichen Kohlenhydratvorräte am Montag und Dienstag wird man jedoch immer schwächer und antriebsloser. Daneben geht das Training weiter, allerdings in reduzierter Form. Laufen fällt, dermaßen geschwächt, immer schwerer. Auch das Denken ist von Kohlenhydraten abhängig, die Konzentration verflüchtigt sich. Gepaart mit der Nervosität vor dem nahenden Marathon führt das zu Verunsicherung, bei vielen Spitzensportlern wurde über mentale Einbrüche berichtet. Das war der Hauptgrund, warum in den letzten Jahren zunehmend von der Saltin-Diät Abstand genommen wurde: „Ich denke, man muss seine Erfahrungen mit dieser Diätform sammeln, um sie erfolgreich anwenden zu können. Man muss damit umgehen können. Auch ich bin zunehmend dazu übergegangen, ein wenig Brot an diesen Eiweißtagen zu essen. Es ging mir besser damit. Der Effekt war dadurch nicht beeinträchtigt."

Eine leichter verträgliche, modifizierte Saltin-Diät könnte so aussehen: Etwa 350 Gramm Kohlenhydrate an den Tagen 7,6,5,4 vor dem Wettkampf; dann mindestens 600 Gramm an den letzten drei Tagen.

Mag sein, dass der Glaube an die Wirksamkeit der Saltin-Diät wichtiger ist als jeder objektivierbare Vorteil – hauptsächlich ein Placebo-Effekt? Wem diese Ernährungsumstellung zu riskant oder fordernd erscheint, sollte seinen Körper in den letzten drei bis vier Tagen dennoch speziell auf die Ausnahmesituation „Marathon" vorbereiten: Mit viel Kohlenhydraten, auch kleinen Mengen an hochwertigem Eiweiß, Kalium und Chrom – die erleichtern das Speichern der Kohlenhydrate im Körper –, dafür wenig Fett und Ballaststoffe. Es geht nicht darum, so viel wie möglich in sich hineinzustopfen. Wichtig ist der hohe ANTEIL der Kohlenhydrate. Es kommt sehr leicht vor, dass man mit übervollem Bauch an der Startlinie steht. Aber Hungergefühl sollte keines aufkommen in den Tagen davor. Mehrere leicht verdauliche Mahlzeiten täglich, dazu viel Flüssigkeit, die zur Kohlenhydrat-Einlagerung benötigt wird, damit ist man für den Marathon gerüstet.

Ernährungsprotokoll:

Ein typischer Tag mit der Saltin-Diät:

Zeit	Essen	Gramm Kohlenhydrate	Kilokalorien
7:00	2 Tassen Kaffee mit Milch,		
	ohne Zucker	10	130
	Joghurt und Topfen (400 ml)	25	200

Etwa um 10:00 Uhr absolviere ich eine Stunde Lauftraining. Nach der Trainingseinheit folgt üblicherweise eine kohlenhydrathältige Zwischenmahlzeit oder bei Zeitmangel 1 – 2 Powerbars. Jetzt lasse ich diese Kohlenhydratzufuhr aus.

Zeit	Essen	Gramm Kohlenhydrate	Kilokalorien
12:00	1 Birne, ca. 200 Gramm	25	110
	1 Glas Orangensaft	20	120
14:00	1 Apfel, ca. 220 Gramm	26	130
	Joghurt und Topfen (400 ml)	25	200
19:00	50 Gramm Nüsse	5	300
	100 Gramm Käse	0	350
	300 Gramm Fisch gedünstet	0	270
	400 Gramm Gemüse	15	150
	1 kleines Brot	20	100

Der Hunger gibt keine Ruhe:

Zeit	Essen	Gramm Kohlenhydrate	Kilokalorien
21:00	Schokocreme Diätprodukt		
	ohne Zucker	20	150
	In Summe:	**191**	**2210**

Ich fühle mich extrem erschöpft und energielos – Zweifel an der Sinnhaftigkeit dieser Diätform sind einprogrammiert. Wieder der Vorsatz: Nächstes Mal mach ich's nicht mehr so streng.

Selbstverständlich trinke ich viel mehr als Kaffee und ein Glas Orangensaft, aber in diesen Diät-Tagen eben nur Wasser, evt. mit Magnesium- und Multivitaminpulver, Mineralwasser oder Almdudler Light – alles kalorienfrei und daher nicht in der Tabelle angeführt. Auf diese Weise ernähre ich mich von Sonntag bis Mittwoch Nachmittag vor einem Marathonlauf. Ab dann gibt's Nudeln, Nudeln ... bis zum Ende der Woche. Während dieser Diät verliere ich etwa ein Kilogramm Gewicht, die Kalorienmenge ist ja nicht reduziert, es sind lediglich die Kohlenhydratspeicher leer und daher wird weniger Wasser im Körper gebunden. Die restlichen Tage bis zum Marathon nimmt man durch die Auffüllung mit Kohlenhydraten, viel Flüssigkeit und reduziertes Training wieder ca. zwei Kilogramm zu.

Am Tag des Marathons:

Ein kohlenhydrathältiges, leichtes Frühstück drei Stunden vor dem Start, z.b.: Zwei Semmeln mit wenig Butter und Marmelade, eine Tasse Kaffee (wenn man man den verträgt) oder Tee. Dann eine sechsprozentige Maltodextrinlösung, insgesamt ca. einen halben Liter bis 30 Minuten vor dem Beginn.

Während des Rennens können pro Stunde maximal 200 Kalorien der zugeführten Kohlenhydratmenge auch verwertet werden: „Ich trinke alle 5 km (ca. alle 18 Minuten) 0,2 Liter einer 6%igen Maltodextrinlösung. Nach etwa 25 – 30 und 30 – 35 Kilometern nehme ich je ein rasch resorbierbares, kohlenhydrathältiges ‚Powergel' mit Wasser dazu. Ein unglaublich wirksamer Energieschub."

Maltodextrinlösung: Langkettige Kohlenhydrate in flüssiger Form, deshalb ideal für den Ausdauersport, kann als Maltodextrinpulver in der Apotheke gekauft werden. Bei Sportgetränken ist der Anteil des Maltodextrins auf der Verpackung angegeben. Bei vielen Produkten überwiegen jedoch die kurzkettigen Zuckermoleküle (Mono- und Disacharide). Diese führen zu einem raschen hohen Blutzuckergipfel, einer Stimulierung der Insulinauschüttung und nachfolgend tiefem Abfall des Blutzuckerspiegels – völlig kontraproduktiv für eine Ausdauerleistung. Also auf der Verpackung von Sportgetränken nachlesen! Neben komplexen Kohlenhydraten sollte ein sinnvolles Sportgetränk auch Elektrolyte enthalten. Vor allem auf Natrium soll man beim Wettkampfgetränk achten, denn Natriummangel macht die Muskeln steif und führt zu Krämpfen. Beim Wettkampf sollte man in so einem Fall Natrium zuführen, nicht Magnesium, wie viele glauben. Magnesium ist ganz wichtig, aber erst nach dem Wettkampf und in den Wochen davor. Auch essentielle Aminosäuren sowie weitere Elektrolyte (Kalium, evt. Chrom, Zink, Selen) sollten in einem guten Sportgetränk enthalten sein.

Dosierung: 6 bis 8 % Maltodextrin – wie macht man das? Eine sechsprozentige Lösung soll 60 Gramm Maltodextrin (evtl. mit wenig Dextrose und Fructose) pro Liter enthalten. Also wiegen und rechnen, die Mühe lohnt sich allemal!

Training vor dem Marathon

In den letzten zwei Wochen vor einem Marathon geht es darum, Kräfte zu sammeln. Eine Verbesserung der körperlichen Leistungsfähigkeit ist in der kurzen Zeit bis zum Bewerb nicht mehr möglich. Im Gegenteil: Zu viel Training würde jetzt schaden. Man läuft, um sich auf das Rennen einzustimmen. Ausgeruht an den Start zu gehen, ohne den leisesten Rest von Müdigkeit in den Beinen, das ist wichtig. Das Trainingspensum wird daher stark reduziert, zunächst um mindestens 30 %, in der letzten Woche vor dem Lauf sogar um bis zu 70 %. Lange Läufe über zwei Stunden Dauer sind nicht mehr anzuraten. Weniger ist mehr, zuwenig ist fast nicht möglich. Dafür soll man sich mit dem Marathonrenntempo vertraut machen, aber jeweils nur einige Kilometer weit. Alle Kräfte bündeln für dieses große Ziel, die Marathonsituation durchspielen im Kopf, sich freuen auf das bevorstehende Abenteuer ...

In dünner Luft

(St. Moritz, 12.8. – 2.9.2000)

Die Vorbereitung auf Amsterdam

„Top of the World", so nennt sich St. Moritz markengeschützt in seinen Prospekten, und genau danach streben Hunderte Athleten dort. Sie alle wollen Top of the World, die Weltspitze erreichen, oder zumindest die Spitze der eigenen Leistungsfähigkeit. Auf 1768 Meter Höhe strengt das Laufen mehr an als in niedrig gelegenen Gebieten. Drei bis vier Wochen durchgehender Aufenthalt in der Höhe sind für den Körper der optimale Reiz, um verstärkt rote Blutkörperchen zu produzieren. So kann er mehr Sauerstoff aufnehmen und wird bei langen Belastungen leistungsfähiger. Praktisch alle Ausdauersportler machen sich diesen Effekt zu Nutze. Aus aller Welt kommen Nationalmannschaften, Trainingsgruppen und sogar Hobbysportler ins noble Schweizer Dorf und verbringen dort den Hochsommer, darunter einige der besten Läufer der Welt: Paul Tergat, Gabriela Szabo, Wilson Kipketer. Wie an einem mythischen Kraftort wollen sie hier Stärke tanken.

Im August 2000 wollte auch Dagmar Rabensteiner sich in St. Moritz in Form bringen, drei Urlaubswochen lang. Das nächste Ziel stand bereits fest: Der Marathon in Amsterdam am 15. Oktober 2000. St. Moritz im Sommer: Ein 5000-Einwohner-Weltdorf mit dem Chic des Jet-Set, eingekreist von würfelförmigen Ferienwohnungen. Hunderte Kilometer Wege, flach oder leicht hügelig, ideal zum Laufen, die Seeufer entlang, durch die weiten Lärchen- und Zirbenwälder bis an die Gletscherzungen der Bernina-Gruppe.

„Meine Gefühle wollten das schnelle Laufen kennen lernen", sagte sie. Sie war auf der Suche nach intensiven Erfahrungen, nach einem Abenteuer, aus dem sie aber heil herausgehen würde. Genau das bedeutete der Marathon für sie. Bis zu 260 Kilometer pro Woche trainierte sie in der Schweiz, durchschnittlich 37 Kilometer pro Tag. Das Marathon-Training ist ein bewusstes Schwächen des Körpers im Vertrauen darauf, dadurch leistungsfähiger zu werden. Sehenden Auges begibt sich der Marathonläufer in einen wilden Strom, der ihn hin- und herwirft wie ein kleines

Ruderboot. Es ist ein Balanceakt zwischen Belastungen, die gerade noch verkraftbar sind, und jenen, die zu Erschöpfung, Krankheit und Verletzung führen können. Eine Abenteuerreise mit dem eigenen Körper, mit Ausstiegsmöglichkeit und ohne äußeren Zwang, angetrieben nur von dem Ziel, das man sich selbst gesetzt hat: Zu erleben wie es ist, schnell und an den eigenen Grenzen zu laufen.

Aus meinem Trainingstagebuch:

St. Moritz (Schweiz), 12. August – 2. September 2000

1. Woche gesamt: Ca. 220 km laufen
8 Stunden Mountainbike

2. Woche
Montag, 21.8.: 1 Stunde Dauerlauf regenerativ
2 Stunden Mountainbike

Dienstag, 22.8.: 5 x 2000 Meter, jeweils ca. 7:10 – 7:25 Minuten mit 5 Minuten Pause
Nachmittag 1:30 Stunden regenerativ auf 2700 Meter Höhe

Gestern stand Intervalltraining auf dem Plan. Nicht nur, dass ich mich davor gefürchtet habe, es ist auch wirklich schlecht gelaufen. Ich hatte bestimmte Erwartungen und Zeiten im Kopf, die ich einfach nicht geschafft habe. Vermutlich deutliche Zeichen der Übermüdung nach den 220 km der letzten Woche. Anschließend war ich – wie so oft nach solchen Anstrengungen und Frustrationserlebnissen – vor allem mental geschwächt. Ich war niedergeschlagen, Körper und Geist sind einfach eine Einheit. Physisch erschöpft, aber dennoch hyperaktiv, konnte ich, wie immer nach solchen Adrenalin-Tagen, nur sehr schwer einschlafen. Hungrig und geschwächt bin ich heute nur allzu früh erwacht. Fast macht mir mein Körper Angst, ich atme schwer, ich bin ausgelaugt und zittrig, verunsichert und ängstlich. Leistungssport!! Trainingswirksamer Reiz!! Wozu dieser Einsatz?

Doch aufhören steht nicht wirklich zur Debatte, auf eigentümliche Art liebe ich diese extreme Form, den Laufsport zu betreiben.

Mittwoch, 23.8.: 3 Stunden langsamer Dauerlauf

Morgens bin ich noch mit dem Gefühl, todkrank zu sein, herumgelegen und konnte mir nicht vorstellen, auch nur einen Schritt zu laufen. Nach einer kurzen Aufwärmphase lief ich 3 Stunden extensiv I (ca. 13 km/h), dann jedoch wie in Trance ohne größere Anstrengung, sogar ein paar Steigerungsläufe am Schluss waren noch möglich. Die Stufen zum Appartement hinauf waren anschließend allerdings ein fast unüberwindbares Hindernis ...

Donnerstag, 24.8.: 90 Minuten Dauerlauf extensiv II

Heute gings wieder prächtig, ich lief extensiv II im 4:05 – 4:10er Schnitt 90 Minuten dahin und hatte das Gefühl, recht leicht und locker zu sein. Jetzt fahren wir zum Auslaufen noch rauf nach Corviglia – 2700 m Höhe – auf die Finnenbahn. Susanne Pumper und Victoria, ihre Tochter, kommen auch mit.

2. Woche gesamt: Ca. 250 – 260 km laufen
2 Stunden Mountainbike

3. Woche

Sonntag, 27.8.: 3:20 Stunden langsamer Dauerlauf

Montag, 28.8.: 7 x 1500 Meter (jeweils ca. 5:15 Minuten mit 4 Minuten Pause), anschließend 45 Minuten regenerativ
Nachmittags 83 Minuten regenerativ in 2700 Meter Höhe

Gestern stand Intervalltraining 7 x 1500 m auf dem Programm. Mir war so unwohl bei dem Gedanken daran, dass ich in der Nacht mehrmals aufwachte und in der Früh ganz fahrig war. Ich wollte zeitig nach St. Moritz auf die Laufbahn, weil ich vorher ohnehin nicht zur Ruhe gekommen wäre. Es ist schon höchst verwunderlich, wie der Kopf eines Leistungssportlers durch solche Dinge vereinnahmt wird. Als wäre ein Intervalltraining Mittelpunkt des Lebens. Das sollte ich einmal meinen Patienten auf der Intensivstation erzählen, die mit dem Leben ringen! Aber, ist nicht gerade das intensives Leben, wenn man mit ganzem Einsatz für die ‚kleinen Dinge' kämpft, als wären sie ganz wichtig?

Das Intervalltraining lief dann besser als erwartet – ca. 3:30 Minuten pro 1000 m. Ich fühlte mich voll sprühenden Lebens und unbesiegbar. Vergessen war jede Verunsicherung, jeder Zweifel. Paradox, was so ein banaler Trainingserfolg für Einflüsse auf das Wohlbefinden hat. Der Nachmittag war wie gehabt – aufgezogen, hyperaktiv, der Körper wieder mal so in Unordnung, dass ich die halbe Nacht wach lag, die Beine zogen und schmerzten.

Dienstag, 29.8.:   2 Stunden Mountainbike
90 Minuten Dauerlauf regenerativ

Die letzten Tage sind da: Irgendwie ist das Chaos ausgebrochen im Kopf. Gestern war die Welt eigentlich noch ganz in Ordnung. Wir waren am Nachmittag auf der Höhe trainieren, anschließend war ich ziemlich müde, obgleich nur 90 Minuten regenerativer Dauerlauf auf dem Programm stand – vermutlich die Höhe (2700 m). Ich war trotz zwangsläufigen Kaloriendefizits weder hungrig noch durstig. Welche vegetativen Gehirnzentren haben mich bloß gesteuert? Ich hatte Schüttelfrost, Übelkeit, Kopfschmerzen, kurz, grippale Symptome. Ursache allein das exzessive Training? Ich weiß es nicht.

Mittwoch, 30.8.:   2 Stunden extensiv I, 15 Minuten extensiv II,
15 Minuten Marathontempo
Nachmittag 80 Minuten extensiv I

Gestern insgesamt 3:50 Stunden und 49 Kilometer gelaufen. Zeit, dass dieses Trainingslager ein Ende findet! Nach dem Frühstück mit diesen feinen Schweizer Brötchen sieht der Tag allerdings schon wieder anders aus. Das Lachen im Kopf funktioniert schon wieder. Ich suche mir heute eine schöne Umgebung aus, ich fahre nach St. Moritz in den Ort und laufe zum Silvaplanersee, anschließend 2 Seerunden Temposteigerung, wenn das mal gut geht? Nein, sicher geht es gut, wo bleibt die Denkdisziplin?

Samstag, 2.9.:   Rückfahrt nach Wien
115 Minuten langsamer Dauerlauf

3. Woche gesamt: Wieder über 200 km laufen

Was Leistungssport ist ...

Eine Gratwanderung auf der Suche nach Erfolg

Eine lange Strecke des Zweifelns im Training, ob sich je die gewünschte Verbesserung einstellen wird; ein Zweifeln, das zuzulassen verboten ist

Das Gefühl der Unbesiegbarkeit

Oft ein Arbeiten in einen Schmerz hinein (muskulär) oder eine Übermüdung (mental)

Ein unwahrscheinliches Gefühl von Kraft und Leichtigkeit, ein Glücks- und Freiheitsgefühl beim Laufen, das durch das Leistungspotential des Körpers ermöglicht wird

Trainingseinheiten, bei denen man einfach aufhören und weinen möchte. Das Weinen muss man aber auf später verschieben –und dann ist es ohnehin vergessen über dem Glück, die Trainingseinheit durchgebracht zu haben

Ein extremer Bezug zu seinem Körper, der sonst nie möglich wäre – eine spannende Selbsterfahrung

Akzeptieren, dass es keine raschen Erfolgserlebnisse gibt

Das untrügliche Gefühl im Besitze einer Hochleistungsmaschine zu sein, energetisch höchst effizient, aber auch äußerst störanfällig

Sich selbst, das eigene Befinden und die eigenen Pläne völlig in den Mittelpunkt stellen

Das Gefühl, zu den Besten zu gehören, wenn man beispielsweise auf der Leichtathletikanlage in St. Moritz mit den Olympia-Athleten trainiert oder zu einem Wettkampf als Eliteathlet eingeladen wird

Zu akzeptieren, dass bestimmte Lebensbereiche an einem vorübergehen, weil weder Kraft noch Zeit dafür bleibt – Verzicht, jedoch ohne Reue

St. Moritz 2000 – Das Training

Die Marathonvorbereitung war aufgebaut aus Läufen in fünf unterschiedlichen Intensitätsbereichen. Der Schwerpunkt lag auf ruhigen Dauerläufen, die im folgenden Trainingsplan als „regenerativ" oder „extensiv I" bezeichnet werden. Seltener gab es Trainingseinheiten im schnelleren Ausdauerbereich „extensiv II". Intensive Läufe im Marathonrenntempo („intensives Ausdauertraining") oder schnelle Tempostrecken auf der Laufbahn wurden nur selten absolviert. Zum Ausgleich und als allgemeines Ausdauertraining standen immer wieder auch Touren mit dem Fahrrad auf dem Programm.

Dieses Höhentraining in St. Moritz war mit bis zu 260 Laufkilometern pro Woche die intensivste Phase der Marathonvorbereitung auf Amsterdam und das belastendste Training, das Dagmar Rabensteiner bisher absolviert hatte. Zuvor hatte ihr maximaler Trainingsumfang bei 200 Kilometern pro Woche gelegen, meist waren es etwas weniger gewesen.

Im Mittel trainierte sie während der gesamten Vorbereitungszeit zwölf Stunden pro Woche (ca. 160 km Laufen), dazu kamen durchschnittlich 5 Stunden alternatives Ausdauertraining mit dem Fahrrad oder im Fitness-Studio. Fast drei Viertel der gesamten Trainingszeit absolvierte Dagmar Rabensteiner dabei in Form von ruhigen, langen Dauerläufen (63% extensiv I, 9% extensiv II). Regenerative Läufe nahmen 18% in Anspruch. Nur jeweils 5 % trainierte sie im Marathontempo und schnelleren Intervall-Läufen (Entwicklungsbereich).

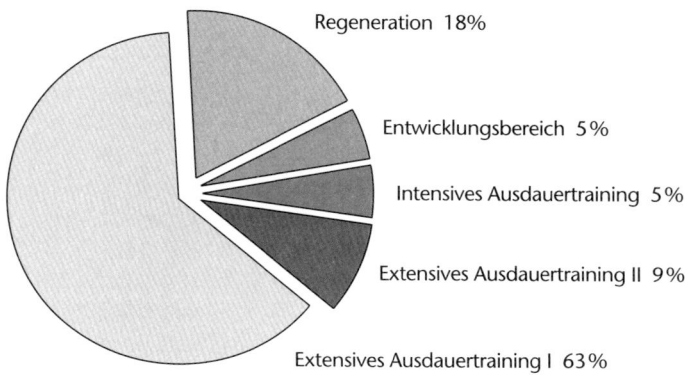

Regeneration 18%

Entwicklungsbereich 5%

Intensives Ausdauertraining 5%

Extensives Ausdauertraining II 9%

Extensives Ausdauertraining I 63%

Trainingsprogramm 12. – 20.8.2000

Tag	1. Trainingseinheit (Vormittag)	2. Trainingseinheit (Nachmittag)
Samstag, 12.8.	Urlaubsbeginn, Fahrt nach St. Moritz	1:15 Std. ext I – ext II + 25 Minuten regenerativ
Sonntag, 13.8.	2:42 Std. ext I	2:45 Std. Mountainbike
Montag, 14.8.	1:00 Std. ext II, 4:05-4:10 min/km	1:55 Std. ext I
Dienstag, 15.8.	2:32 Std. ext I, 35 km mit ca. 4:40 min/km	2:00 Std. Mountainbike, Herzfrequenz ca. 120
Mittwoch, 16.8.	2:00 Std. Mountainbike	1:00 Std. regenerativ
Donnerstag, 17.8.	3 x 1 Seerunde (4375 m in jeweils ca. 16:20 Minuten)	1:17 Std. regenerativ, Kraftausdauertraining
Freitag, 18.8.	2:45 Std. ext I	
Samstag, 19.8.	1:30 Std. ext II	2:10 Std. Mountainbike
Sonntag, 20.8.	2:43 Std. ext I mit int AD	1:51 Std. Mountainbike
Gesamt:	**Ca. 220 km laufen + 8 Stunden Rad fahren**	

Trainingsprogramm 21. – 27.8.2000

Tag	1. Trainingseinheit (Vormittag)	2. Trainingseinheit (Nachmittag)
Montag, 21.8.	1:01 Std. regenerativ	2:00 Std. Mountainbike
Dienstag, 22.8.	5 x 2000 m auf Laufbahn (jeweils 5 Minuten Pause) in 7:10 – 7:25 Minuten, Herzfrequenz max. 167	1:31 Std. regenerativ auf Finnenbahn (2700 m Höhe)
Mittwoch, 23.8.	3:00 Std. ext I, Herzfrequenz 128 (Mittelwert)	
Donnerstag, 24.8.	1:30 Std. ext II, 4:05 – 4:12 min/km	
Freitag, 25.8.	1:40 Std. regenerativ – ext I	45 Minuten regenerativ

Samstag, 26.8.	4 Seerunden (je 4375 m), ext I – int AD, gesamt 1:30 Std. Gesteigerter Dauerlauf bis 3:42 min/km
Sonntag, 27.8.	3:20 Std. ext I
Gesamt	Ca. 260 km laufen + 2 Stunden Rad fahren

Trainingsprogramm 28.8. – 2.9.2000

Tag	1. Trainingseinheit (Vormittag)	2. Trainingseinheit (Nachmittag)
Montag, 28.8.	7 x 1500m (jeweils 4 Minuten Pause), in 5:15 – 5:18 Minuten, (Tempo 3:30 – 3:32 min/km), anschl. 45 Minuten regenerativ	1:23 Std. regenerativ – ext I auf Finnenbahn (2700 m Höhe)
Dienstag, 29.8.	2:00 Std. Mountainbike	1:30 Std. regenerativ – ext I
Mittwoch, 30.8.	2:00 Std. ext I + 15 Minuten ext II + 15 Minuten intensive Ausdauer	1:21 Std. ext I. An diesem Tag insgesamt ca. 49 km!
Donnerstag, 31.8.	58 Minuten ext II – int AD	
Freitag, 1.9.	2:02 Std. ext I	
Samstag, 2.9.	1:55 Std. ext I	Heimfahrt nach Wien
Gesamt:	Ca. 220 km laufen + 2 Stunden Rad fahren	

Erklärung:

Intensitätsbereich	Herz-frequenz	ungefähres Tempo in min/km
Regeneration (reg)	bis 125	bis ca. 4:30
extensives Ausdauertraining I (ext I)	125 – 139	4:40 – 4:20
extensives Ausdauertraining II (ext II)	139 – 152	4:20 – 3:50
intensives Ausdauertraining (int AD)	152 – 160	3:50 – 3:35
Entwicklungsbereich (EB)	160 – 172	

Amsterdam – Ich kann es!

(15. Oktober 2000)

„Bei Kilometer 17 sitze ich wie abwesend auf dem Boden, eine Frau beugt sich über mich. ‚Soll ich einen Rettungswagen, einen Arzt holen?' ‚Nein, danke, ich bin selbst Ärztin. Es ist kein Problem.' Ich blicke in ein erstauntes Gesicht, richte mich auf und gebe vor, wieder weiterzulaufen ... funktioniert noch nicht ganz. Die Beine sind weich, der Kopf noch schwindlig. Mein Herz hat Extraschläge vollführt, mehrmals in rascher Folge. Ich habe es genau gespürt, ich kannte diese Tachykardien, nur diesmal wurde für ein paar Sekunden lang das Blut nicht richtig umverteilt im Körper. Ungefährlich in meinem Fall, meine Befunde sind eindeutig. Aber ich musste stehen bleiben, noch vor der Hälfte des Rennens, dem Gehirn fehlte das Blut, mir wurde schwarz vor Augen. Eine Minute, zwei Minuten – keine Ahnung ...

AUS, dachte ich, umsonst das Training in St. Moritz, umsonst der lange Weg nach Amsterdam, wieder vorbei der Versuch, den Rekord zu laufen ...“

Amsterdam. Weniger als 5000 Läufer verirren sich hierher zum Marathon, die Zuschauerkulisse ist dürftig, das Prestige des Rennens liegt weit unter dem anderer Laufveranstaltungen. Kenner schätzen die niederländische Hauptstadt trotzdem, nicht nur wegen der stimmungsvollen Grachten und des offenen Flairs. Die Marathonstrecke, eine zweimal zu durchlaufende 21 Kilometer-Schleife, ist abwechslungsreich und fast völlig flach. Im Oktober 1999 blieben gleich vier Läufer unter der absoluten Weltklassezeit von 2:07 Stunden – so viele, wie noch nie zuvor bei einem Marathon. Hierher kam Dagmar Rabensteiner, mit der Hochform des Höhentrainings von St. Moritz in sich, um 42,195 Kilometer zu laufen.

Der Tag davor

„Meine Muskeln sind gefüllt zum Bersten, voll mit Energie aus gespeicherten Kohlenhydraten, meine Energie fürs Laufen. Spaghetti, Brot und Powerbars habe ich zugeführt, literweise Flüssigkeit getrunken – Maltodextrin, Wasser, verdünnten Fruchtsaft. Die gespeicherten Kohlenhydrate binden viel Wasser. Vier

Höhentrainig in St. Moritz

Auf der „Tour de Lac" in St. Moritz

Amsterdam-Marathon 2000
Dagmar Rabensteiner wird Dritte mit neuer österreichischer
Bestleistung (2:35:42)

Tage lang viel essen, trinken und wenig laufen. Die Oberschenkel werden richtiggehend hart davon, man fühlt sich fast schwerfällig. – Überhaupt bildet man sich seltsame Dinge ein am Tag davor.

Der Tag davor ist am schlimmsten, als würden in den Beinen alle Muskelfasern aufquellen, sich querlegen und dadurch jede Bewegung verhindern. Laufen scheint plötzlich unvorstellbar. Jeder Schritt kostet nun Überwindung, aber am kommenden Tag werden viele Schritte notwendig sein. Die Glukose zirkuliert im Blut, der Magen ist dabei, die letzten Essensportionen zu verarbeiten und für die Muskelzellen aufzubereiten. Das Großhirn schickt Gemütszustände aus, die zwischen Anspannung, Angst und unbändiger Erwartung schwanken. Mein Körper ist bereit, die angesammelten Kalorien, die gespeicherte Flüssigkeit, die Kraft der Beine, die Kaskade von Stress-, Schmerz- und Glückshormonen, den unsichtbaren Stoff ‚Ausdauer‘ von Tausenden Trainingskilometern – die gesamte Energie in mir loszulassen, raus, frei, alles dafür zu verwenden, 42 Kilometer so schnell wie möglich zu laufen, 195 Meter auch noch. Die Gehirnregionen sind bereit, alle Schmerzen und Widerstände zuzulassen und den letzten Tropfen Adrenalin herzugeben, mehr, als der Körper unter normalen Umständen bereit wäre zu liefern, aber was ist normal? Nicht der Spitzensport, das ist klar.

Blaulicht, Sirenen, wir fahren mit Eskorte durch Amsterdam wie Staatsgäste und besichtigen den Marathonkurs, was für ein Gefühl! Zwei Runden, je 21 Kilometer, Start vor und Ziel im renovierten Olympiastadion von 1928. Die Staatsgäste des Marathons kommen aus Kenia, Äthiopien und Spanien. Eine kommt aus Österreich. Am Tisch im Hotel sitzen mehrere Olympiasieger von Sydney und die zum Marathon geladenen Athleten, darunter eine, die Dagmar Rabensteiner heißt. Traum oder Wirklichkeit? Ist das alles Realität? Bin das wirklich ich?

Abend. Peter hat die Getränke für morgen gemixt, Maltodextrin-Pulver mit Wasser, eine sechsprozentige Lösung. Die Flaschen stehen bei den Verpflegungsstellen bereit. Jeder Eliteläufer hat bei jeder Getränkestation einen eigenen Betreuer, der ihm die Flasche reicht. Eigentlich alles wunderbar, der Lauf, hier zu sein, dabei zu sein, all das erleben! Es wird gut gehen, ganz sicher.

Alles ist vorbereitet, der Kopf, die Beine, es wird wie ein Auftritt auf einer Bühne. Die Proben sind vorbei, jetzt kommt die Vorstellung, und es gibt nur eine einzige. Wenn es gelingt, wenn sich die Energie in eine gleitende Bewegung umwandelt, alle Kräfte freigesetzt werden, jedoch das Laufen mühelos und leicht aussieht, ohne Anstrengung, und du plötzlich merkst, dass du schneller als der Zeitplan bist, und du, je mehr sich die Beine, die Lungen, der Rumpf und die Arme anstrengen, umso mehr Energie zurückbekommst, als würdest du mit deinen Schritten eine neue, andere Energie schaffen; wenn ein gelungener Marathon entsteht aus den gesammelten Trainingskilometern und den Laufgedanken, dann ist es ein wunderbarer Moment, nur nicht aufhören, nur nicht aufhören, den Augenblick mit den Schritten in die Unendlichkeit ausdehnen, wie ein Strom, und der Lauf geht weiter und verschwindet gleichzeitig, und wenn auch Tausende dir zugesehen haben, ist es doch dein eigener Lauf, den nur du so kennst, wie er war ..."

Das Rennen

„18:18 – 18:32 – 18:06: Meine Zwischenzeiten auf den ersten 5 Kilometer-Abschnitten waren hervorragend, schneller als 3:40 Minuten pro Kilometer, hochgerechnet eine Marathonzeit von 2:34:00 Stunden! Nach 15 Kilometern ist der Kurs im Stadtzentrum angelangt, vor dem großen Hauptbahnhof geht es nach Süden auf den Damrak, die Prachtstraße Amsterdams. Gut, Sightseeing ist nicht angesagt, aber ich spüre die Stimmung, die von den Bauwerken links und rechts ausgeht. Weiter über die Grachten, die sich halbkreisförmig um die Innenstadt ziehen. Herengracht, Keizersgracht ... ein Labyrinth von kleinen Kanälen, links und rechts meist baumbestanden, jedes Mal eine kurze Steigung beim Überqueren, aber niemals kräftezehrend, Prinsengracht, und drüber. Es ist eher so, dass einen das Auf und Ab der kleinen Brücken aus der Monotonie reißt ... Singelgracht, und drüber, und sofort nach rechts in Richtung Vondelpark, durch den die Strecke zwei Kilometer lang verläuft.

Mein Körper arbeitete großartig, ich war nicht annähernd am Limit, dann spürte ich es – heftige Extraschläge des Herzens. Ich kannte das, bei intensiven Trainingsläufen war das zweimal aufgetreten, bei hoher Belastung. Nach kürzester Zeit hatte sich die Rhythmusstörung aber von selbst gegeben. Es beunruhigte mich nicht. Stehen bleiben, und der Spuk ist vorbei. Nur – jetzt stehen bleiben? Bei Kilometer 17, wo ich so toll im Rennen liege, wo sich eine Halbmarathondurchgangszeit von 1:17 ankündigt – jetzt soll ich stehen bleiben? 2:37:09 ist der Rekord, den will ich. Ich verlangsamte meine Schritte, oder ging das von selbst? Mir wurde schwarz vor Augen, schwindlig – reflexartig bewegte ich mich zur Seite ... ich fand mich am Straßenrand sitzend, als sich eine Frau über mich beugte: ‚Soll ich einen Arzt holen?' Die Blutumverteilung funktionierte noch nicht so richtig, aber die Extraschläge waren längst vorbei, das spürte ich. ‚Danke, ich bin selbst Ärztin', antwortete ich deshalb. ‚Es ist kein Problem.'

AUS, schoss mir im selben Moment durch den Kopf.

Ich stand auf und machte ein paar Schritte, langsam zunächst. ‚Eigentlich hast du jetzt einen Grund, das Rennen aufzugeben', dachte ich. Einer dieser Gedanken, von denen man schon zuvor weiß, dass man sie nicht verwirklicht.

Nein, natürlich weiter laufen, viel kann nicht mehr schief gehen. Nur laufen, nicht rechnen jetzt, alles aufholen. Ich rannte sehr schnell, das wusste ich. Rein in den Vondelpark, diese Gruppe vor mir muss ich einholen, eine leichte Steigung rauf zum Stadion, wo Start und Ziel liegen, halbe Distanz, ich schaue nicht auf die Uhr, die erste von zwei Runden ist geschafft. Noch nie zuvor bin ich so gelaufen, hatte ich Adrenalin statt Blut in den Adern? Der Aussetzer hatte Energien freigesetzt, ich wunderte mich nicht darüber, dachte nur ans Laufen, was anderes gab es nicht. Mein Gesichtsfeld: Die Strasse, die blaue Linie, die Füße der Läufer vor mir, manchmal meine eigenen Oberschenkel. Bei Kilometer 35 blickte ich erstmals wieder auf die Stoppuhr. Konnte das sein – 2:09:09 Stunden? Unglaublich, ich kontrollierte nochmals, nein es stimmte. Ich lag über eine Minute vor dem Rekordkurs! Jetzt rein auf den Damrak, die Zuschauer jubeln. Ja, jetzt habe ich es, jetzt kann nichts mehr dazwischen kommen, nur noch vorwärts. Über die Gracht, und nochmals ... Kilometer 40 im Vondelpark. Das Ziel im Olympiastadion ist zum Greifen nah, alle Kraft gehört jetzt mir. Durch den kurzen Tunnel, 42 Kilometer und eine halbe Runde noch auf der Laufbahn, Zielgerade, nur zwei Läuferinnen sind vor mir. Es ist gelungen: Zwei Stunden, 35 Minuten und 42 Sekunden. Das ist meine Zeit, 2:35:42 – das ist die neue Österreichische Bestzeit."

2:35:42 Stunden – binnen 20 Monaten war aus der unbekannten Joggerin die schnellste Marathonläuferin Österreichs geworden. Es war kein geradliniger Weg, sondern einer mit Hindernissen und Rückschlägen. International war diese Marathonzeit von geringer Bedeutung, Platz 163 in der Weltbestenliste des Jahres 2000. Aber Dagmar Rabensteiners Aufstieg war eindrucksvoll. Drei Wochen nach Amsterdam und zwei Wochen nach dem Sieg bei den Halbmarathon-Staatsmeisterschaften in Salzburg zeigte ein leistungsdiagnostischer Test deutlich wie nie zuvor ihren Leistungssprung. Sie erreichte die Schwelle von 2 mmol/l Laktat erst bei einer Laufgeschwindigkeit von 17,22 km/h (3:29 Minuten pro Kilometer) – ein um 3 km/h schnelleres Tempo als noch ein Jahr davor! Dieses Testergebnis belegte, dass ihre Leistung von Amsterdam auf einer sehr soliden Grundlage stand. Es verhieß sogar noch mehr, als ohnehin bereits Realität geworden war. Auf diesem Niveau war sogar eine Steigerung in Richtung 2:30 Stunden denkbar. Würde ihr Körper sie so weit tragen können?

Die große Leistungssteigerung (August 1999–Oktober 2000)

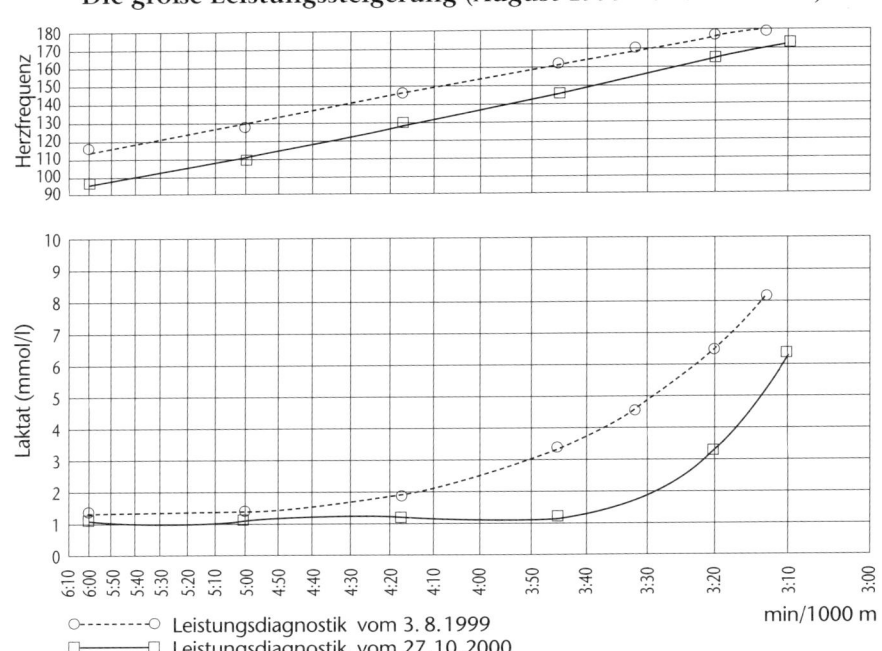

○------○ Leistungsdiagnostik vom 3. 8. 1999
□------□ Leistungsdiagnostik vom 27. 10. 2000

min/1000 m

Gestörter Rhythmus

Herzrhythmusstörung – klingt eigentlich sehr bedrohlich – und das kann es auch sein. Eine Rhythmusstörung, die durch Belastung ausgelöst wird, sollte man keinesfalls verharmlosen. Ein dadurch bedingter schwerer Zwischenfall beim Laufen ist zwar selten, aber jeder einzelne ist einer zu viel.

In den meisten Fällen wäre eine solche Störung durch eine gründliche internistische Untersuchung mit EKG, Ergometrie und zusätzlicher Bestimmung von Blutwerten (insbesondere Schilddrüsenhormone, Elektrolyte, Entzündungsparameter) zu verhindern gewesen. Gegebenenfalls wird der Arzt auch eine 24-Stunden-EKG-Registrierung, einen Herzultraschall oder weitere Untersuchungen veranlassen.

Eine Anhäufung von Extraschlägen, auch in rascher Folge hintereinander, eine sogenannte Tachykardie, kann durch unterschiedlichste Faktoren ausgelöst werden. Sie kann ganz banale Gründe haben, die rasch zu beseitigen sind, andererseits kann sie aber auch Ausdruck schwerer organischer Herzerkrankungen sein. Eine gesteigerte Erregbarkeit des Herzens wird beispielsweise bei Stimulantien wie Koffein, Alkohol, Zigaretten oder verschiedenen Medikamenten beobachtet. Im Blut zirkulierende Stresshormone und eine gesteigerte Sympathikusaktivität begünstigen das Auftreten von Rhythmusstörungen. Auch eine erhöhte Ausschüttung von Schilddrüsenhormonen oder Veränderungen der Elektrolytwerte, insbesondere Kalium, können für sie verantwortlich sein.

Bei einer Herzmuskelentzündung, oft Folge einer banale Grippe (wenn man mit Fieber trainiert), treten gefährliche Rhythmusstörungen gehäuft auf. Bei älteren Menschen sind Rhythmusstörungen meist durch einen Herzschaden bedingt, etwa durch die Minderdurchblutung bei der sogenannten koronaren Herzkrankheit.

So unterschiedlich die Ursachen für das Auftreten von Rhythmusstörungen sind, so unterschiedlich sind sie auch zu bewerten. Rhythmusstörungen sind durchaus ernst zu nehmen und können lebensbedrohlich sein. Andererseits gibt es keinen Menschen, der nicht täglich Extraschläge aufweist. Sie kommen aus dem Vorhof oder aus der Kammer des Herzens, wie es ihnen beliebt, auch einige nacheinander sind möglich. Gelegentlich spürt man das auch – das ist Ausdruck eines normal funktionierenden, gesunden Herzens. Der „Hochleistungsmotor" des Spitzensportlers weist Herzrhythmusstörungen sogar häufiger auf als ein kleines Faulenzerherz. Wenn solche Extraschläge in Serie hintereinander auftreten, ist einerseits die Frequenz (Schnelligkeit der Abfolge) von Bedeutung, andererseits die Dauer, bis sie sich selbst limitieren. Extraschläge des Herzens sind in den meisten Fällen kein Grund zur Sorge. Aber wer sie spürt, sollte abklären, was dahinter steht – und zwar vor einem Lauf!

Schon bevor ich den Marathon in Amsterdam lief, hatte ich im Training ein paar Mal solche „Tachykardien" – Extraschläge in rascher Folge hintereinander – verspürt. Ich hatte sie mit dem Pulsmessgerät aufgezeichnet und am Computer dokumentiert. Sie traten zweimal bei intensiven Trainingseinheiten auf, bei denen das Herz einer großen Erregung ausgesetzt war, einmal war ich außerdem verkühlt. Die Maximalfrequenz betrug 165 Schläge pro Minute. Ich unterbrach kurz das Training und nach wenigen Sekunden limitierten sie sich selbst. Ich kannte mein Ruhe- und Belastungs-EKG, bedingt durch die niedrige Ruheherzfrequenz von 36 teilen sich zwei Erregungszentren die Arbeit. Auch weitere Untersuchungen gaben mir die Gewissheit, über ein gesundes Sportlerherz zu verfügen. Deshalb wusste ich nach den Extraschlägen in Amsterdam, dass nur eine schnelle Marathonzeit gefährdet war, nicht aber meine Gesundheit.

In der Höhe

(Kenia, 19.12.2000 – 25.1.2001)

Ich hatte große Pläne. Nach Amsterdam war der Frauenmarathon von Nagoya in Japan am 11. März 2001 mein nächstes Ziel. Und nur 42 Sekunden trennten mich vom Limit (2:35:00) für die Weltmeisterschaften, die im August 2001 im kanadischen Edmonton stattfinden sollten – eine Sekunde pro Kilometer schneller zu laufen, das müsste meinem Körper doch wohl beizubringen sein!

Die Zeit im Spital, ein Lebensabschnitt reich an Erfahrungen, ging langsam dem Ende zu, Mitte Dezember 2000 war mein letzter Arbeitstag im Krankenhaus. Ab Februar würde ich die restlichen Monate der Facharztausbildung in einer internistischen Praxis absolvieren. Sieben Wochen hatte ich noch bis zum Beginn dieser neuen Aufgabe. Keine Frage, was mein Mann, mein Sohn und ich mit dieser Zeit anfangen würden.

Ich wollte dem Winter entfliehen, mir bessere Laufbedingungen schaffen – unser Ziel hieß Kenia, das Mekka des Laufsports. Das Rift Valley, auf 1800 bis 2400 Metern gelegen, ein Hochplateau mit angenehmen Temperaturen das ganze Jahr über, bietet ein großartiges Umfeld fürs Marathontraining. Viele der besten Langstreckenläufer der Welt stammen aus diesem Gebiet. Aber nicht nur das Klima und der Höhentrainingseffekt machen den Reiz dieses Trainingsparadieses aus: Laufstrecken über Tausende Kilometer, die jedes Läuferherz höher schlagen lassen, landschaftlich einmalig schön, teils almenartige Wiesenwege, teils kleine Lehmpfade oder Feldwege – den Laufambitionen werden keine Grenzen gesetzt.

Aus meinem Trainingstagebuch:

Dienstag 19.12.2000: Gestern Wien – Amsterdam – Nairobi. Eingezwängt in die Sitzreihen des Flugzeugs, ein sogenannter „Ruhetag" – wie immer schwer zum Aushalten für mich. Auf Basis dieses aufgestauten Bewegungsdranges habe ich heute wohl alle Bedingungen zum Laufen akzeptiert. Frühstück gab's keines, dafür aber einen 2-Stunden-Lauf durch Staub und Abgase neben einem vierspurigen Highway. Durch den Citypark und das Universitätsgelände war es etwas erfreulicher, aber auch kein wirkliches Laufvergnügen – besser als gar nicht zu laufen war es aber allemal. Fluchtartig verlassen wir die Stadt, so haben wir uns das Laufen in Kenia nicht vorgestellt, unser Ziel ist der Naivasha-See auf 1800 Meter Höhe. Am Nachmittag finden wir in einer traumhaften Wiesenanlage direkt am See wieder zu uns – Schwimmbad, Sauna, auch einen Kraftraum gibt es. Alle negativen Eindrücke sind sofort wie weggeblasen, alle Anstrengungen der Anreise vergessen!

Mittwoch 20.12.: Habe keinerlei Schwierigkeiten, mich an die Höhe zu akklimatisieren. Ich fühle mich voller Energie. Mein von Willi Lilge zusammengestelltes Programm sieht Trainingseinheiten vor, die ich pro Woche zu absolvieren habe, die Tageseinteilung wähle ich jedoch selbst aus, um hinsichtlich der Zeitgestaltung und je nach örtlicher Gegebenheit flexibler sein zu können. Ich entscheide mich heute für einen mittleren Dauerlauf, extensiv II, mit 30 Minuten Marathonrenntempo zum Abschluss, ich berste richtiggehend vor Energie und Trainingseifer in dieser fremden, faszinierenden Welt. Zebras kreuzen den Weg, die Stimmung ist unvorstellbar. Noch nie ist mir das Marathonrenntempo so leicht gefallen, ich hatte das Gefühl zu schweben, irgendwoher hatte ich Flügel bekommen.

Freitag 22.12.: Wie läuft man hier bloß Tempointervalle – ohne Laufbahn, ohne Asphalt? Eine sandige Gerade wurde provisorisch ausgemessen, Peter, mein Sohn, machte das Tempo, ich heftete mich an seine Fersen, 20 x 200 Meter.

Marathonrenntempo am Mittwoch, gestern ein 3-Stunden-Lauf, Intervalle heute – niemals hätte ich zu Hause Ähnliches verkraftet! Langsam macht sich in meiner Muskulatur nun aber eine gewisse Müdigkeit bemerkbar. War es vernünftig, das Höhentraining so intensiv zu starten? Übermut und Euphorie sind wohl mit mir durchgegangen.

Samstag, 23.12.: Standortwechsel. Wir fuhren nach Nyahururu, eine Hochebene auf 2400 Meter, eines der bekanntesten Trainingsgebiete der kenianischen Eliteathleten. Der Anblick dieser almenartigen Landschaft ließ mein Herz höher schlagen, einfach zauberhaft.

Wir steuerten die Thomson's Falls Lodge an, es sollte die einzige Unterkunft in dieser abgelegenen Ecke der Welt sein, die passende Voraussetzungen für harte Trainingstage bot. Ein altes Steingebäude aus der britischen Kolonialzeit mit gebohnerten Holzböden, höchst einfach, aber sauber und von unbeschreiblichem Charme. Warmwasser gab es jeden dritten Tag, als Heizung diente eine offene Feuerstelle in jedem Zimmer – durch die Höhenlage wird es in der Nacht recht kühl. Das Essen entsprach einer sportartgerechten Basisernährung. Zwar gab es keine mehrgängigen Gourmetmenüs, aber der Haupttenor lag in der Versorgung mit Kohlenhydraten, es gab Ugali – eine Art Maisbrei, mit unserer Polenta vergleichbar –, Kartoffel in allen Variationen, Reis, dazu Gemüse, hauptsächlich Karotten und Bohnen. Das Lammfleisch war zäh und ungenießbar. Gelegentlich, durchaus nicht täglich, gab es aber auch Fisch, der köstlich schmeckte.

Sonntag, 24.12.: Ein Lauf zu Weihnachten in kurzen Hosen, zwei Stunden extensiv I, diese Gegend ließ einen alles vergessen. Die Wege führten über eine weideähnlichen Hochebene, Kühe grasten, Hirten trieben ihre Herden an. Schmale Pfade durch Maisfelder, dann wieder Wiesenwege entlang eines Flusses. Wann immer ich durch ein kleines Dorf kam, liefen Dutzende von Kindern schreiend und lachend hinter mir her.

Christmas Eve: Es gab sogar eine Weihnachtsgans, eine Band spielte rhythmische afrikanische Musik, Feuer brannte im Kamin, fast kam Weihnachtsstimmung auf. Viele Kenianer, wohlhabende Urlauber aus Nairobi, waren hierher gekommen, um über die Weihnachtsfeiertage dem Smog der Großstadt zu entgehen. Bier floss in Strömen. Bei den Feierlichkeiten übersahen viele, wann das Maß voll war, nach 22 Uhr waren die meisten Einheimischen so betrunken, dass wir uns zurückzogen. Am offenem Feuer in unserem Zimmer sangen wir noch Weihnachtslieder, wir spaßten und lachten, bis uns die Augen zufielen.

Dienstag, 26.12.: Wie bekomme ich nur Luft hier auf 2400 Meter Höhe? Gestern, am Weihnachtstag, absolvierte ich einen 3-Stunden-Lauf, heute 2 x 25 Minuten intensiver Dauerlauf zwischen 2 und 3 mmol/l Laktat. Ich wählte eine kaum befahrene, ebene Asphaltstraße mit Kilometerangaben. 3:55 – 4:07 Minuten pro Kilometer habe ich gestoppt. Ich war verwundert, das war recht schnell für 155 Puls auf dieser Höhe. Am Nachmittag ging ich zum Golfplatz für einen regenerativen Dauerlauf. Golfplätze findet man hier überall, das Besondere in Nyahururu war nur, dass alle Läufer ihn für Trainingszwecke, beispielsweise Hügelläufe, nutzten. Ausgetretene Wiesenpfade führten am Rande des Golfplatzes entlang. Die Golfer hatten sich an die Anwesenheit der Läufer in ihren Gefilden offenbar gewöhnt. Es gab keine Klagen, keinen Platzverweis.

Donnerstag, 28.12.: Am Montag beginnt die Regenerationswoche. Entgegen meines sonstigen Bewegungseifers freue ich mich regelrecht darauf. Ein paar Tage auf etwas tiefer gelegener Höhe werden der Erholung zugute kommen. 2400 Meter Höhe spürt man beim Training auf mehrere Arten. Einerseits fängt man recht frisch mit dem Laufen an, ermüdet aber bedeutend rascher, als man das auf tiefer gelegenem Niveau gewöhnt ist. Ein eigentümliches Ziehen der Muskulatur kommt dazu, wie auch beim Höhentraining in St. Moritz schon, ich weiß aber nicht, worauf es beruht. Andererseits diese Luftnot, das rasche Atmen, das Ringen nach Sauerstoff, umso heftiger, je rascher das Tempo wird. Meine Muskulatur sehnt sich nach der nahenden Regeneration, doch zuerst noch ein paar Tage anstrengendes Training. Maiskuchen und Milchkaffee bei warmer Sonne nach dem Laufen lassen die Zuversicht sofort wieder wachsen.

Freitag, 29.12.: Aufbruchstimmung. Nach sechs Tagen verlassen wir Nyahururu. Ich muss unbedingt noch einen langen Dauerlauf absolvieren, ehe mir diese Landschaft verloren geht. Auf halber Strecke rät mir ein Hirte umzudrehen: „There is an elephant on the way, about 500 meters, be careful!" Ich laufe zurück, ich möchte mein Glück nicht herausfordern.

Samstag, 30.12.: Nanyuki am Fuße des Mount Kenia, 2000 Meter Höhe. 450 Trainingskilometer in zwei Wochen, niemals hätte ich das zu Hause in der Kälte geschafft, weder muskulär noch mental noch sonst irgendwie – hier hingegen, auf über 2000 Meter Höhe, gelingt alles. Wie ist das möglich? Es ist für mich tagtäglich wieder erstaunlich, welches Trainingspensum und welche Intensitäten ich hier wegstecke, als wäre nichts dabei. Die Wärme, die fremdartige Umgebung, die Ernährung, wahrscheinlich ist es die Summe dieser Gegebenheiten, die den Körper zu verbesserter Trainingsbereitschaft veranlasst.

Morgen – Silvester – absolviere ich noch einen langen Lauf über knapp drei Stunden, dann ist vorerst einmal Trainingsreduktion angesagt.

Die dritte Woche, 1.1. – 7.1.2001: In einer gepflegten Hotelanlage, der Mount Kenia Safari Lodge, sollen die Tage der Erholung dienen. Am Schwimmbad genieße ich die Ruhe. Die Mahlzeiten sind delikat, wir speisen bei Kerzenlicht. Ich tanke neue Energie und Kraft. Mitte der Woche beschließen wir, eine 2-Tages-Wanderung zu unternehmen, der Mount Kenia lockt. Stundenlang gehen wir durch den Bergdschungel, eine Holzhütte ist unser Nachtquartier, es gibt Spaghetti vom Gaskocher in wunderbarer Landschaft und am zweiten Tag einen Regenguss, der uns triefend nass und erbärmlich frierend zum Umkehren zwingt ...

Ich habe die „Regenerationswoche" sehr genossen – 150 Kilometer bin ich insgesamt gelaufen, dazu die Bergtour, aber meine Muskulatur hat sich erholt. Schließlich mussten wir Peter zum Flughafen nach Nairobi bringen, in Wien beginnt die Schule wieder. Wir waren so ein harmonisches Gespann, wir drei, der Abschied von meinem Sohn fiel mir entsetzlich schwer.

Dienstag, 9.1.: Das intensive Training hat wieder begonnen, wir befinden uns in Nyeri auf 1760 Meter. Nach dem Laufen, 90 Minuten extensiv II im hügeligen Gelände, genieße ich die Ruhe am Schwimmbad des Hotels. Wo ist meine Neugierde geblieben? Meine Abenteuerlust, dieses Land zu entdecken, wie ich es bisher an mir unbekannten Orten immer gemacht habe? Andere Urlauber erzählten von phantastischen Safaris, ich aber blieb tagelang am gleichen Ort, Laufen war die einzige Bewegung. Ich war am Rande der Nationalparks und lief, lief, lief ... für mein Vorhaben, um die halbe Welt nach Japan zu reisen, um dort den schnellsten Marathon meines Lebens zu absolvieren. Wozu? Ist all der Einsatz angebracht? Es siegte wie immer die Intuition. Ich liebe mein Leben: so wie es ist, ist es gut.

Donnerstag, 11.1.: Peter schickt uns ein Fax, er ist bereits wieder zu Hause, es geht ihm bestens, in Wien ist es eiskalt, es schneit. Ich laufe in kurzer Hose durch die Gegend, schwimme im Pool des Hotels ... eigentlich ist es nicht so schlecht, das Leben eines Leistungssportlers.

Sonntag, 14.1.: Es ist 21 Uhr, ich spüre die 230 Trainingskilometer dieser Woche. Wir waren gerade beim Einschlafen, da klopft es an die Tür. Ein Hotelangestellter bringt uns ein Fax. Ich springe auf, es ist von Willi Lilge, meinem Trainer. Die Veranstalter des Nagoya-Marathons haben meine Einladung endgültig bestätigt. Sie übernehmen alle Kosten inklusive Flug und Aufenthalt für eine Woche, für mich und Peter, es geht alles in Ordnung, ich werde dort erwartet, am 11. März ist das Rennen. Stress, Aufregung, Freude, auf einmal bin ich hellwach. An Einschlafen ist nicht mehr zu denken, am liebsten wäre ich gleich losgelaufen, um die Spannung in Bewegung zu verwandeln – die Reflexe einer Sportlerin eben. Aber mein Körper war eigentlich todmüde. Noch lange Zeit sprachen wir, planten und träumten von dem bevorstehenden Ereignis in knapp zwei Monaten!

Montag 15.1.: Ein starkes Gewitter geht nieder, wir brechen auf nach Nyahururu, zurück ins Trainingszentrum auf 2400 Meter Höhe. Die letzte Laufwoche hier in Kenia ist angebrochen, es sollte die intensivste werden. Doch heute bin ich ziemlich müde, nur ein regenerativer Dauerlauf ist möglich. Mit den Nachrichten vom Nagoya-Marathon im Kopf wäre ein schneller Lauf zwar besser gewesen, zur Bestätigung meiner blendenden Form, für das Selbstbewusstsein, aber wenn's der Körper nicht zulässt ... Müde Muskeln stärker als der Wille, ärgerlich!

In der Thomson Falls Lodge herrschen Einsamkeit und Stille, vorbei das Treiben der Weihnachtsfeiertage. Wir beziehen das selbe Zimmer, in dem wir zuletzt zu dritt gewohnt haben. Peter ist ja mittlerweile zu Hause, er fehlt mir. Ich versuche mich abzulenken, ans Training zu denken, morgen stehen Hügelläufe auf dem Golfplatz an, ich bin unruhig, möchte am liebsten jetzt schon hin. Jedes Training beginnt im Kopf.

Dienstag, 16.1.: Das Laufen ging blendend, ich flog in rasender Geschwindigkeit über die Hügel, woher nehme ich plötzlich wieder diese Kraft? Brav, ihr Muskeln! Das ist einer der Effekte des Trainings. Der Körper erholt sich viel rascher von den Belastungen, ist trotz großer Müdigkeit am Abend am Morgen wieder für ein neues Training bereit, sogar für mich selbst ist es immer wieder überraschend, wie schnell das gehen kann.

Am Mittag schlendern wir durch Nyahururu Town, wir lassen uns treiben, sammeln fremdartige Eindrücke. Im Cake Shop gibt's frische Muffins, wir kaufen Getränke. Vor unserer Unterkunft treffen wir drei kenianische Läufer, denen ich schon mehrmals begegnet bin. Freundliche Begrüßung, dann plaudern wir, bis es dunkel wird, tauschen Erfahrungen aus. Beinahe täglich steht bei ihnen intensives Training auf dem Programm, Hügelläufe auf dem Golfplatz, Intervalle auf der Laufbahn, intensive Dauerläufe auf der Straße Richtung Eldoret, auf der die Kilometer angegeben sind. Wie sie das verkraften? „The strongest survive!" Und Regenerationstage? „On Sundays."

Donnerstag, 18.1.: Wir sind um neun Uhr vor dem Stadion, es ist noch verschlossen. Heute steht Intervalltraining an, 5 x 2000 Meter auf der Laufbahn sollen es werden. Ich bin nervös und unruhig, wie immer vor solchen Vorhaben. Nach und nach gesellen sich mehrere Athleten zu uns, setzen sich mit großer Selbstverständlichkeit und warten eben. Auch zwei Athletinnen kommen, zunächst nur Kenianer und Äthiopier, dann zwei Franzosen. Es sind schon über 20 Läufer inzwischen, wir sitzen im Rasen, warten, warten, warten ... kein Schlüssel. Aber auch keine Aufregung, keine Eile ..."it happens sometimes". Der Verantwortliche wird schon kommen. Inzwischen ist es elf Uhr geworden, ein untersetzter (eine Seltenheit hier!) Kenianer kommt vorbei, ohne Hast, sperrt auf, ohne ein Wort, selbstverständlich. Die Läufer beklagen sich nicht über die Unpünktlichkeit. Die Uhren gehen eben anders hier.

Plötzlich „rush hour" auf der Laufbahn: 400 Meter, eine ungepflegte Sand-Kies-Runde, in der Mitte der typische „almenartige" Rasen. Ein paar Läufer machen schnelle Intervalle auf der Bahn, andere laufen sogenannte Crossings auf dem Rasen: Diagonal wird jeweils das Tempo erhöht, gerade bis zur nächsten Ecke des Feldes locker getrabt. Eine Stunde, manchmal länger, eine typische Trainingseinheit der Kenianer. Welch ein Laufstil, welch ein Tempo!

Ich versuche, die 5 x 2000 Meter hinter mich zu bringen. Ich zweifle, ich bin langsam im Vergleich zu diesen Wunderläufern, die Atmung funktioniert heute nicht so gut. Der Schritt der Kenianer, diese langen Beine. Die Weltelite trainiert hier. Sammy Kipketer läuft gerade an mir vorüber, er ist Weltbestzeithalter über 5000 und 10.000 Meter Straße. Ich verausgabe mich völlig, er zieht an mir vorbei, als würde ich stehen. Ohnmächtig fühle ich mich daneben, versuche, mich auf die Lauftechnik zu konzen-

143

trieren, es gelingt nur in Ansätzen. Wo ist das positive Denken? Eigentlich sollte ich doch motiviert sein, hier dazuzugehören, hier trainieren zu dürfen! Aber ich fühle mich erschöpft. Es ist, wie ich schon in St. Moritz festgestellt habe, bei 2000 Meter Intervallen auf der Höhe immer der zweite Kilometer, bei dem es fast unmöglich scheint, das Tempo zu halten. Langsam zu beginnen und dann zu steigern, auf niedriger Höhe problemlos, hier heroben scheint es unmöglich. Die Kenianer machen kürzere Intervalle, maximal 1000er. Sind die Vorgaben auf meinem Trainingsplan vernünftig? Ich quäle mich, soll ich aufhören? Nein, nur noch 2 x 2000, aufhören kommt nicht in Frage. Denk an Nagoya, an den Marathon! Einige Kenianer trainieren noch 400 Meter Intervalle, weniger, viel kürzer als ich. Ich verlasse als Letzte die Laufbahn. Mir ist schwindlig, schlecht, ich fühle mich krank – trainingswirksame Reize gesetzt? Ich muss etwas essen, mich kurz hinlegen. Am Nachmittag versuche ich mit einem regenerativen Dauerlauf meine schmerzende Muskulatur zu durchbluten, Schlackenstoffe und Säuren abzubauen. Ich höre nach 45 Minuten auf, heute bin ich am Ende meiner Kräfte. Langsam spaziere ich mit Peter über die Maisfelder, die Sonne geht unter, die Stimmung ist einzigartig. Ich bin todmüde, schon um 20 Uhr, trotzdem fällt das Einschlafen schwer. Ich träume heftig, wache immer wieder auf, die Muskeln schmerzen.

Freitag, 19.1.: Wie bin ich denn heute nur beisammen! Ich komme überhaupt nicht auf die Beine, nein, ich kann nicht laufen heute. Wir gehen zur Laufbahn, um die kenianischen Athleten zu beobachten, ihren Stil zu analysieren, in irgendeiner Form Kraft zu tanken.

Vielleicht springt ein Funken Energie über von diesen Vorbildern. Ein Marathonläufer macht Intervalle 4 x 1600 Meter. Ich stoppe seine Rundenzeiten – 400 Meter in 79 Sekunden, dann sogar 80. Ich bin erstaunt, eigentlich langsam. Das relativiert meine eigenen Rundenzeiten von gestern. Wenn ich das vergleiche, war ich ja gar nicht so schlecht, wie ich dachte. Ich bekomme neuen Rückenwind. Ein Äthiopier macht flotte Crossings auf dem Rasen, wir kommen ins Gespräch, Ambachew. Er ist Marathonläufer, Bestzeit 2:15 in der Höhe Kenias, erzählt er. Er trainiert für den Tokyo-Marathon in Japan am 18. Februar. Wir verabreden uns zum Auslaufen am Nachmittag, 16:30 Uhr. Zunächst steht bei mir Training auf dem Golfplatz auf dem Programm. Am Morgen noch unfähig, einen Schritt zu laufen, fliege ich nun voll motiviert über den hügeligen Rasenkurs; nach 75 Minuten extensiv II beschleunige ich noch mein Tempo für eine weitere halbe Stunde.

Für ein Mittagessen ist die Zeit zu kurz, ein Powerbar-Riegel hilft, um 16 Uhr muss ich schon wieder los, Ambachew und zwei weitere Läufer warten auf mich. Ich bin auf Dauerlauf regenerativ eingestellt. Mehr glaube ich auch heute nicht mehr zu schaffen. Ich werde eines Besseren belehrt. Der Dauerlauf, anfangs noch ruhig, wird immer intensiver, Hügel rauf, Hügel runter, nach einer Stunde macht Ambachew noch Steigerungsläufe, die zwei Kenianer folgen seinem Vorbild, ich steck's auf, ich kann nicht mehr. Ich habe Bauchkrämpfe, mir ist schlecht. Das war zu viel. Der Heimweg wird zur Tortur, wie komme ich nur bis zum Hotel? Ich ärgere mich über mich selbst. Dass ich nicht eher aufgehört habe!

Auf dem Weg in die Lodge laufe ich zwei weiteren Läufern über den Weg: „Jambo" – Wie geht's? Wir wechseln ein paar Worte. „Will we train together, tomorrow morning?" „Oh, gerne, aber ich glaube, ich kann nicht mehr wirklich, I am so tired, I feel almost sick today!" Sie meinen, dass ich bis morgen wieder fit sein werde, „long jog, just easy." Gut, überredet. 6:15 Uhr morgens, schlagen sie vor. „Oh, no!" Wir einigen uns schließlich auf 8 Uhr, unmenschlich genug, denke ich mir.

Wie soll ich meinem Körper eigentlich beibringen, dass er morgen einen langen Dauerlauf durchzuhalten hat, und dann auch noch so früh am Morgen? Was für ein Tempo werden die beiden anschlagen – Long Jog und easy? Ich wälze mich die halbe Nacht. Eigentlich spannend, so etwas habe ich mir insgeheim ja gewünscht, einfach mitzutrainieren mit den Kenianern. Wenn sie über mich reden, sagen viele „the girl with the muscles like a man", „Dagmar" scheinen sie sich schwer merken zu können, aber sie haben mich akzeptiert.

Samstag, 20.1.: Irgendwie habe ich den Lauf mit den Kenianern geschafft, 2 Stunden 15 Minuten. Erschöpft sitze ich im Stadion.

Die Laufbahn ist bevölkert wie selten zuvor. Heute scheint sich die ganze Weltelite zu einem gemeinsamen Training versammelt zu haben. Etwa 60 kenianische Topathleten machen Tempo, welch ein Anblick. Simba, der Trainer, steht mit der Pfeife in der Mitte, lässt sie in großen Gruppen nacheinander starten, sie kämpfen miteinander, gegeneinander, gegen die Zeit. Sammy Kipketer ist wieder da, Noah Ngeny, der 1500-Meter-Olympiasieger von Sydney.

Ich denke an meinen ausgeklügelten Trainingsplan, daran, wie ich meine Läufe und die Herzfrequenzkurven dazu am Computer aufzeichne, die Laktat-Leistungsdiagnostik, wie sie jedem europäischen Athleten zur Verfügung steht, die medizinischen Laboranalysen, die Nahrungsergänzungen ... aber was machen wir in Europa falsch, und was machen diese Läufer hier richtig, dass einige von ihnen Weltrekorde brechen und Meisterschaften gewinnen? Ist es die Höhenlage, ihre einfache Lebensweise, die Konkurrenz untereinander? Ist es die Aussicht darauf, durch Lauferfolge der Armut entkommen zu können? Trainieren sie härter? Haben sie „bessere" Gene, wie das zu behaupten sehr modern ist? Keiner von ihnen trägt einen Herzfrequenzmesser, keiner kennt wohl seine aerobe oder anaerobe Schwelle.

„Ihr verlasst euch zu sehr auf die Technik", sagte Simba, der Trainer, zu Peter und mir. Wir zählen die Pulsschläge und sprechen mit dem Trainer nur via Handy, tauschen Trainingspläne per Internet aus. „Ich hingegen muss einem Läufer in die Augen schauen, wenige Schritte beobachten", meinte er. „Dann sehe ich, wie es ihm geht."

Ambachew lädt uns für 16 Uhr zu sich nach Hause ein. Wir sitzen auf dem Boden eines etwa zehn Quadratmeter großen Raumes, ohne Fenster, ohne Einrichtung, ein kleiner Kocher, drei Matratzen auf dem Boden. Ambachew lebt hier mit zwei anderen Läufern, drei Männer voller Ideale. Ein Leben ausschließlich für das Laufen. Alle Hoffnung ist auf eine gute Laufleistung gerichtet, eine Einladung zu einem internationalen Marathon das größte Ziel. Einmal nur zeigen können, was in einem steckt. Einige ihrer Landsleute haben es vorgemacht, erreichten große Siege und höheres Ansehen, als es ohne Laufen je für sie möglich gewesen wäre. Viele Kenianer trainieren und laufen über Jahre, ohne zu wissen, ob sie jemals die Chance bekommen, bei einem der großen Marathons, bei einem internationalen Rennen am Start stehen zu können. Dieses Ziel bleibt für viele ein Wunschtraum, eine Fiktion. Und doch sind Tausende bereit, ihr Leben ausschließlich dem Lauftraining zu widmen, andere Optionen stellen sich meist auch nicht. Armut, Arbeitslosigkeit, no future.

Training in Nyahururu, Kenia 2000

Sammy Kipketer, Weltrekordhalter 5000 und 10000 m Straße, Kenia 2000

Höhentraining im Rift Valley, Kenia 2000

Kenianische Spitzenathleten beim Aufwärmen

Sonntag, 21.1.: Wieder Treffpunkt 8 Uhr beim Stadion. Ich trainiere nunmehr fast täglich mit unterschiedlichsten Kenianern und Äthiopiern, selten alleine. Ich bin noch nicht ganz wach, kreislaufschwach, mir ist schwindlig ... aber einfach los. Ohne viel zu hadern, hefte ich mich an die Fersen meiner schwarzen Laufkollegen. Ihr Schritt ist so leicht und rund, meiner gleicht sich an. Ich schwebe dahin, irgendwie bin ich in einer anderen Welt, einer anderen Daseinsform. Die Situation erinnert mich an den Amsterdam-Marathon, ich folge meinem Vordermann, der Einklang der Schritte, eine Harmonie, Trance. Die Strecke führt uns über Maisfelder und Weideflächen, das Tempo annährend extensiv II, nach 90 Minuten bin ich wieder bei der Lodge. Es sollte der letzte Lauf hier in der Höhe von Nyahururu sein, mittags fahren wir nach Naivasha zurück. Noch vier Tage in Kenia, Donnerstag dann der Flug zurück nach Wien. Abschied von meinen liebgewonnenen Trainingspartnern. Ja, nächstes Jahr komme ich eventuell wieder.

Einige der aufregendsten, intensivsten Stunden und Tage meines Lebens habe ich hier in Kenia verbracht, 5 ½ Wochen und 1100 gelaufene Kilometer, in Hochform und Hochstimmung. Ein langer, unglaublich ereignisreicher Anlauf zum Frauenmarathon von Nagoya in Japan. Weniger als sieben Wochen waren noch Zeit bis dahin, mehr und mehr begann er mich jetzt zu beschäftigen.

Zerbrechliche Stärke
(Februar – Mai 2001: Die Krise)

Bewegung war ihr immer wichtig gewesen. Sie ging zu Fuß zur Schule, lief nach der Arbeit. Ohne Bewegung ging bei Dagmar Rabensteiner nichts. Beim Lernen für Prüfungen nahm sie das Buch in die Hand und spazierte damit herum, im Zimmer oder im Freien.

Längere Zeit stillsitzen, das ist noch heute nichts für sie. Beim Frühstück wird sie oft richtig kribbelig, wenn sie bereits laufen will. Autofahrten unterbricht sie gerne, um zwischendurch eine Stunde zu joggen. Wie heißt eigentlich die Schwester vom Zappelphilipp? Nach einem zweistündigen Waldlauf kann es sein, dass sie vor dem abschließenden Dehnen noch herumhüpft, mit beiden Beinen gleichzeitig, und hellauf lacht, als hätte sie keine Energie verbraucht, sondern neue dazu gewonnen. Quasi ein Perpetuum mobile.

„Ohne Laufen ist sie der unglücklichste Mensch der Welt", wusste ihr Spitalskollege Alfred Meguscher. Ein Wirbelwind! Flatterhaft? Nein, sie war immer gewissenhaft. Nicht pedantisch, aber mit einem Hang zum Genauen, Perfekten. Aufgaben erfüllte sie stets mit größter Sorgfalt.

„Wenn sie einmal 30 Sekunden kürzer läuft, als auf dem Trainingsplan steht", erzählt ihr Ehemann, „hüpft sie anschließend noch zweimal ums Auto, um die Vorgabe exakt zu erfüllen." Keine Übertreibung, genau so ist es. Oft wurde sie gefragt: „Wie machst du das nur – Arbeit, Familie – und dann noch laufen???" Manche schüttelten auch den Kopf und meinten: „Ob das noch normal ist?"

„Dagmar, horch her: Bewegungsdrang ist medizinisch unbedenklich!", sagte einmal ihr Mann. „War gestern so im Fernsehen." Als ob man das betonen müsste! Ihr Leben war immer voller Bewegung, und plötzlich stand sie an einem stürmischen Februarvormittag des Jahres 2001, wenige Wochen nach ihrer Rückkehr aus Kenia, am Ende eines 28-Kilometer-Laufs in der Prater Hauptallee in Wien und …

… sagte entkräftet und voller Schmerzen zu ihrem Trainer:

„Willi, ich kann jetzt nicht einmal mehr gehen."

Eine neue Geschichte hatte begonnen, unbemerkt zunächst. Eine Geschichte vom Sich-Selbst-Verbrauchen.

„Geh noch ein bisschen auslaufen", sagte Willi Lilge, Dagmars damaliger Trainer. Doch es ging nicht. Er konnte es nicht glauben, und sie noch weniger. Eben war sie den letzten Kilometer noch in 3:37 Minuten gelaufen und nun sollte lockeres Traben nicht mehr möglich sein? Sooft sie es versuchte, es ging nicht. Dabei waren ihre Schritte eine Stunde zuvor noch wunderschön anzusehen gewesen, weit ausholend und rund. Nur Kundige mögen den kleinen Unterschied bereits zu diesem Zeitpunkt bemerkt haben, sie selbst spürte es von Anfang an deutlich. Es lag etwas Gequältes, fast Zwanghaftes in jedem Schritt. Kein harmonischer Strom, wie sie ihn sonst so liebte, kein Gleichtakt. Ihren Kopf hatte sie beim Laufen zur Seite geneigt, wie fast immer. Die Fröhlichkeit in ihm war gewichen, die Gedanken liefen träge und traurig dahin wie die Schritte. Sie war müde diesmal, zwar noch in Hochform vom Höhentraining in Kenia, doch nicht erholt von vorangegangenen belastenden Läufen. Bereits ein paar Tage zuvor hatte sie ein schnelles Intervalltraining – 12 x 1000 Meter – abbrechen müssen. Ein Training abbrechen, so etwas kam selten vor. Es war nicht ihre Art. Aber nun ging seit Tagen nichts mehr. Und an jenem Tag, am 21. Februar 2001, stand dieser 28–Kilometer-Lauf auf ihrem Trainingsplan, das Tempo jeweils abwechselnd zwischen 3:35 und 3:55 Minuten pro Kilometer. Die Muskeln schmerzten bereits am Morgen, sie wollte diesmal noch nicht aus dem Bett, obgleich sie für gewöhnlich zu dieser Zeit stets voller Tatendrang war.

Ein letzter Test etwas mehr als zwei Wochen vor dem Marathon in Nagoya hätte es werden sollen, zur Selbstbestätigung. Sie musste davor mit sich selbst argumentieren: *Es steht auf dem Programm, also wirst du laufen. Würdest du nicht laufen, wärst du zwei Wochen lang verunsichert. Wenn du diese 28 Kilometer nicht schaffst, schaffst du Nagoya schon gar nicht. Also laufen. Einfach laufen. Es geht ja gut.*

„Willi", sagte sie zu ihrem Trainer, „ich weiß nicht, ob ich diese Einheit durchziehen soll. Ich spüre noch die Läufe der letzten Tage."

Sie fing einfach an, 28 Kilometer im Wechseltempo. Nichts war jetzt wichtiger als dieser Lauf. Nur der Nagoya-Marathon in 18 Tagen, nur deshalb war sie hier, in der Prater Hauptallee, wo sie die Zeitvorgabe bei jedem Kilometer exakt kontrollieren

konnte. 3:55 der erste, 3:31 der zweite, 3:57, 3:42 – der Gegenwind, 3:54, dann wieder schneller werdend. Die Kastanien links
und rechts waren kahl, ein stürmischer Tag. Willi Lilge fuhr zeitweise nebenher auf dem Fahrrad, die vier Kilometer lange Gerade
rauf und runter.

„Die Zeiten passen genau, Dagmar, du machst es gut", sagte er
ihr. „Lauf einfach locker."

Sie war in blendender Form. Drei Wochen zuvor, unmittelbar
nach der Rückkehr aus Kenia, hatte sie die ungeliebten 800 Meter
Intervall-Läufe im Training schneller absolviert als je zuvor. Ohne
großen Einsatz war sie nur drei Tage später, am 4. Februar, bei
einem Halbmarathon in Bad Füssing in Bayern knapp an ihre
Bestzeit herangekommen. 1:15:42 – ein hervorragender Testlauf.
Nagoya stand bevor, und sie würde dort das Rennen ihres Lebens
hinlegen. Sie brannte darauf. Bei all ihren Läufen war sie schneller als vor einem halben Jahr. Damals war sie Österreichischen
Marathonrekord gelaufen – 2:35:42 Stunden in Amsterdam. Was
würde nicht alles möglich sein in Japan! Sie würde noch besser
laufen als in Amsterdam, viel besser.

Für dieses Ziel war sie bereit zu kämpfen mit all ihrer Kraft und
ihrem Willen. Für dieses Ziel war sie bereit, sich bis aufs Äußer-
ste zu quälen. Voll Begeisterung für ihr großes Vorhaben. Voll
Stolz auf ihr derzeitiges Leistungsvermögen.

20 Kilometer waren um. Die blonde, drahtige Frau, die sonst
beim Laufen gerne vor sich hin lächelte, und der hochaufge-
schossene Mann auf dem Fahrrad neben ihr ziehen weiter durch
die Allee. Jeder Marathonläufer in Österreich kennt diese Strecke.
Die Baumreihen links und rechts verlieren sich in der Ferne, zwei
parallele Geraden, die sich im Unendlichen schneiden. Die
Anstrengung der kommenden Kilometer wird beim Anblick der
Asphaltgeraden unmittelbar bewusst. Und gleichzeitig liegt die
schnurgerade Strecke da wie eine Aufforderung zum Abenteuer:
„Lauf los! Du schaffst mich oder ich schaff dich!" 22 Kilometer
sind um. Jetzt nicht mehr aufhören. Es ist zu Schaffen, und es
wird gut.

Es geht gut, es geht gut. Jetzt höre ich nicht mehr auf. Ich laufe Nagoya.
Ja, es geht gut heute.

Zauberworte. Wie hatte sie sich gefreut, als sie von der Einladung
nach Nagoya erfahren hatte! Die wenigen Spaziergänger, die an
diesem Mittwochmorgen um halb zehn im Prater waren, werden

dem Paar bewundernd nachgeblickt haben. Wunderschön anzusehen, dieser ausholende Schritt bei dieser Geschwindigkeit. Wohl nach Atem ringend und das Gesicht schon verkrampft, die Beine aber trugen sie unbeirrt weiter, sie lief ihre Kilometerzeiten, exakt wie vorgegeben. Lusthaus, Stadion, Praterstern. Die Bäume wischten vorbei. Ausgerechnet Kastanien. Keine Gespräche mehr, keine Zeit zum Träumen. Sie lief.

Soll ich wirklich ...?

Das ist die Grundlage für jede intensive Trainingseinheit: Den Körper bewusst und dosiert weit über die Grenze des Wohlbefindens hinaus belasten und sein Gleichgewicht zerstören, damit er nach der Erholung stärker ist als zuvor. Ihre Leistungsfähigkeit war exakt analysiert. Aber dieser Lauf erwies sich als vermessen.

Mit vollem Tempo, irgendwo zwischen Kilometer 23 und 24, durchbrach sie jene unsichtbare Linie, die auf keiner Laufstrecke der Welt verzeichnet ist. Wie der „Point of no Return" vor einem Wasserfall, hinter dem es unmöglich ist, ans sichere Ufer zu entkommen. Mit größtem Kraftaufwand trieb sie ihren Körper weiter bis an den Rand des Absturzes.

28 Kilometer. Ende der Straße. In ihrem Körper passte nichts mehr zueinander. Die Füße versagten den Dienst. Im Kopf herrschte Chaos. Sie spürte jetzt, dass ihre Stärke nicht einfach am nächsten Morgen wieder kommen würde, und auch nicht am übernächsten.

„Toll, dass du durchgehalten hast. Geh noch ein bisschen auslaufen."

„Willi", sagte sie, „ich kann jetzt nicht laufen. Ich kann nicht einmal mehr gehen."

Sie kauerte am Rand der Allee. Völlig glukoseleer, ausgezehrt, am Boden. Sie versuchte zu laufen, zweimal, dreimal.

Ich kann nicht einmal mehr gehen.

Nach einigen Minuten schleppte sie sich zurück zum Happel-Stadion, von wo aus sie gestartet waren. 300 endlose Meter. Im kahlen Umkleideraum legte sie ihre Füße auf die Holzpritschen. Mit einemmal war die Kraft zerstört, und noch vor dem Start war Nagoya gelaufen. Sie war bereits 37 zu diesem Zeitpunkt, nicht eben jung für eine Sportlerin, und dieser Absturz war schmerzhaft.

Aber das war gerade erst einmal der Anfang.

Ein Monat zuvor, 25. Jänner 2001, die Rückkehr aus Kenia. Nairobi – Schwechat: Von der Sonne des Hochlands ins nebeldichte Wien. Mit 1100 Kilometern in fünfeinhalb Wochen hatte sie sich dort in Nyahururu in eine Hochform gelaufen wie noch nie. Die Einladung zum Frauenmarathon in Nagoya war fixiert; Japan ist bekannt für seine hochklassigen Eliterennen. Am 11. März wollte sie dort versuchen, eine Zeit schneller als 2:35 Stunden zu laufen – das Weltmeisterschaftslimit für die Titelkämpfe von Edmonton im August dieses Jahres. Zugleich begann mit der Rückkehr nach Wien auch ein neuer beruflicher Abschnitt. Nach acht Jahren Spitalsdienst hatten sich die Krankenhaustüren hinter ihr geschlossen. Stattdessen arbeitete sie nun in einer internistischen Ordination – endlich mehr Freiraum. Sechs Wochen blieben noch zur Vorbereitung, und das hervorragende Fundament, das wusste sie, war mit dem Training in Ostafrika bereits geschaffen. Doch auf dem Weg zur Startlinie gab es ein Hindernis, mit dem sie nicht gerechnet hatte – die Grenze zwischen „Genug" und „Zuviel":

„Wir waren nach meiner Rückkehr aus Kenia beide in einem richtigen High, mein Trainer und ich. Sechs Wochen vor Nagoya schien es, als wäre der Marathon nur mehr zum Abholen. Hinfliegen und laufen, ganz einfach. Wir waren beide nicht bereit, die Belastung aus dem Training zu nehmen und auf zunehmend negative Zeichen meines Körpers zu reagieren."

Gleich sechs Tage nach der Ankunft in Wien stand das erste harte Training auf dem Programm. 15 x 800 Meter in jeweils 2:40 Minuten, dazwischen nur 90 Sekunden Pause. Eine intensive Tempo-Übung, die sie nie gemocht hatte. Doch es gelang gut wie nie zuvor: Jedes der 800-Meter-Intervalle schaffte sie zwischen 2:38,5 und 2:41,8 Minuten, eines nur war etwas langsamer, ein anderes dafür schneller. Auf dem Blatt der Trainingsauswertung notierte sie aber: „ ... mir geht's voll schlecht."

Am Sonntag, den 4. Februar, vier Tage später, startete sie beim Halbmarathon im bayerischen Bad Füssing – eine Überprüfung der Form sollte es werden, in langen Hosen und bei Schneefall. Die Euphorie kehrte zurück – 1:15:42 Stunden, ein überlegener Sieg und, obwohl ein Trainingslauf mit angezogener Handbremse, nur wenige Sekunden von ihrer Bestzeit entfernt. Der Lauf selbst war sehr gut, doch danach war ihr Bewegungsdrang

plötzlich erstarrt: „Ich wollte nicht mehr auslaufen. Zum ersten Mal nach einem Rennen musste ich mich fast zwingen dazu." Donnerstags darauf die nächste Adrenalin-Einheit: 12 x 1000 Meter, beginnend mit 3:30 Minuten pro Kilometer, dann steigernd über 3:25 bis auf 3:20. Es gelang, sogar mit weniger Anstrengung als die 15 x 800 Meter eine Woche zuvor. Doch sie vermerkte als Kommentar für sich und ihren Trainer: „Muskulär trotzdem voll müde, sogar Gehen schmerzt!"
Genau einen Monat vor Nagoya, am Sonntag, den 11. Februar, schaffte sie noch eine Trainingseinheit mit 20 Kilometern nahe am Marathonrenntempo – dann siegten die Schmerzen über den Willen, das Training zu erfüllen. Vier Tage lang waren nicht einmal ruhige, regenerative Läufe möglich. Radfahren auf dem Ergo-Bike, allgemeines Ausdauertraining im Fitness-Studio – zu mehr war sie nicht fähig. Am Donnerstag, den 15. Februar, standen wieder 12 x 1000 Meter auf dem Plan, exakt die gleiche Einheit wie eine Woche davor, nur jedes der Tempo-Intervalle um zwei Sekunden schneller. Doch an Laufen war nicht zu denken. Drei Tage später wollte sie dieses Training nachholen, aber sie schaffte nur die Hälfte. Dann brach sie erschöpft den Lauf ab. Ärger und Enttäuschung brachen aus ihr heraus.
„Interessiert dich das überhaupt, wie's mir geht?!", hinterließ sie ihrem Trainer eine Portion Zorn auf der Handy-Mailbox, bereute jedoch ihre Worte gleich danach. Trainingspläne ja, aber sich dadurch versklaven zu lassen, das war immerhin ihre freie Entscheidung gewesen.
„Drei Wochen zuvor war ich in Hochstimmung, voller Kraft, und jetzt war ich am Boden. Ich erfüllte den Plan genauestens, wie immer, weil ich Vertrauen zu ihm hatte. Aber nun musste ich mit zunehmend schlechtem Gewissen harte Einheiten streichen. Statt dessen habe ich regenerativ auf dem Rad oder im Fitnessstudio trainiert – mehr ging nicht. Aus lauter Verzweiflung über meinen unzulänglichen Zustand zählte ich die Stunden dieser alternativen Einheiten nicht mehr. Bewegung war einmal mehr das Ventil für meine Verzweiflung. Nur, damit verschlechterte ich meine körperliche Verfassung noch mehr. Ein Blutbild, das ich machen ließ, zeigte nichts Ungewöhnliches. Aber ich spürte, dass vieles in meinem Körper nicht zusammenpasste. Ich hatte keine Verletzung, keinen Virus, nichts, was fassbar gewesen wäre. Es waren diffuse Schmerzen, die durch den Körper wanderten. Ich war permanent übermüdet vom Training, konnte mich nicht

mehr von den Läufen erholen, so wie ich das von mir gewohnt war. Aber ich wollte nur eines: Irgendwie die Zeit bis Nagoya überstehen." Denn nach wie vor glaubte sie ganz fest: „Dieser Marathon gehört mir, ich muss ihn mir nur holen."

Drei Wochen vor Nagoya. Kraftlosigkeit, Verunsicherung, schnelle Einheiten gestrichen, ein Training abgebrochen. Aber die Energie aus Kenia musste doch irgendwo noch vorhanden sein. Drei Wochen sollten Zeit genug sein, diese Stärke wieder zurückzurufen. Mehr war nicht nötig bis Nagoya, nur das.

Dann kam der 21. Februar, dieses 28 Kilometer-Training im Wechsel zwischen Marathonrenntempo und schnellem Dauerlauf. Es war eine Übung, wie sie die Läufer vom italienischen Nationalkader oft absolvierten; in St. Moritz hatte sie gelegentlich mit ihnen trainiert. Vor Amsterdam hatten ihr solche Läufe sehr viel Kraft und Selbstvertrauen gegeben – und nichts hatte sie nötiger jetzt, vier Tage nach dem abgebrochenen Training. Sie brauchte eine Bestätigung, eine Vergewisserung ihrer Kraft. Die Müdigkeit der vergangenen Wochen war zwar noch nicht verschwunden, die Muskeln zogen morgens, aber Verschieben war diesmal verboten, Aufgeben ebenso. Einfach laufen! Wenn dieser Lauf nicht geht, wie soll dann Nagoya gehen?

Der erste Kilometer im schnellen Dauerlauf, 3:55 Minuten exakt, Marathonrenntempo der zweite, 3:31 Minuten – etwas zu schnell, dann 3:57 und bei Gegenwind 3:42, 3:54 und wieder schneller ...

Nie führt eine einzige Trainingseinheit zu Höchstleistungen, und nie ist ein einziges Training für den Absturz verantwortlich. Eine einzelne Trainingseinheit kann nicht der Grund für einen Leistungsschub oder einen Einbruch sein, wohl aber der Auslöser für etwas, das sich schon lange abzeichnet.

„Am Schluss dieses Laufes versagten mir die Füße. Ab diesem Tag ging nichts mehr. Mein Befinden war auf dem Tiefpunkt – auf einer Bewertungsskala nach Schulnotensystem trug ich fast täglich nur mehr ‚5' ein. Am Sonntag darauf, 14 Tage vor Nagoya, stand ein zweites Halbmarathonrennen auf dem Programm – völlig zwecklos, es zu versuchen. Eine Woche vor Nagoya wollten wir den Absturz immer noch nicht wahrhaben. Bei einem 10 Kilometer-Testlauf im Marathontempo sollte die endgültige Entscheidung fallen. Kilometerzeiten von unter 3:40 Minuten, das war mein Zieltempo. Ich quälte mich, kein einziger Kilometer war schneller als 3:47, mehrmals schaffte ich nicht einmal die vier Minuten. Bereits nach wenigen Kilometern war mir klar, dass ich Nagoya nicht laufen konnte. Aus. Wir sagten den Start ab."

Begründung?

Verletzt.

„Verletzt" klingt besser als „übermüdet". Die Ursachen blieben mit dieser Erklärung jedoch noch im Dunkeln.

Von der Hochform in die Kraftlosigkeit, ein Monat genügte. Vor einem halben Jahr hatte sie ein ähnliches Programm zum Rekord gebracht, nun stand sie vor ihrer zerbrochenen Stärke, zu schwach, um selbst die Scherben einzusammeln, und ohne Antrieb, sich aus ihrer Lage zu befreien. „Am Ende dieses verheerenden Testlaufs standen wir zusammen, Willi und ich, enttäuscht und niedergeschlagen. Das haben wir aber ziemlich blöd gemacht, darin waren wir uns einig."

Ein Faktor, der zu wenig berücksichtig worden war, war der Wechsel von der Höhenlage Kenias ins weitaus tiefer gelegene Wien. Der Körper benötigt nach dem Höhentraining eine Übergangsphase, um sich an die neuen Umstände anzupassen. Der Wechsel Äquatorsonne – Winternebel war ein weiterer. In der Kälte reagiert der Körper anders auf Belastungen, man kann weniger schnell laufen und braucht länger zur Regeneration. Dagmars läuferische Fähigkeiten wurden üblicherweise exakt analysiert, eine Formüberprüfung unmittelbar nach dem Kenia-Trainingslager wie auch in den folgenden Wochen war jedoch ausgeblieben. Ohne leistungsdiagnostische Grundlagen folgten intensive Läufe in so kurzen Abständen, dass sie sich von den vorangegangenen Einheiten noch nicht vollständig erholen konnte – ein sicherer Weg ins physiologische Chaos.

Das Zusammenspiel zwischen Trainer und Athletin war aus den Fugen geraten: „Irgendwo in den Wochen nach Kenia haben wir uns verloren, für beide Seiten anfangs noch unbemerkt. Eine höchst fruchtbare Zusammenarbeit, das Ineinandergreifen des Wissens der Medizinerin und des Sportwissenschaftlers, dem Leistungswillen des Spitzensportlers und den Erfahrungen des Trainers – höchst effizient in den vorangehenden Monaten, nun hatte es versagt. Der Wille, dem Körper noch ein letztes Quäntchen an Leistungsfähigkeit abzuringen, ein paar Sekunden mehr auf 42,195 Kilometern zu gewinnen, war größer, als die trainingswissenschaftliche Vernunft, die medizinische Sorgfalt und die Bereitschaft, auf die Zeichen des Körpers zu hören." Gleich nach der Rückkehr aus Kenia hatte Dagmar begonnen, nach einem 4-Wochen-Plan ihres Trainers zu laufen. Exakt wie immer versuchte sie die Vorgaben zu erfüllen, obwohl diese lange Vorausplanung in der heiklen Phase der spezifischen Marathonvorbereitung doch ungewöhnlich war. „Du sollst wissen, was bis Nagoya noch bevorsteht, das erleichtert es", meinte Lilge. Die Kommunikation in dieser Zeit beschränkte sich auf Faxe, Mailbox-Nachrichten, SMS und regelmäßige Telefonate. Beide sahen anhand der Trainingsaufzeichnungen, dass der körperliche Zustand am Kippen war, aber sie vertrauten auf das vorgegebene Programm, waren nicht bereit, notwendige Änderungen vorzunehmen. „Wird schon gut gehen" – ein schlechter Ratgeber.

Der Körper reagierte diesmal anders als erwartet. Statt Höchstleistung kam der Tiefschlag: „Ich war müde, gereizt, meine Muskeln schmerzten, der Puls war permanent erhöht, zu ganz gewöhnlichen Alltagsverrichtungen musste ich mich fast überwinden, sogar zum Laufen."

Viele kennen das: Je mehr man sich bemüht, umso schlechter werden oft die Leistungen. Ein bestimmtes Ziel vor Augen, schiebt man alles andere zur Seite, will nicht wahrhaben, wie mitgenommen man bereits ist. Das Laufen hat dann nichts mehr mit Leichtigkeit zu tun, es wird zur bloßen Erfüllung eines vorgegebenen Programms, zu Qual und letztlich zu Selbstschädigung. Bei jedem Lauf treten Kopf und Körper in einen inneren Dialog über die Müdigkeit: Der Kopf sagt: „Los, bring das Training hinter dich", der Körper sagt: „Nein". Entleerung der Brennstoffspeicher, zunehmende Übersäuerung – der Körper sagt: „Es geht wirklich nicht mehr", aber der Kopf ist fest entschlossen, über den müden Körper zu siegen: „Das kann doch nicht sein, dass ich jedem Anflug von Schwäche sofort nachgebe!" Schließlich ist der Endpunkt der Willenskraft jedoch erreicht: Die Vernunft siegt über den Willen: „Hör' jetzt endlich auf, der Körper hat recht, sonst schädigst du ihn." Der Körper ist erleichtert: „Ich bin froh, dass du endlich auch dieser Meinung bist, ich versuch's dir ja schon die längste Zeit einzureden."

Übertraining entsteht wohl dann, wenn man dieses Bitten des Körpers längere Zeit bewusst ignoriert. Jeder, der „Leistung" erbringen soll, egal in welchem Bereich, wird ja kontinuierlich in diese Richtung erzogen: „Wie stolz war ich einst darauf, die Bedürfnisse meines Körpers zu kennen und darauf zu hören. Hatte ich das Gefühl, meinen Körper über die Maßen zu bean-

spruchen, ließ ich ihm Ruhe, machte ich Rast. Als Leistungssportler ist dies bei harten Trainingseinheiten nicht gefragt, sondern vielmehr verpönt. Aufzugeben, wenn der Muskel müde ist,
die Lust fehlt, wäre mangelnde Selbstdisziplin. Wie stolz war ich
schließlich darauf, dass mein Kopf, mein Wille stärker war als das
Bedürfnis meines Körpers. ‚Das wäre ja noch schöner, wenn mein
Körper den Ton angibt‘, so pflegte ich zu scherzen – ich hatte
mein Gedankenmuster erfolgreich umgepolt. Ich glaubte, dass
dieses Attribut einen erfolgreichen Spitzensportler auszeichnet:
Schmerzen werden zwar registriert, aber nicht ins Bewusstsein
eingelassen. Eine gefährliche Einstellungsänderung, die ich mir
da anerzogen hatte, wie ich heute weiß."

Müdigkeit nach einem Training ist normal: Muskeln und Bindegewebe werden beansprucht, Stresshormone ausgeschüttet,
die Energiespeicher in den Muskelzellen sind entleert, Ungleichgewichte im Elektrolyt- und Säure/Basenhaushalt verursachen
ein Übersäuerungsempfinden, nach einer gewissen Zeit der Belastung sinkt die Motivation zum Weitermachen gegen Null. Bei
einer ausreichenden Erholungsphase kann sich der Körper
jedoch selbst wieder ins Gleichgewicht bringen – und wird durch
den Trainingsreiz sogar stärker als zuvor. Aber durch zu enge
Aneinanderreihung belastender Übungen kann diese Regeneration nicht mehr stattfinden. Es gibt einen Punkt, an dem mehr
oder schnelleres Training das Gegenteil der gewünschten Wirkung bringt – und das zu akzeptieren, erfordert fast schon ein
Stück Lebensweisheit.

„Laufen macht eben müde", sagen sich viele und merken gar
nicht mehr, dass weniger Training zu mehr Wohlbefinden und
auch zu besseren Leistungen führen würde. Gerade ehrgeizige Hobbyläufer gelangen oft in diesen Zustand des Übertrainings, häufiger als Leistungssportler, deren medizinische Betreuung meist besser ist. Belastungen im Beruf, zu wenig Schlaf, Stress, falsches Essen,
das die Regeneration verzögert, ein angegriffener Gesundheits-
zustand: All diese Faktoren können über den Sport hinaus dazu
beitragen, dass die Belastung für den Körper größer ist, als seine
Fähigkeit, damit umzugehen und sie auszugleichen. Ermüdung,
Krankheit, Antriebslosigkeit können die Folge sein, wenn man sich
zu viel zumutet – „Burnout" nennt sich das in der Berufswelt. „Aus-
gebrannt" sein, ohne Energie. Ähnlich ist das beim Übertraining im
Sport. Dass man seinen Zustand nicht wahrhaben will und ohne
Hinweis von außen auch nicht wahrnehmen kann, gehört dazu:

„In der Theorie war meine Lage eindeutig. Aber wir wollten lange Zeit nicht sehen, dass ich im Übertraining steckte. Ein paar ruhigere Trainingswochen, so meinten wir, sollten die Sache wieder ins Lot bringen." Das nächste Ziel war bereits klar: Wien-Marathon am 20. Mai. „Im Grunde hat ihr alles weh getan", erinnert sich ihr Mann. „Aber sie hat sich an jedem kleinen Lichtblick aufgerichtet und wollte unbedingt raus aus diesem Tief."

Ein 10-Kilometer-Rennen am 1. April am Neusiedler See sollte der erste Schritt dazu sein. 35 Minuten und 40 Sekunden lautete die gemessene Zeit. Für sich gesehen durchaus passabel, aber dahinter standen Kampf und Krampf. Wieder eines dieser eindeutigen Zeichen, wenn man es sehen wollte.

„Am Freitag darauf musste ich erneut ein Training abbrechen. 30 Minuten intensiver Dauerlauf, dann war es vorbei. Ab diesem Tag bin ich drei Wochen lang NIE GELAUFEN. Eigentlich unvorstellbar für mich, drei Wochen nicht zu laufen. Nicht, dass ich eine konkrete Verletzung an einer bestimmten Stelle im Körper gespürt hätte. Ich war einfach nicht in der Lage dazu. Es strengte mich fast übermenschlich an, die Bewegung schmerzte. Einmal machten mein Mann und mein Sohn mit mir in dieser Zeit einen Waldspaziergang. Über einen kleinen Abhang, den ich früher hinuntergehüpft wäre, brauchte ich Hilfe von den beiden. Bei jedem kleinen Schritt habe ich geglaubt, ich verletze mich. Meine eigenen Muskeln, so war ich überzeugt, hätten mich nicht halten können, Peter und Peter mussten mich links und rechts abstützen – und genauso fühlte ich mich auch mental. Jeden Morgen habe ich aufs Neue gespürt, dass Laufen wieder unmöglich sein würde. Meine Ruheherzfrequenz lag üblicherweise bei 36 Schlägen pro Minute. Nun war der Puls gleich nach dem Aufwachen auf 90. Die Stiegen runter – 110 Schläge. Dann versuchte ich, trotzdem zu laufen. Meine Knie haben gezittert, alle zehn Meter musste ich stehen bleiben, weil ich glaubte, ich schaffe es nicht mehr. Mein Körper machte mir Angst. Ich fühlte mich, als wäre ein Fremder in mir. Meine Leistungsfähigkeit, körperlich und psychisch, war am Boden. Ich war tief gefangen im Übertraining."

„Alleine wärst du da nicht mehr rausgekommen", meinte Dr. Johannes Zeibig vom Olympiastützpunkt Obertauern. Nach drei Wochen ohne Lauftraining fuhr Dagmar Ende April nach Obertauern und begann einen Weg aus dem Tief heraus zu suchen. Von acht Uhr früh bis zehn Uhr abends, zwei Wochen lang, war der Tag ausgefüllt mit Untersuchungen, Therapien, Infusionen (Glukose-Elektrolyt-Lösungen), Training, Besprechungen: „Dieses Programm war enorm wichtig, eine Art Beschäftigungs- und Bewegungstherapie mit sportmedizinischem Background – genau das brauchen Sportler in diesem Zustand. Verschiedene Schul- und Ganzheitsmedizinische Heilmethoden wurden eingesetzt, um den Körper wieder ins Gleichgewicht zu bringen. Bis zu drei Stunden am Tag trat ich mit einer Leistung von nur 70 Watt auf dem Fahrrad-Ergometer, also praktisch wie im Leerlauf. Das sollte meinen Stoffwechsel wieder normalisieren. Manchmal trainierte Hermann Maier neben mir, noch vor seinem Motorrad-Unfall, bereits in der Vorbereitung auf die Olympiasaison 2002 – Kraft und Elend in einem Raum."

Ihre körperliche Verfassung bekam sie dort erstmals ungeschminkt präsentiert. Keine trügerischen Hoffnungen mehr, keine unrealistischen Gedanken an ein baldiges Comeback, sondern medizinische Werte, die ihren Zustand offen legten:

Ruhepuls 90 Schläge pro Minute, sonst 36 – 38
Blutdruck systolisch um die 140, sonst 110
Laktat in Ruhe 3,5 mmol/l – ein Wert wie bei einem Halbmarathonrennen
BUN (Harnstoff): Höchstwert von 55.7mg/dl (Obergrenze des Normbereichs 25mg/dl) – ein klares Zeichen, dass körpereigenes Eiweiß abgebaut wurde
Base Excess (kurz BE) am Rande des noch als normal zu bezeichnenden Bereiches: 2mmol/l – Hinweis auf eine stoffwechselbedingte Übersäuerung des Körpers (Metabolische Azidose)

„Als ich diese Werte sah, dachte ich nur: Ähnlich wie bei Intensivpatienten im beginnenden Schockzustand."
Kein Wien-Marathon, keine Weltmeisterschaften, das war klar.
„Wie lange kann das dauern?", fragten viele, als sie einen Bewerb nach dem anderen absagen musste. Niemand konnte das vorhersehen. Manchmal genügen Wochen, manchmal dauert es Monate oder Jahre, bis man seine volle Leistungsfähigkeit wieder erlangt – wenn man das überhaupt schafft. Wieder auf die Beine kommen, das war das Wichtigste. Einen Ausweg finden, irgendeinen.

Übertraining:
Wenn sich der Körper selbst aufbraucht

Vom Training zum Übertraining

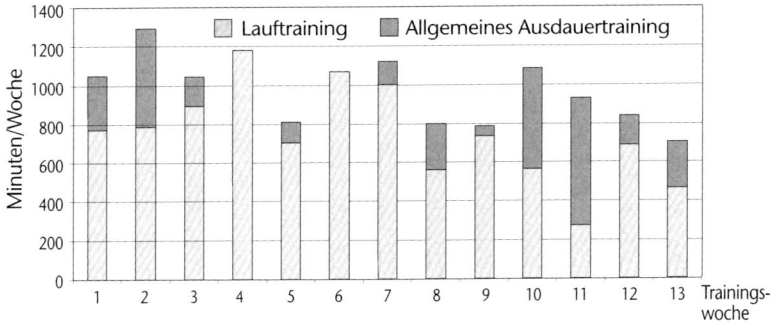

Trainingsverteilung in den Wochen vom 4.12. 2000 bis 11. 3. 2001

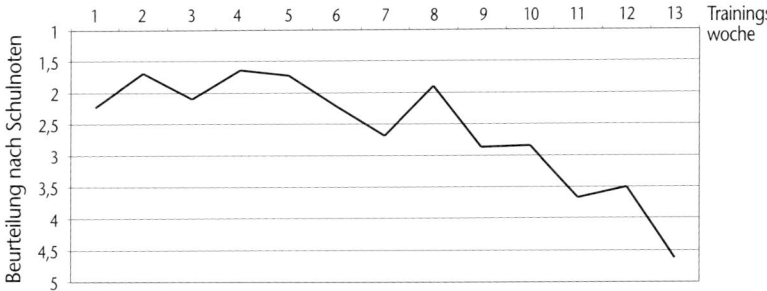

Bewertung der Befindlichkeit beim Training (wöchentlicher Mittelwert)

Erklärung:
Das obere Diagramm zeigt die wöchentliche Trainingsdauer von Dagmar Rabensteiner in der Zeit von Dezember 2000 bis März 2001. Anfang Dezember noch in Wien, verbrachte sie die Wochen 3 bis 7 beim Training in Kenia. Hier war das Laufpensum mit bis zu knapp 20 Stunden pro Woche am höchsten. Zehn Tage nach der Rückkehr, am Ende der achten Woche, lief sie den Halbmarathon in Bad Füssing. Ab Mitte Februar (Woche 10) ist zu erkennen, wie der Anteil des Lauftrainings stark zurückgeht – der erste massive Einbruch. Laufen wurde zu dieser Zeit zunehmend schwierig. Stattdessen absolvierte sie regenerative Trainingseinheiten im Fitness-Studio (Allgemeines Ausdauertraining, z.B. auf dem Rad). Gleichzeitig fällt die Bewertung des persönlichen Befindens beim Training, die sie täglich nach Schulnotensystem vornahm, scharf ab (unteres Diagramm). Am Ende der Woche 13, dem 11. März 2001, wäre der Marathon von Nagoya gestanden. Sie musste den Lauf absagen.

Übertrainiert – das klingt fast luftig. So wie: „Statt 2:20 den Marathon doch nur in 2:22 gelaufen". Doch Übertraining ist etwas anderes. Es ist ein körperlicher Niedergang, der die eigenen Fähigkeiten zur Regeneration übersteigt. Viele Hobbysportler haben das schon erfahren müssen, oft ohne zu wissen, dass sie durch zu hohe Belastung den Absturz selbst verursacht haben. Übertraining ist jedenfalls deutlich mehr als die übliche Müdigkeit nach einem anstrengenden Lauf. Es ist ein physischer wie psychischer Niedergang: „Im Mai 2001, als Tausende Österreicher am Wien-Marathon teilnahmen, war ich kaum mehr fähig, mich auf den Beinen zu halten – hätte ich es nicht erlebt, hätte ich es nicht für möglich gehalten."

Woran ist Übertraining zu erkennen?

Körperliche Zeichen

❖ Das Belastungsempfinden ist verändert. Laufen fällt deutlich schwerer, zuerst nur das Schnelligkeitstraining, später auch die ruhigen Dauerläufe.

❖ Bei gleichem Tempo ist die Herzfrequenz höher als gewöhnlich.

❖ Der Ruhepuls ist erhöht.

❖ Manchmal ist der Puls auch betont niedrig und steigt selbst bei Belastung nur unwesentlich an.

❖ Der Blutdruck ist erhöht.

❖ Die Regeneration funktioniert nicht mehr wie gewohnt, auch Tage nach einem belastenden Training ist die Muskulatur noch hart und übersäuert.

❖ Man ist anfällig für Krankheiten und Infektionen.

❖ Man trainiert wie gewohnt, hat aber keinen Appetit.

❖ Trotz Zufuhr sonst ausreichender Kalorienmengen kann es sein, dass das Körpergewicht abnimmt. Der Körper ist gleichsam im „Dauerstress", mit dadurch erhöhtem Grundumsatz bereits in Ruhe.

Die Laborwerte des Blutes verändern sich, manche von ihnen bereits durch das intensive Training, im Übertraining aber besonders augenscheinlich. Man beachte beispielsweise:

❖ BUN (Harnstoff) ist erhöht, ein Zeichen des Abbaus körpereigenen Eiweißes.

❖ CK (Creatin-Kinase), ein Muskelenzym, das nach harten Trainingseinheiten und Rennen immer erhöht ist, steigt bereits bei ruhigem Dauerlauftempo über die Maßen an.

❖ Die Stresshormone Adrenalin und Noradrenalin, aber auch Wachstumshormon und Cortison – ebenso wie übergeordnete Hormonregelsysteme im Gehirn – sind erhöht und in ihrer Aktivität gesteigert.

❖ Transaminasen werden aus zerstörtem Muskelzellen freigesetzt. So kann beispielsweise die GOT, aber auch die GPT (allgemein bekannt als Leberenzym) bei Muskelschaden erhöht sein.

❖ Immer wieder wird auch ein hoher Laktatspiegel bereits in Ruhe festgestellt.

❖ Das Hämoglobin und der Hämatokrit sind – bedingt durch den erhöhten Turn-over (Zerfall und Neubildung) reduziert. Oftmals resultiert daraus eine Eisenmangelanämie. In diesem Zustand muss man auch auf die Eisenspeicher, das sogenannte Ferritin, achten. Aber auch andere Formen von Blutarmut können vorkommen.

❖ Ein stark negativer Base Excess (Basenüberschuss) zeigt eine Übersäuerung des Körpers an.

Psychische Zeichen

❖ Reduzierte Trainingsmotivation. Harte Trainingseinheiten machen Angst, weil man von vornherein spürt, dass es heute nicht geht ... nur dieses Heute ist eigentlich jeder Tag, nichts gelingt mehr.

❖ Reduzierte Lebensfreude und Antriebslosigkeit

❖ Selbst die Verrichtung von banalen Alltagsaufgaben kostet bereits Überwindung.

❖ Gesteigerte Anspannung, Ungeduld und Gereiztheit

❖ Ständige Müdigkeit und Abgeschlagenheit

❖ Unruhiger Schlaf

❖ Die Gedanken sind nicht mehr klar, alles liegt hinter einem Schleier – das Leben spielt sich woanders ab, man ist verwirrt und unkonzentriert

Einzelne Symptome können selbstverständlich immer wieder nach belastenden Situationen auftreten, auch ohne sportliche Aktivitäten. Aber hält dieses veränderte Befinden über längere Zeit (mehrere Tage oder gar einige Wochen) an, und sind andere körperliche und psychische Ursachen auszuschließen, sollte man akzeptieren, dass man übertrainiert ist.

Der übertrainierte Körper

Übertraining hat nichts mit Höchstleistung zu tun. Praktisch jeder Hobbyläufer kann ins Übertraining geraten – wenn auch kaum so schwerwiegend wie ein Leistungssportler. Es ist gekennzeichnet durch ein Ungleichgewicht zwischen Training und Erholung. Das Muskel- und Bindegewebe, das Hormonsystem und der Stoffwechsel werden dadurch so tiefgreifend verändert, dass dieser Zustand sich mit normaler Erholung nicht mehr beseitigen lässt. Der Körper verbraucht seine eigenen Reserven. Seine Selbstheilungskraft versiegt.

Ein Hormon-Cocktail u. a. aus Adrenalin, ACTH, Aldosteron und Glucocorticoiden lässt den Körper nicht mehr zur Ruhe kommen – auch wenn das Training reduziert oder eingestellt wird. Grundumsatz und Wärmeproduktion sind erhöht, und alle mobilisierbaren Energiereserven werden dafür benötigt. Der Körper verbraucht sich sozusagen selbst – Katabolie im Fachterminus. In diesem Zustand verändert sich auch das Säure-Basen Gleichgewicht, der Körper wird permanent sauer. Schlacken- und Entzündungsprodukte beißen sich im Muskel fest, schmerzen mal da, mal dort. Ein normaler Dauerlauf mit einem Tempo, das zuvor regenerativ war, mag jetzt schon ausreichen, um tiefer in diese Teufelsspirale zu geraten – Ein Circulus vitiosus, erbarmungslos. Es gibt nur eine Chance, dem zu entrinnen: Im Leerlauf trainieren, mit äußerst niedriger Belastung – und das muss man erst einmal akzeptieren können!

Übertraining: Was tun?

Am wichtigsten: Auf seinen Körper hören. Die Zeichen, die er gibt, wahrnehmen. Sich klar darüber werden, dass man die Erholung braucht, um das Training zu verarbeiten. Ohne ausreichende Regeneration steigen weder die Leistung noch das Wohlbefinden – mit dieser Grundeinstellung lässt sich ein Übertraining meist von vornherein vermeiden.

Einmal im Übertraining, ist eine Rücknahme der Belastung der erste Schritt. Keine Tempoläufe, Reduktion des Umfangs auf die Hälfte oder sogar darunter. Völlige Ruhe wäre falsch, aber sehr langsam laufen ist wichtig, langsamer, als man dies je gemacht hat. Dagmar Rabensteiner ist wochenlang mit 5:30 Minuten pro Kilometer durch die Gegend getrabt, obwohl sie ihre regenerativen Dauerläufe sonst in etwa 4:30 Minuten absolviert hatte. Auch der Einbau von alternativen Bewegungsarten wie Rad fahren oder Skaten ist empfehlenswert, um den Stoffwechsel wieder zu normalisieren.

Alles, was der Regeneration zum Beispiel nach einem Marathonlauf dient, ist auch im Fall eines Übertrainings richtig: Verschiedene Formen der Physiotherapie, Massagen, Sauna, leichtes Training und ausgiebig Dehnen und Stretchen. Auch Entspannungsübungen und der Wechsel alltäglicher Routinen können sehr hilfreich sein. Dazu natürlich eine vollwertige Ernährung mit hohem Anteil an komplexen Kohlenhydraten und ausreichend Vitaminen, Mineralstoffen und viel Flüssigkeit. Durch den hormonell angeheizten Stoffwechsel verbraucht der Körper im Übertraining auch bei wenig Aktivität viel Energie, daher ist die Energiezufuhr, eventuell auch durch Infusionen, sehr wichtig, um diesen Mangelzustand zu beseitigen.

Meist braucht es einen Anstoß von außen, um dem Übertraining wirkungsvoll entgegentreten zu können. Als Sportler erkennt man seinen Zustand oft nicht, oder es fehlt an Eigeninitiative. Wichtig ist Geduld. Wer im Übertraining weiter trainieren will, wie gehabt, macht es nur schlimmer.

Ein Neuanfang
(Juni/Juli 2001)

Die ersten Schritte auf dem Weg wohin?

Aufgeregter Anruf von Dagmar an ihren Mann: „Ich stehe in der Hauptallee, es ist unglaublich! So leicht wie heute bin ich seit Wochen nicht gelaufen. Jetzt kommt es wieder, ich spüre es!" Mehr und mehr fühlte sie die verlorene Energie zurückkehren. Es war Anfang Juli 2001, sie trainierte bereits wieder 15 Stunden pro Woche. Noch war sie weit entfernt von dem Zustand, den sie in Kenia erreicht hatte. Aber das Gefühl! Das Gefühl stimmte sie zuversichtlich.

„Im März und April, kurz bevor sie am tiefsten Punkt war, sind wir gelegentlich gemeinsam gelaufen", erinnert sich Peter, ihr Mann. „Plötzlich war sie dann ganz verzückt, hat gemeint, dass es jetzt wieder vorwärts geht, dass sie sich bereits viel besser fühlt. Dabei war zu sehen, wie schwer und eckig ihr Schritt immer noch war. Sie hat sich einfach an jeden Strohhalm geklammert, den sie erwischen konnte." Sollte sich diese Geschichte wiederholen?

Sechs Wochen davor, die ersten Schritte. Die Vorgabe lautete: Fünf Kilometer in 25:50 Minuten, eine Zeit von 5:10 Minuten pro Kilometer. Dann ein paar Minuten Pause, schließlich nochmals fünf Kilometer im gleichen Tempo. Für jemanden wie Dagmar Rabensteiner, der auf einem Marathon pro Kilometer gerade 3:41 Minuten benötigt, eine einfache Aufgabe. Fast ein Spaziergang.

Die Realität sah anders aus: Wien-Donauinsel, schnurgerade Strecke, leichter Rückenwind, und Österreichs Marathonrekordlerin hört nach drei Kilometer und 15:45 Minuten auf zu laufen. 5:10 pro Kilometer, das war damals einfach zu viel.

„Die ersten Schritte auf dem Weg wohin? Ich habe es selbst nicht glauben wollen, aber so war mein Zustand Ende Mai. Aus einer Übertrainingsphase kommt man Wochen, Monate, manchmal Jahre nicht heraus – wohin wollte ich also? Sollte ich einen neuen Aufbau wagen? Aber in diesem Tief einfach aufgeben, nein, das war noch niemals meine Art, immer war ich bereit zum Kampf. Ich quälte mich also gleichsam durch ein hartes Aufbautraining. Es brauchte alle meine mentale Kraft, um akzeptieren zu können, dass ich nun meine Dauerläufe, welche ich sonst mit 13,5 km/h (ca. 4:30 Minuten pro Kilometer) absolvierte, auf einmal unter 11 km/h laufen musste, um fast genau eine Minute pro Kilometer langsamer als zuvor – und das auf höherem Pulsniveau."

Vergleiche mit früher schmerzten. Es war klar: Ein neuer Beginn verlangte andere Impulse. Jedes Anknüpfen an frühere Lauferfahrungen würde für das Fortkommen hinderlich sein: „Die Erinnerungen würden mich wie ein Gummiband zurückziehen. Ich musste einen völligen Neuanfang wagen, vorwärts streben, ohne zurückzublicken. Hannes Langer, der Trainer von Max Wenisch und anderen Athleten, hatte mir in dieser Zeit bei meinen ersten Laufversuchen geholfen. Ich begann Vertrauen zu fassen, wir begannen eine Zusammenarbeit."

Hannes Langer schreibt über diese Zeit: „Ich erinnere mich an ein Treffen beim Halbmarathon in der Wiener Donaustadt, den Dagmar absagen musste. Was ich da vor mir sah, war nicht jene lebenslustige und offene Frau, die ich von früheren Rennen kannte. Jetzt war sie eine kleine, schmale, zerbrechliche Person. Aschfahl im Gesicht, etwas scheu und praktisch ohne Selbstvertrauen: ‚Ich bin seit Wochen im Übertraining, ich weiß nicht, wann ich da wieder rauskomme', sagte sie.

Dieser Augenblick, bei dem ich ihr zu einem Aufenthalt im Olympiastützpunkt Obertauern riet, sollte der Beginn einer spannenden Arbeitsgemeinschaft werden. Vierzehn Tage in den Bergen Salzburgs halfen. Bereits die erste kurze Reaktion per SMS bestätigte die Richtigkeit dieses Ortswechsels: ‚Lieber Hannes! Stützpunkt in Obertauern ist himmlisch – kompetenteste Hilfe, Hotel echt fein. Vielen Dank, war schon knapp am Verzweifeln! Dagmar.' Der Weg zu einer Kooperation in Trainingsfragen war dann nicht mehr weit.

Es folgten Wochen des sportlichen Krisenmanagements und ein Wiederaufbau, der für uns beide – Trainer und Athletin – ein spannender Neubeginn war. Stärken und Schwächen wurden ausgelotet und Konzepte mussten aufgrund der Nachwirkungen der vorangegangenen Überforderung immer wieder neu adaptiert werden. Das wochen-, fast monatelange Fehlverhalten gegen ihren Körper erzeugte jetzt noch negative Rückkopplungen. Kleine Hoffnungsschimmer in der Leistungsfähigkeit wechselten mit wiederkehrenden kleinen Einbrüchen, die ich als körpereigenen Schutz vor neuerlicher ‚Zerstörung' durch harte Belastungen deutete.

Dagmar hatte viel von ihrem natürlichen Ansatz eingebüßt, der ihr seinerzeit einen problemlosen und erfolgreichen Einstieg in die Laufszene gebracht hatte. Vertrautes funktionierte nicht mehr und vieles war ihr überhaupt fremd – wir starteten praktisch beim Lauf-ABC, in der Grundschule. Kleine Verbesserungen erzeugten schon Hochgefühle."

Noch war nicht ausgemacht, dass Dagmar Rabensteiner ihr hohes Leistungsniveau wieder erreichen würde. Sie befand sich in einem völlig anderem energetischen Zustand: „Dieses leichte Laufgefühl, das ich so liebte, fand ich lange Zeit nicht. Nein, was ich da machte, hatte mit meinem Laufen nichts gemeinsam." Immer wieder machte sie Sprünge nach vorne, als hätte der Körper das Leistungsniveau von früher noch gespeichert, aber er rückte es nur langsam wieder heraus. „Erst Ende Juli zeigte sich eine stabile Veränderung zum Positiven", erinnert sich Hannes Langer. „An Belastungen wie vor dem körperlichen Crash war aber nicht zu denken. Dennoch entschieden wir uns für eine ernsthafte Marathonvorbereitung. In Wirklichkeit war es nur ein Notprogramm mit vielen offenen Fragen. Wir wollten es aber wagen." Das neue Ziel hatte einen Namen: Berlin-Marathon, 30. September 2001.

St. Moritz, die zweite

(11. 8. – 8. 9. 2001: Wie die Kraft zurückkehrte)

„Es kommt wieder, ich spüre das", sagte sie nun immer öfter. Doch immer stand unausgesprochen der Zweifel dahinter: „Wirklich? Spüre ich das wirklich?" Ihr Training machte Fortschritte, aber dieses Fragezeichen, diese Angst vor der Selbsttäuschung blieben noch in ihr.

Am 11. August fuhr Dagmar Rabensteiner nach St. Moritz. Hier im Höhentraining würde sich entscheiden, ob tatsächlich bereits in Berlin wieder ein guter Marathon möglich sein würde. „Die Phase des Übertrainings steckte noch in mir wie ein Dämon. Mein Laufen ist anders geworden in dieser Zeit. Zuvor war ich unbefangen, übermütig. Jetzt höre ich auf meinen Körper, gehe nicht so bedenkenlos und brutal mit ihm um wie früher. Schön – einerseits –, ich spüre besser, was er mir sagen will und was er aushält. Belastend – andererseits –, aufpassen, zweifeln, vorsichtig sein." Der Weg zurück.

The girl from Austria

Bei Sonnenschein ist in St. Moritz Badewetter, der Stazer See bevölkert. Sonst bleiben selbst im August die kurzen Hosen eingepackt, auch bei den Weltklasse-Athleten, die sich auf der Leichtathletikanlage aufwärmen, bei den Männern und Frauen, die ihren Körper dafür trainieren, eine bestimmte Strecke schneller zu laufen als irgendjemand sonst. Sie arbeiten hier in der Höhenluft, die Laufbahn ist ihr Zentrum – eine freie Rasenfläche mit 400 Meter langem, roten Kunststoffbelag, die zwischen Kurbad, See und Einkaufszentrum mitten im Ort liegt. Dort drehen sie ihre Runden, scherzen, vereinbaren ein Treffen am Abend, einen gemeinsamen Lauf, kämpfen um Sekundenunterschiede: „Don't let anyone be in front of you."

„Ich mache Steigerungsläufe auf der Bahn, mein Sohn und mein Mann sind wie meistens dabei. Eine Gruppe Äthiopier zieht mich in ihren Bann. Seit dem Trainingslager in Nyahururu, Kenia, im vergangenen Dezember empfinde ich eine tiefe Sympathie für diese schwarzen Läufer. Sie hüpfen leichtfüßig herum und dehnen – ich verstehe und bewundere ihre Bewegungen und ihre Art, mit ihrem Körper zu spielen, mit den Lauf- und Sprungschritten zu experimentieren. Sie laufen so flüssig, nur die Leichtigkeit ist sichtbar, nicht die Anstrengung. Dann liegen sie auf dem Rasen und beobachten das Treiben auf der Laufbahn, sie lassen oft die Zeit vergehen und schauen zu, sammeln Eindrücke, ohne Eile – sie können das. Plötzlich das unglaubliche Gefühl, dazuzugehören zu den besten. Die Erinnerungen an Kenia werden wach. Ich laufe an ihnen vorbei. ‚Jambo' – ‚Hi, wie geht's?' – ein verwunderter Blick, eine weiße Läuferin begrüßt uns in unserer Muttersprache? ‚Msuri' – ‚Wir fühlen uns gut', erhalte ich nach kurzer Pause zur Antwort. Einer der Äthiopier schließt sich mir an. Er kennt mich von Nyahururu: ‚You are the girl from Austria?' In den bekanntesten Höhentrainingszentren der Welt treffen Spitzenathleten immer wieder aufeinander, kein Zufall also. Eine enge Freundschaft und Trainingsgemeinschaft entwickelte sich zu ihm, Kassa Tadesse, und einem anderen Äthiopier, Tesfaye Eticha. Einmal fuhren wir gemeinsam mit der Gondel nach Corviglia auf 2700 Meter Höhe zum Training. Was für ein Unternehmen! Wolkenverhangen und regnerisch war es bereits in St. Moritz. Dort oben erwartete uns aber tiefster Winter. 90 Minuten rannte ich den beiden Äthiopiern mit ihren langen, raumgreifenden Schritten hinterher. Mehrmals musste ich über die Situation selbst lachen: 2700 Meter Höhe, Eiseskälte, Schneefall, Anfang September, und ich laufe mit zwei schwarzen Eliteathleten über Schnee und Stock und Stein. Unsere Hände waren tiefgefroren, erst der Tee in der Bergstation wärmte."

Vergleiche

Die Leistungsfähigkeit eines Körpers ist exakt messbar. Laktatschwellen, Herzfrequenzen, Geschwindigkeiten stecken den Zustand ab, lassen eine Prognose von Laufzeiten auf bestimmten Strecken zu. Zuviel Harnstoff und CK im Blut deuten auf Übermüdung und den Abbau körpereigener Eiweißstoffe. Aber was würde möglich sein nach dem Übertraining? Kann der Körper das intensive Training bereits wieder verkraften? Sind noch Rückstände von Schwäche und andere Störfaktoren vorhanden? Darauf gibt es keine gesicherten Antworten.

„Am Computer vergleiche ich die Trainingseinheiten vom letzten Jahr mit den Läufen hier. Ich stehe in etwa dort, wo ich damals vor Amsterdam war – oder sogar weiter? Die gelaufenen Kilometer und die Trainingsstunden decken sich, aber es belastet mich weniger. Ich verkrafte es wieder, ich regeneriere wieder genauso rapide wie ich es gewohnt war. Auch kenne ich meinen Körper nun besser, weiß, wie er mit Hyperaktivität auf das harte Training reagiert, mich nicht schlafen lässt und an meiner Zuversicht rütteln will. Am Abend bin ich zwar teils massiv erschöpft, aber morgens freue ich mich, wieder laufen zu dürfen. Die Pulsfrequenzen bei gleicher Geschwindigkeit liegen tendenziell niedriger als vor einem Jahr, das Herz-Kreislaufsystem hat wieder volle Ökonomie erreicht. 2000 Meter-Intervalle kann ich schneller laufen. Es ist, als würde ich die Trainingswochen von Kenia zurückbekommen, Programme, die ich gespeichert hatte, aber nie ausführen konnte, weil das Codewort einige Zeit vergessen war – ob Berlin mein Empfinden bestätigt?"

Nur Laufen ist noch möglich

Was ist Marathonlaufen an der Spitze? Die Spezialisierung des Körpers zur störanfälligen Hochleistungsmaschine. Ein Schwanken zwischen der selbstvergessenen Freude an der Bewegung und dem Abarbeiten von Trainingsplänen. Ein Beruf? Die Suche nach einem neuen Zustand, einem anderen energetischen Niveau, der das Laufen nahe an der physiologischen Leistungsgrenze ermöglicht? Die ganze Energie auf das Laufen fokussieren: Ein aufregendes Spiel, eigentlich der größte denkbare Luxus. Ein Abenteuer für die Wohlhabenden, und einer der wenigen Wege zu relativem Reichtum für manche Läufer aus Afrika und deren Manager.

„Nach 200 Laufkilometern in der ersten und 240 in der zweiten Woche macht sich eine gewaltige Müdigkeit breit. Ich kämpfe mit beginnendem Schnupfen und Schmerzen an empfindlichen Stellen des Bewegungsapparates. Hungrig wache ich nachts auf, trinke Milch mit Honig und esse einen Powerbar. Komplexe Kohlenhydrate! Kalorien! Gehen ist manchmal verdammt anstrengend, Stiegensteigen noch mehr – nur Laufen ist noch möglich. Laufen, diese runde, harmonische Bewegungsform, klappt selbst bei Übermüdung. Die Muskulatur zieht und schmerzt, der Körper ist im Stress, die Homöostase des vegetativen Nervensystems massiv gestört, oft wälze ich mich nach solchen Tagen im Bett und finde keinen Schlaf. Ich kämpfe mit meinem Körper um Sekunden, die pure Unvernunft. Aber ich liebe das, ich lebe mit allem Enthusiasmus, nur für den Augenblick."

Zwischenstand

Ein Testrennen nach drei Wochen Training in St. Moritz und einen Monat vor dem Berlin- Marathon:
„Es ist Sonntag, der 2.9.2001 – 21 Uhr: Ich komme erschöpft in mein Apartment, gerade war ich mit Tesfaye aus Äthiopien im Wald oberhalb des St. Moritz-Sees eine Stunde in ruhigem Dauerlauftempo (ca. 4:30 pro Kilometer) ‚auslaufen' gewesen. Es fiel erstaunlich leicht nach dem Rennen in Altötting am Vormittag. Ein SMS von meinem Sohn Peter: ‚Sofort Seite 240 im ORF Teletext lesen! Ciao, dein Trainingspartner'. Und da steht: ‚Erfolgreicher Test von Dagmar Rabensteiner für den Berlin-Marathon. Sie wurde beim Halbmarathon in Altötting in 1:16:22 Dritte.'
Drei Tage zuvor, später Vormittag – ich sitze nach dem Training mit ein paar schwarzen Läufern auf der Laufbahn in St. Moritz und erzähle, dass ich am Sonntag einen Halbmarathon plane. Tesfaye Eticha, der dieses Jahr beim Paris-Marathon in 2:10:33 den fünften Platz belegte, horcht auf. Auch er bereitet sich auf den Berlin-Marathon vor, auch er möchte einen Testwettkampf aus dem Training heraus bestreiten. Ein paar Einzelheiten sind bald besprochen, wir treffen uns am Samstag um 9 Uhr bei der Laufbahn in St. Moritz und fahren gemeinsam.
Erst am Dienstag beim Intervalltraining (8 x 1000m) habe ich erstmals seit April die ganz leichten Rennschuhe hervorgekramt. Ich fühlte mich wie eine Genesende nach einer langen Krankheit, wie beim Frühlingserwachen nach einem langen, kalten Winter. Die 1000er gingen ohne Qual, ganz rund und dennoch schnell. Ein Vergleich mit den Trainingseinheiten vom Vorjahr bestätigte mein Gefühl – ich stand wohl zumindest wieder dort, wo ich damals war. Ich bin voller Zuversicht. Es folgen noch etliche Laufkilometer diese Woche, von Montag bis Samstag zähle ich 170! Und am Sonntag der Halbmarathon, wenn das nur gut geht!?
Altötting in Bayern war also unser Ziel, mein erster Wettkampf seit fünf Monaten. Ich wusste nicht genau, wie ich mit dem Gedanken umgehen sollte. Ich schwankte zwischen der Freude, wieder mit dabei sein zu dürfen, und extremer Verunsicherung. Ich bat meinen Mann, mich anonym anzumelden, ich wollte

diesmal nicht im Mittelpunkt der Öffentlichkeit stehen, einfach eine Läuferin unter vielen sein, die ihren Wettkampf genießt, ohne Druck, ohne Erwartungshaltungen. Mir war einerseits nicht ganz klar, wo ich mit meiner Leistungsfähigkeit wirklich stand, andererseits schmerzte die Muskulatur, ich spürte die Kilometer dieser Woche deutlich in meinen Beinen. Ich fühlte mich müde, verunsichert und verletzlich. ‚Aber', so beruhigte ich mich, ‚keiner kennt dich dort, keiner interessiert sich für dich.' Ich irrte – kaum angekommen, fand ich mich mit Startnummer 5 auf der Elitestarterliste wieder, und ehe ich mich versah, stand ich am Tag vor dem Rennen schon neben den Spitzenathleten beim Pressemeeting. Internationale Topathleten waren eingeladen worden, bei den Männern sieben Läufer mit der Fähigkeit, um 1:03 Stunden zu laufen, bei den Frauen waren es immerhin fünf mit Bestzeiten unter 1:15 – und ich stand mitten unter ihnen. Ich hatte zu diesem Zeitpunkt nicht wirklich das Gefühl dazuzugehören. Und dennoch ließ ich mich nur geringfügig verunsichern, auch die Nervosität hielt sich in Grenzen, zu groß war die freudige Erregung, dass ich meine Leistungsfähigkeit überhaupt wieder so weit entwickeln konnte, hier am Start zu stehen und zu hoffen. Zeit und Platzierung? – Ich musste bewusst daran denken, um diesen Parametern Wert einzuräumen. Andere Gedanken und Eindrücke drängten sie zur Seite.

Doch vorerst Stunden des Wartens, eine lange Nacht, und dann war es endlich soweit.

Ich sog die Stimmung vor dem Start ein, als könnte sie mir noch einmal verloren gehen, die Anspannung und Hektik vor einem Wettkampf. Konzentration und Sammeln von Energie, um sie dann geballt zum Ausbruch kommen zu lassen, dann, nach dem Startschuss. DER STARTSCHUSS – und da war sie wieder, diese Leichtigkeit beim schnellen Laufen während eines Wettkampfes, im Sog der anderen Läufer und durch die Adrenalinausschüttung bedingt. 3:33 Minuten der erste Kilometer, bewusst ging ich noch etwas mit dem Tempo zurück, lieber am Ende steigern, so sagte ich mir. 3:35 – der zweite Kilometer, noch immer zu schnell, zumindest für den Anfang, nochmals reduzierte ich die Geschwindigkeit geringfügig. Meine Muskeln schmerzten bereits, kein Wunder nach dem, was sie die letzten drei Wochen geleistet hatten. Aber gleichgültig, wenn es so bleibt dieses dumpfe Ziehen, dann beeinträchtigt es mich ja nicht weiter. Bei Kilometer 3 hörte der Asphalt auf, es ging auf Waldboden und Schotterwegen durch den Forst. In der Nacht zuvor hatte es noch geregnet, der Boden war aufgeweicht – nicht gerade ein optimaler Untergrund. Nun gut, dafür war die Strecke windgeschützt und die Dichte der Läufer in meinem Bereich groß, ich lief niemals alleine gegen die Zeit. Es rollte gut, ich fühlte den Laufschritt harmonisch, rund und frei. Nur nicht Druck machen, der wirkliche Wettkampf bei einem Halbmarathon beginnt nach 15 Kilometern. Ich achtete kaum auf Kilometerzeiten, blieb locker und genoss den Wald – es fiel mir nicht schwer, ich quälte mich zu keinem Zeitpunkt. Dann Kilometer 15 – ‚Komm Dagmar, jetzt kann nichts mehr passieren, jetzt beschleunige!‘, so motivierte ich mich. Ich erhöhte die Geschwindigkeit um ca. 5 Sekunden pro Kilometer und begab mich auf die Überholspur. Eine Polin wurde von ihrem Tempomacher aufs Ärgste beschimpft, als sie mich vorbeilaufen lassen musste, auch die beiden deutschen Favoritinnen Christine Döllinger und Ines Cronjäger, die deutsche Marathonmeisterin 2000 mit einer Halbmarathonbestzeit von immerhin 1:13, konnten nicht mithalten. Ich lag an dritter Stelle, ich war so freudig und enspannt, niemand konnte mich mehr aufhalten. Ja, ich freute mich selbst über die Schmerzen auf den letzten Kilometern. Mit einer Zeit von 1:16:22 kam ich als dritte hinter Simona Staicu (1:14:42) und der Kenianerin Judy Kiplimo (1:10:18) ins Ziel.

Das Eis war gebrochen, ich hatte den Kampf gewonnen, den Kampf gegen Übertraining, Zweifel und Verunsicherung.

Tesfaye Eticha, der Äthiopier, gewann überlegen in 1:03:24 vor dem Kenianer Jakob Losian (1:04:41). In euphorischer Stimmung traten Tesfaye und ich die Rückreise nach St. Moritz an, um dort nach dieser kurzen Unterbrechung unser Training wieder aufzunehmen. Kilometer für Kilometer unserem großen Ziel entgegen: Berlin-Marathon, 30. September.“

Fließgleichgewicht

Manche sagen, dass Laufen nahezu die einzige in Mitteleuropa weit verbreitete Form der Meditation ist. Früher wurde der Rosenkranz gebetet, heute ist es der Rhythmus der Schritte, den viele nutzen, um in sich zu versinken, um aus der rationalen Welt in einen anderen Zustand zu entkommen. „Flow“ nennen es Psychologen, wenn alles plötzlich wie von selbst läuft und das Rundherum unwichtig wird. Als würde der Kopf vergessen, dass er auf einem Körper sitzt. Laufen ist Verwandlung, besonders Marathonlaufen. Aus Stillstand wird Bewegung. Aus angesammelten Kalorien wird Geschwindigkeit, aus Nervosität das Gefühl von Unbesiegbarkeit. Kraft mündet in Schmerzen. Aus dem anfangs Unvorstellbaren wird Realität, aus den Schmerzen Leichtigkeit. Die Menschen im Ziel sind nicht mehr die gleichen wie am Start. Dennoch gelten fast überall Zahlen mehr als das Erlebnis: „Welche Zeit bist du gelaufen?" Daran wird der Erfolg eines Laufes gemessen.

„Von Woche zu Woche spüre ich hier in St. Moritz die Kraft zurückkehren, spüre, wie ich an Schnelligkeit und ‚läuferischem Geschick' gewinne. Ein anderes energetisches Gleichgewicht, lange war ich auf der Suche danach, Wochen, Monate ... eine harte Phase der Aufbauarbeit nach dem Tief. Aber jetzt gehört es wieder mir, dieses fliegende Laufgefühl, Kraft gepaart mit Anstrengungslosigkeit, diese andere Daseinsform, wo alles so selbstverständlich und einfach ist, wo nur der Augenblick zählt – der Kopf ist frei, der Körper ebenso. ‚Bist wieder voll im Endorphin-Rausch', fragt mich Hannes, mein Trainer, als er mit dem Rad neben mir herfährt. Der Berlin-Marathon rückt näher. Wie schnell kann ich sein? Die Zeit ist nicht mein einziger Antrieb. Nur aus Absichtslosigkeit und Lockerheit können sich Kraft und Spannung ergeben, das war meine Lektion aus der Zeit des Übertrainings. Erzwungenes, gezieltes Wollen dagegen führt nicht selten zum Misslingen. Natürlich laufe ich auch um eine gute Zeit. Aber ich weiß, dass mich das direkte Anstreben von Zielen blockiert. Ich laufe für die Emotionen, die vielen kleinen Erlebnisse auf dem langen Weg zur Startlinie. Wenn ich meine Energie in eine fließende Bewegung verwandeln kann, dann sind Stunden und Minuten eine fremde Welt. Ich bin wie verwandelt, spüre den Strom der Schritte – das Ergebnis kommt dann von selbst."

St. Moritz 2001 – Das Training

Sehr oft standen täglich drei Trainingseinheiten auf dem Programm, beginnend mit einem kurzen Lauf vor dem Frühstück, um die Muskulatur aufzuwärmen und den Fettstoffwechsel noch besser zu aktivieren. Anschließend war das Haupttraining vorgesehen, nachmittags meist regenerative Läufe oder manchmal auch Radausfahrten mit dem Mountainbike. Die längsten Läufe gingen nicht über 2:30 Stunden. Besonderes Augenmerk wurde immer wieder auf lockernde und spielerische Übungen wie das Lauf-ABC, Tempowechsel, Steigerungsläufe oder Barfuss-Läufe auf dem Rasen gelegt. Die Intensitätsverteilung über die gesamte Woche entspricht in etwa der vom Training ein Jahr zuvor. Auf den Trainingsplänen von Johannes Langer war der Tagesaufbau jedoch deutlich anders vorgegeben.

Zwei Trainingswochen:

Erklärungen:
Dauerlauf 1 und 2: siehe Kapitel „Pulsfrequenzen und Laufgefühl"
    (S. 48)
Hf = Herzfrequenz
Ruhe-Hf = Ruheherzfrequenz. Zur Kontrolle der Beanspruchung
    wurde morgens die Ruheherzfrequenz und gelegentlich das
    Ruhelaktat (als Parameter, der erfahrungsgemäß sehr gut auf
    beginnendes Übertraining hinweist) gemessen.
min = Minuten
min/km: Zeit, die man für einen Kilometer benötigt („4-er Schnitt"
    = 4 Minuten pro Kilometer = 15 km/h)

Trainingsprogramm 13.8. bis 20.8.2001

Tag	1. Trainingseinheit (Vormittag)	2. Trainingseinheit (Nachmittag)
Montag 13.8. Ruhe-Hf: 41	16 km Dauerlauf 1, 1:11 Std., Hf 135, 4:28-4:37 min/km um den See	20.260 m Dauerlauf 1 in 1:31 Std., Hf mittel 149 (-166); anfangs ca. 4:40 min/km, dann 4:32 (11,2 km in 50:55 Minuten), am Ende gesteigert bis 4:28 min/km, Steigerungsläufe, Dehnen

177

Dienstag 14.8. Ruhe-Hf:43 Laktat:1,42	Dauerlauf regenerativ – wieder einmal morgens auf nüchternen Magen – 32 Minuten, Hf 102 -120. Frühstück. Ca.15 Minuten einlaufen – Steigerungsläufe (Laktat: 2,54) 3 x 2000 m in 9:12 min (Hf 131 – Laktat 1,24); 8:20 min (Hf 146 – Laktat 1,77); 7:39 min (Hf 159 – Laktat 3,48), 1 km auslaufen	10 min einlaufen, Lauf-ABC, Dauerlauf regenerativ (Hf 120, ca. 5:05 min/km) – 3 Steigerungsläufe. Insgesamt 63 Minuten, dann 25 min Gymnastik + Dehnen
Mittwoch 15.8. Ruhe-Hf:41	Wie Montag nachmittag: 20.260 m Dauerlauf 1 in 1:27 Std., Hf mittel 141 (-156); anfangs ca. 4:37 min/km, dann 11,2 km in 48:06 Minuten (3 Minuten schneller als am Montag, bei deutlich niedrigerer Herzfrequenz!), letzte 4 km mit Kilometerzeiten von 4:12 – 4:21 – 4:17 – 4:20	Ca. 2 Std. mit dem Mountainbike, 43 km, Hf 115. 60 Minuten Aqua-Jogging, regenerativ
Donnerstag 16.8. Ruhe-Hf: 39	45 Minuten (ca. 10 km) Dauerlauf 1 vor dem Frühstück, 4:40-4:45 min/km, Hf 124. Dann 15 km Dauerlauf 2 in 1:01:45 Std., Hf 154	51 Minuten Dauerlauf regenerativ, Hf 116, Steigerungsläufe, Rhythmuswechselläufe
Freitag 17.8. Ruhe-Hf: 40	18 Minuten einlaufen (Laktat 1,19), 5 km mit 3:47 min (Hf 137) – 3:51 min (Hf 151)– 3:47 min (Hf 156) – 3:56 min (Hf 157) – 3:49 min (Hf 159), Laktat 4,17 – 1 km in 4:39 min, 2 km in 7:18 min (Hf 160), Laktat 4,06 – 3 km auslaufen, insgesamt 1:15 Std.	2:46 Std. mit dem Mountainbike, Hf 110 – 54 km – 19,5 km/h. 45 Minuten Dauerlauf regenerativ, Hf 117
Samstag 18.8.	15 km Dauerlauf 1, Hf 141, ca. 4:35 min/km, 1:12 Std.	58 Minuten Dauerlauf 1, Hf 144
Sonntag 19.8.	Long Jog über 2:15 Std., zunächst Hf 125, dann 36 Minuten	

im hügeligen Gelände, Intensität
erhöht auf Hf 140 + 6 Crossings
barfuss auf dem Rasen mit Hf
bis 166 – insgesamt 2:30 Std.

Gesamt: **16 Std. Laufen = etwas über 200 km + 5 Std. Mountainbike + 1 Std. Aqua Jogging = 22 Stunden**

Trainingsprogramm 21.8. bis 26.8.2001

Tag	**1. Trainingseinheit (Vormittag)**	**2. Trainingseinheit (Nachmittag)**
Montag 20.8.	35 Minuten Dauerlauf regenerativ, Hf 102; 90 Minuten Dauerlauf ca. 4:50 min/km, Hf mittel 124	60 Minuten Dauerlauf 1, Hf 133, durchgehend ca. 4:30-4:35 min/km
Dienstag 21.8.	„Tour de Lac" (einmal um den See) 22 Minuten Dauerlauf regenerativ, Hf 110 (Kilometerzeiten 5:40 – 5:23 – 5:17 – 5:13 alles auf gleicher Herzfrequenz). Frühstück. 18 Minuten einlaufen, 3 Steigerungsläufe, 4 x 2000 m in 8:33 min (Hf 130, Laktat 1,24) – 4:00 min (Hf 140) + 4:00 min (Hf 148, Laktat 1,97) – 3:44 min (Hf 153) + 3:43 min (Hf 160, Laktat 3,19) – 3:29 min (Hf 162) + 3:32 min (Hf 171, Laktat 5,8). Ca. 10 km auslaufen, 46 Minuten, Hf 129	Kraftausdauertraining, Lauf-ABC. 50 Minuten Dauerlauf regenerativ (Hf 127 -136), 3 Steigerungsläufe, insgesamt 60 Minuten
Mittwoch 22.8.	„Tour de Lac" 22 Minuten Dauerlauf regenerativ, Hf 107, (Kilometerzeiten 5:34 – 5:26 – 5:07 – 5:09). Frühstück. 50 Minuten Dauerlauf regenerativ, Hf 117, Lauf-ABC, 6 Crossings mit Tempowechsel, 3 Steigerungsläufe, 20 Minuten Dauerlauf regenerativ barfuss auf dem Rasen. Insgesamt 1:34 Std.	1:25 Std. Dauerlauf 1-2, ca. 20 km, Hf mittel 150 (max. 172). 4:22 min/km zu Beginn, dann durchgehend zwischen 4:15 und 4:05. Steigerung auf Kilometerzeiten von 4:00 nur ganz kurz gelungen! Durchschnittliche Zeit pro Kilometer 4:12 Minuten

179

Donnerstag 23.8.	„Tour de Lac" 21 Minuten, Hf 113 (Kilometerzeiten 5:22 – 5:02 – 4:53 – 4:51). 72 Minuten Dauerlauf 1, Hf 127, ca. 4:30 – 4:35 min/km	Aqua Jogging 60 Minuten, regenerativ
Freitag 24.8.	„Tour de Lac" 23 Minuten, Hf 110. Frühstück. 3 km einlaufen (11 Minuten, Hf 111), 3 x 5 km mit steigender Geschwindigkeit: erste 3 km in 4:20-4:05 min/km, dann 2 km schneller werdend (3:44/3:43 –3:41/3:37 – 3:38/3:39)	68 Minuten Dauerlauf 1, ca. 4:35 min/km, Hf 134
Samstag 25.8. Ruhe-Hf 43	„Tour de Lac" 22 Minuten, Hf 107. Mit Mountainbike 2:23 Std. – Hf 110 – 45,8 km – 18,8 km/h	90 Minuten Dauerlauf 1, ca.4:40 min/km; Hf 132, Steigerungsläufe
Sonntag 26.8.	Long Jog 2:31 Std., Hf 128, ca. 4:40 min/km, am Ende 4:50 min/km, 15 Minuten Crossings und Traben auf dem Rasen	
Gesamt:	**19 Std. Laufen = 235 km + 2,5 Std. Mountainbike + 1 Std. Aqua Jogging = 22,5 Stunden**	

Das Comeback, St. Moritz 2001

St. Moritz 2001

*Mit Familie und
Trainingspartner
Tesfaye Eticha,
Halbmarathon
Altötting 2001*

Athlet und Trainer

Einige (unvollständige) Gedanken über eine wichtige Partnerschaft im Sport

Von Johannes Langer

Mit Dagmar Rabensteiner kam Ende Mai 2001 eine Läuferin in meine kleine Trainingsgruppe, die eine meiner Trainerphilosophien deutlich belegte: Jeder Sportler ist anders. Wenn auch alle drei Athleten, die ich betreue, Marathon laufen, so braucht doch jeder seine spezifische Aufmerksamkeit und seine individuellen Trainingskonzepte. Und jeder sieht in meiner Trainerposition etwas anderes. Das ist alles nicht neu, aber in dieser Konstellation doch wieder einmal eine interessante Erfahrung.

Trainer-Sein ist der handwerkliche Part der Zusammenarbeit mit dem Athleten. Coach-Sein ist der menschliche, der weit über die sportwissenschaftliche Trainingssteuerung hinausreicht.

Trainer-Sein

Systematische Reize zur Leistungssteigerung

Der Trainer braucht fachliche Kompetenzen. In der Zusammenarbeit mit seinen Athleten hat er zwischen dem Veränderbaren und dem Unveränderbaren zu unterscheiden. Darauf muss er seinen Einsatz abstimmen. Jeder vernünftige Trainer wird gemeinsam mit den Athleten möglichst früh klären, welche Ziele angestrebt werden sollen. Außerdem wird er neben der Organisation eines perfekten Trainingsumfeldes trainingsstrukturelle Maßnahmen sorgfältig planen. Die Sportwissenschaft gibt zahlreiche Hilfen, wie mit der zyklischen Strukturierung des Trainings, dem Einsatz leistungsdiagnostischer Maßnahmen und der Setzung kurz- und langfristiger Ziele die körperliche Leistungsfähigkeit des Athleten gesteigert werden kann.

Damit ist eine Orientierung und Anleitung für die individuelle Trainingsgestaltung vorgegeben, ein Gerüst, das die jeweiligen Stärken und Schwächen eines Sportlers berücksichtigt . Bei Dagmar erachte ich ihren unbeschwerten Zugang zum Lauftraining als eine ihrer absoluten Stärken. Sie braucht diese Ungebundenheit zum Freispielen, zum Ordnen, zum Ausleben ihrer inneren Antriebskräfte. Die Erfüllung ihres natürlichen Bewegungsdranges ist wohl das Hauptmotiv, das sie zur Läuferin gemacht hat. Der Hochleistungssport ist ihr dann einfach passiert. Die spezielle Herausforderung für mich als Trainer liegt in der Einordnung dieser Freiräume in ein zielorientiertes Trainingskonzept. Das beinhaltet natürlich auch einen Abbau erkennbarer Schwächen, ohne die Stärken zu vernachlässigen. So werden mit einem Mal Leistungen möglich, die vorher außerhalb jeder Reichweite lagen. Wenn man der Frage nachgeht, wie große Leistungen tatsächlich zustande gekommen sind oder erbracht wurden, fallen immer zwei Dinge auf: Das Erste ist das klare Erkennen einer Stärke und das Zweite, die kompromisslose Konzentration darauf. Wer Ergebnisse erzielen will, muss Stärken nutzen. Wer Stärken nutzen will, muss meist Schwächen in Kauf nehmen. Diese gilt es zu kompensieren.

Aber all diese Voraussetzungen fruchten nur, wenn sie im Wettkampf zur Entfaltung kommen. Der Trainer spielt dabei eine entscheidende Rolle. Ich kann mich gut an Rennen erinnern, in denen ich nervöser war als meine Athleten. Diese Nervosität greift automatisch auf die Athleten über – aber so ist man ihnen keine Hilfe.

Die entscheidenden Fragen sind also nicht nur die nach konditionellen Fähigkeiten, der Entwicklung einer möglichst optimalen Lauftechnik oder der siegbringenden Taktik. Der Marathon, Sinnbild von Ausdauer und außergewöhnlicher Leistungsbereitschaft, fordert die ganze Persönlichkeit sowohl des Sportlers als auch des Trainers. Wie mit Krisensituationen umgegangen wird, wie auf Angriffe von Gegnern reagiert wird und – das ist im Marathon entscheidend – wie man sich seine Energie für die gesamte Dauer des Rennens optimal einteilt. Dies sind nicht nur Fragen der Kondition und der Technik.

Coach-Sein

Die Metamorphose vom Trainer zum Berater zum Freund zum ...

Die Entwicklung einer Sportpersönlichkeit erfordert eben mehr als die pflichtbewusste Umsetzung von Trainingsplänen und Wettkämpfen.

Eine Sportlerpersönlichkeit reift auch durch die Persönlichkeit des Trainers. „Jeder Sportler braucht neben der Begeisterung und dem Ehrgeiz auch Anleitung", weist Österreichs Trainerlegende Baldur Preiml auf die Funktion von Betreuern hin. So wie von ihm behauptet, zeigt auch meine Erfahrung, dass nur wenige Sportler ihr Potenzial richtig einschätzen können, vor allem dann, wenn es darum geht, ihr Talent langfristig auszuschöpfen. Oft wird im Trainingsverlauf zu früh forciert. Scheinbar brauchen Trainer den Erfolg zur Selbstbestätigung, und Athleten sind natürlich froh, wenn sie sich sprunghaft verbessern. In diesem Zusammenhang erinnere ich mich immer an eine Metapher, die ich von einem außergewöhnlichen Trainer – Sir Frank Dick, Coach von Zehnkampf-Superstar Daily Thompson – erzählt bekam. Er vergleicht das Trainer-Sein mit der Pflege eines chinesischen Bambus, der trotz intensiver Betreuung jahrelang kaum wächst, dann innerhalb von sechs Wochen dreißig Meter in die Höhe schießt. Mit dieser Geschichte plädiert er für Geduld und langfristiges Handeln der Trainer in der Zusammenarbeit mit Athleten. Für mich ist dieser Vergleich zum Leitmotiv geworden. Auch wenn meine Athleten derzeit schon in einem reiferen Sportleralter sind – auch deren Vorbereitung auf große und visionäre Ziele braucht Zeit.

Angst nehmen, Selbstvertrauen stärken, Ruhe vermitteln – das sind nur einige der Funktionen des Coaches im Wettkampf und im Trainingsalltag. Vor allem ist es wichtig, das Vertrauen des Sportlers zu entwickeln und zu stabilisieren.

Meine Aufgabe als Coach sehe ich als Begleiter der Sportler auf dem Weg zum Erfolg, als einfühlsamer Begleiter, der bei der Entfaltung ihrer Fähigkeiten Hilfestellung leistet. Coach zu sein ist die künstlerische Komponente des Trainer-Seins. Neben dem handwerklichen Geschick des Trainers ist das Coach-Sein eine qualitative Weiterentwicklung auf einer anderen Ebene. Ein Coach sollte sich dabei nicht in den Vordergrund stellen oder gar sein eigenes Ego pflegen. Gegenseitiges Vertrauen muss die Basis der Zusammenarbeit sein.

Fehlt die Vertrauensbasis, nützen fachliche Anweisungen oder motivationsfördernde Maßnahmen gar nichts. Im Gegenteil: Die Athleten empfinden sie als unehrlich, als manipulativ und häufig als eine besonders raffinierte Form von Zynismus.

Nur ein entspannter, konzentrierter und angstfreier Sportler, der überzeugt ist, dass er kann, was er will, kann das Beste aus sich herausholen. Worauf es in einer Athlet-Trainer-Beziehung ankommt, besonders in kritischen Situationen, ist, wie gesagt, das gegenseitige Vertrauen. Das ist es, was zählt, nicht all die so oft beschriebenen und geforderten Dinge wie Motivation, Führungsstil oder Kommunikationskultur. Ich behaupte nicht, Vertrauen könne oder solle an die Stelle von Motivation treten. Ich behaupte vielmehr, dass es keine Motivation geben kann, wenn Vertrauen fehlt. Aber wie schaffe ich Vertrauen? Darüber ließe sich ein eigenes Buch schreiben. Einige

Schlagworte sollen meine Ansätze verdeutlichen: Konsistenz und Konsequenz, Vorhersehbarkeit, Geradlinigkeit, Offenheit und Verlässlichkeit schaffen die Basis für eine jahrelange Partnerschaft.

Solch eine Vertrauensbasis dient auch als Schutz gegen Führungsfehler, die einem trotz aller Bemühungen, aller Disziplin und allem Können immer wieder unterlaufen. Auch der beste Trainer, da darf man sich nichts vormachen, kann hin und wieder einen schweren Führungsfehler begehen, unbeabsichtigt und meistens auch zunächst unbemerkt.

Die Einbeziehung der Sportlerpersönlichkeit in den Entscheidungsprozess bezüglich Trainings- und Wettkampfplanung gilt weithin als Zeichen des besonderen Vertrauens. Der Athlet erhält die Chance, seine Gedanken, Ideen und Erfahrungen stärker in die Trainingsgestaltung einfließen zu lassen (in späteren Jahren natürlich mehr als am Anfang der Zusammenarbeit). Für einen jüngeren Sportler ist es entscheidend, zum Erfolg geführt zu werden. Hier und dort sind erzieherische oder lehrende Maßnahmen erforderlich, dies ändert sich aber im Laufe der Jahre mehr und mehr. Ohne Kompetenzverlust erreicht der Coach nun die Position eines beratenden Freundes, der weiterhin in kritischen Situationen seine Stärken beweisen kann.

Unter den sich rasant entwickelnden gesellschaftlichen Bedingungen behält der Trainer die Kompetenz und seine unterstützende Funktion für den Sportler, wenn sich auch seine Position ändert. Denn wie in allen guten und langfristigen Partnerschaften, die ja auf Vertrauen aufbauen, wird sich dessen Rolle vom Trainer hin zum Coach und zu einem beratenden Freund wandeln. Und im besten Fall hin zu einem Freund fürs Leben, um einmal gemeinsam zurückzublicken auf einen Lebensabschnitt, der viele Höhen und Tiefen beinhaltete, der aber etwas ganz Besonderes war. Auf solch einen Rückblick mit Dagmar freue ich mich schon heute. Ganz ohne Rührseligkeit, aber mit Freude und Stolz – denn auch das sind wichtige Ziele in einem Trainerleben.

Zwischen Vorfreude und Verunsicherung

(September 2001: Die Wochen vor dem Berlin-Marathon)

Der Marathon lässt sich nicht zähmen, auch nicht nach vielen Versuchen. Man ist jedes Mal so nervös wie vor dem ersten Mal. Man meint ihn zu kennen, aber er überrascht jedes Mal wieder. Drei Wochen vor dem Marathon: Ab diesem Zeitpunkt geht es darum, alles auf den großen Tag abzustimmen. Das Lauftraining dient nicht mehr der Leistungssteigerung, dazu ist es bereits zu spät. Erholung ist wichtig, Regeneration, die angesammelte Energie der vergangenen Wochen kommen lassen. Ungebremster Ehrgeiz würde jetzt die Hunderte Trainingskilometer der vorangegangenen Wochen zunichte machen, zuviel Ruhe wiederum den Körper in Trägheit verfangen. Es ist die Suche nach einem fragilen Gleichgewicht, nach Fokussierung, Gelassenheit und der Bereitschaft, zu einem festgesetzten Zeitpunkt in der näheren Zukunft völlig aus sich herauszugehen. Wie bei einem Schauspieler, der seinen Text gelernt hat und noch an den Nuancen seiner Rolle arbeitet. Es soll kein braver Auftritt werden, sondern eine glanzvolle Vorstellung. Nervosität und Vorfreude wechseln sich ab. Die 42,195 Kilometer scheinen plötzlich fast unüberwindlich lang. Das Ziel ist bereits sichtbar, auch wenn das Ziel in diesem Fall erst der Start ist – Stationen auf dem Weg zum 30. September 2001, dem Marathonlauf in Berlin:

Aus meinem Tagebuch:

17 Tage vor dem Marathon: Die Schwerkraft wird stärker

Langsam beginnt es mich zu vereinnahmen. Einmal denke ich mir: „Nervös, jetzt schon? Es ist noch so weit hin", das nächste Mal dann „Oh Gott..."! Ich bin ziemlich müde, dieses „sprühende Leben" fühle ich ausgerechnet jetzt nicht in mir. Möglicherweise spüre ich auch die Wirkung des Höhentrainings, fünf Tage nach der Rückkehr ist der Körper an einem Tiefpunkt. Mich stresst allein der Gedanke, heute Abend nach der Ordination noch eine Stunde zu laufen. Am liebsten hätte ich keine Verpflichtungen den ganzen Tag. Bis zum Marathon hin wird das immer ärger. Es gibt eben auch die Schwerkraft, das Trägheitsmoment in mir.

12 Tage vor dem Marathon: Verunsicherung

Man meint immer, das Tempo, das man im Rennen laufen will, muss im Training ganz leicht fallen, ohne Anstrengung. Aber das funktioniert praktisch nie. Ich weiß das, und trotzdem frage ich mich jedes Mal wieder, wie das bloß gehen soll, dann im Marathon 42 Kilometer zu laufen, wo ich mich jetzt schon nach fünf Kilometern mit der Geschwindigkeit quäle. Kleinigkeiten genügen – widerwärtiges Wetter, der Gedanke an ein Training im Renntempo – schon ist mir der Wind aus den Segeln genommen.

7 Tage vor dem Marathon: Gefühlswellen

Ab Donnerstag waren die Tage von Zweifel geprägt, ich fühlte mich nicht wohl in meinem Körper, die Gedanken wollten immer wieder ins Negative abschweifen. Ich musste mich so bemühen freundlich zu sein – mit anderen ... nachsichtig mit mir und den kleinen Alltagsfehlern, die ich mir in guten Zeiten immer zugestehe. Ich finde die innere Ruhe und Gelassenheit nicht. Ich hatte keine Dummheiten im Kopf, kein Lachen, fand keine schlagfertige Antworten. Alles nahm ich todernst. Alles ärgerte mich, jede Kleinigkeit warf mich aus der Bahn. Immer wenn ich für kurze Momente glaubte, das labile Gleichgewicht halten zu können, wurde ich eines Besseren belehrt. Tagelang steckte ich in dieser Stimmung fest.

Der 10 Kilometer-Testwettkampf heute lief bestens, rund, locker und leicht. Bedeutend schneller als vorgehabt, aber das Tempo sicherlich zu keinem Zeitpunkt über der anaeroben Schwelle. Alles über 4 mmol/l Laktat spüre ich allzu deutlich. „So könnte ich einen Halbmarathon durchhalten", habe ich mir die ganze Zeit gedacht. Die Geschwindigkeit von etwa 3:30 Minuten pro Kilometer – eine Bestätigung dessen, was ich kann. Die Zweifel verwandelten sich in Freude und Sicherheit. Noch weiß ich nicht, wie lange ich auf dieser Welle der Zuversicht reiten darf. Es ist ein Wechselspiel von freudiger Erwartung, Kraft, Zuversicht und um sich greifende, alles beherrschende Zweifel. Es wirft einen hin und her, kalt und warm – oft in rascher Abfolge. Wellenberg, Wellental, kaum zu beherrschen. Gut, doch jetzt ist die Happywelle angesagt.

6 Tage vor dem Marathon: Flaute

Mein Magen kracht ziemlich oft, das ist die Saltin-Diät. Von Sonntag bis Mittwoch esse ich nur ganz wenig Kohlenhydrate, dafür viel Eiweiß – Fisch, Fleisch. Ziemlich ungewohnt und anstrengend. Alle Kohlenhydratspeicher im Körper sollen entleert werden, dann kann man drei Tage vor dem Marathon umso mehr davon aufnehmen. Alle Körperfunktionen sind verlangsamt wegen der Diät. Das Training ist sehr reduziert, ich habe ungewöhnlich viel Freiraum. Jetzt könnte ich schreiben, planen für meine eigene Praxiseröffnung. Aber ich mache eigentlich fast nichts, ich überlege nicht einmal, was ich mit meiner Zeit anfangen könnte, das ärgert mich, aber es ist mir auch egal. – Im Moment befriedigt es mich, schnell laufen zu können. Konzentrieren auf etwas anderes funktioniert nicht. Ich habe nicht den Schwung, irgendetwas anzupacken. Vor dem Lauf kommt immer die Lähmung.

5 Tage vor dem Marathon: Die Rückkehr der Energie

Die Wende kam abrupt. Meine geheimsten Pläne, 2:34 laufen zu wollen, ängstigen mich plötzlich nicht mehr. Es sind meine Wünsche, diese Zeit gehört mir, ich weiß, dass das in mir steckt. Noch nie fühlte ich mich so unbezwingbar vor einem Marathon, nicht nur im Kopf. Die Muskulatur ist ebenso „euphorisch" – locker und leicht und doch voll Kraft. Jetzt schon, und heute ist erst Dienstag. Im Vorjahr habe ich mir immer gesagt: „Ich möchte den Österreichischen Rekord", und hatte gleichzeitig das Gefühl: „Ich kann es nicht." Es hat mir Angst gemacht, daran zu denken.

4 Tage vor dem Marathon: Die Ausrichtung der Gedanken

Immer mehr Nervosität macht sich breit, sie kommt in Wellen, aber gepaart mit freudiger Erwartung. Der Marathon, die Belohnung für das teils kräfteraubende Training, wartet auf mich, so versuche ich dieses mich absolut vereinnahmende Gefühl positiv zu interpretieren. Man hat in jeder Situation zwei Möglichkeiten, sich zu lenken – kreativ oder destruktiv. In Stresssituationen ist man von seiner Willenskraft extrem abhängig, das emotionale Gebäude, durch bewusst positive Energie aufgebaut, ist jederzeit zum Einsturz bereit, ständig muss es gestützt werden. Es gelingt mir heute gut, ich halte allen Angriffen auf meine Stabilität stand. Noch – es ist noch morgens, der Körper noch kräftig, der Geist klar, die Gedanken geordnet. Eines habe ich schon beschlossen: Ich lass mir meine Entschlossenheit, meine Willenskraft, mein Lachen heute nicht ins Wanken bringen. Gelingt's? Die Antwort: „Ja, es wird gelingen!" sollte ich mir jetzt wohl mit höchster Bestimmtheit sagen – allein, ich kann's nicht.

3 Tage vor dem Marathon: Selbstmotivation

Morgens, 6:00 Uhr: Ich bin mir meiner Stärke bewusst. Auch die Vorstellung, keine gute Zeit laufen zu können, wirft mich nicht wirklich aus der Bahn. Auch wenn die Zeit oder Platzierung für alle Außenstehenden der einzige Bewertungsfaktor sein wird – ich weiß, dass für mich die Reise den größeren Stellenwert besitzt. Mein einziger Marathon dieses Jahr, und ich werde ihn für mich genießen, ich lasse mir dieses Erlebnis durch die Reduktion auf messbare Parameter nicht nehmen.

Ich erhalte von meinem Trainer Johannes Langer ein Fax, keine Trainingsanweisungen sondern ein paar wunderschöne Zeilen für das Gemüt. Unmittelbar vor einem großen Wettkampf ist der Trainer einer der vertrautesten Verbündeten. Er weiß um die Höhen und Tiefen auf dem Weg an den Start, um die seelischen Nöte und Ängste, die Hoffnungen und Freuden, die Stärken und Schwächen:

Dein magischer Augenblick

Alle wirklich erfolgreichen Sportler, denen ich in meinem Leben begegnet bin, haben irgendwann diesen magischen Augenblick erlebt, in dem ihnen klar wurde: „Du hast dich selbst übertroffen! Du hast mehr erreicht, als du jemals von dir selbst erwartet hast! Deine positive Einstellung, deine Freude am Training, deine Entschlossenheit und nicht zuletzt deine Begeisterung haben diesen großen Erfolg hervorgebracht!"

Das große Ziel Marathon hast Du gleich einem Samenkorn vor einigen Monaten gesät. Aus diesem kleinen Samen ist in den letzten Wochen und Monaten ein großer, gesunder und alles überragender Baum herangewachsen. Du spürst jetzt jene Energie, die in Dir aufgebaut und gespeichert wurde – bereit, im richtigen Augenblick diese Energie freizusetzen und in Leistung umzuwandeln.

Das ist der Punkt, an dem Du gleichsam über Dein normales Bewusstsein hinausgehoben wirst und spürst, wie Du plötzlich mit Deinem Laufziel eins wirst.

Den Zustand des völligen Einsseins mit dem Marathonziel erreicht man nicht ohne Mühe, Anstrengung, Selbstdisziplin, Willenskraft und Entschlossenheit.

Der Weg zum Gipfel Deines Erfolges lag keineswegs immer klar vor Dir. Immer wieder schien der Weg versperrt. Immer wieder musstest Du Rückschläge hinnehmen und neu ansetzen. Aber auch wenn der Weg zum Gipfel des Erfolges gleichsam im Nebel verschwand, blieb in Dir doch die Gewissheit: „Irgendwo dort oben ist mein Gipfel, und dort will ich hin. Denn ich weiß, der Weg zum Erfolg ist in mir!" Mit jedem Schritt nach oben ist Deine Energie gewachsen und somit auch Dein Selbstvertrauen. Ebenso wuchsen Deine Kraft und Deine Entschlossenheit, niemals aufzugeben oder umzukehren. Du bist unbeirrt weitergegangen und hast alle Kräfte gebündelt, das ist die einzige Möglichkeit, um den Erfolg zu erreichen.

Das Spannendste und zugleich Befriedigendste ist auf dem Weg zum Erfolg nicht der materielle Gewinn, ist nicht die Anerkennung von außen. Auf dem Weg zur Verwirklichung Deines Traums lernst Du Dich vor allem selbst kennen, das ganze Potenzial Deiner einmaligen und unwiederholbaren Persönlichkeit: „Alle negativen Gedanken und Kräfte haben die Macht über mich verloren, weil ich mir meines Zieles voll bewusst bin. Ich schaffe es, weil ich es will!"

Ich weiß, dass Du es schaffst,
Hannes.

Der Berlin – Marathon
(30. September 2001)

Eine Marathonstadt ist voller Zeichen. Absperrgitter lehnen am Straßenrand. Kilometerangaben sind auf die Straßen gepinselt. Eine blaue Linie auf dem Asphalt markiert den kürzesten Streckenverlauf. Schilder an den Bushaltestellen kündigen Verkehrssperren an. Menschen in Laufschuhen spazieren über den Kurfürstendamm, speichern die letzten Meter des Kurses im Gedächtnis, schließlich kann es sein, dass man beim Rennen dann keinen Blick mehr dafür hat. Immer wieder jemand mit der auffälligen Tasche, welche die Startnummern und letzte Informationen birgt ...

Berlin ist ein Marathonklassiker, weltweit einer der fünf bedeutendsten. Zehntausende starten hier jährlich ihr großes Laufabenteuer. Die Strecke gilt als sehr schnell, in den Jahren 1998 und 1999 wurden Weltbestzeiten gelaufen. Tegla Loroupe aus Kenia, mit 2:20:43 Stunden die Weltrekordhalterin, sollte am Start stehen. Naoko Takahashi, die Olympiasiegerin aus Japan, wollte deren Bestzeit angreifen.

Der Tag vor dem Rennen, im Hotel der Eliteathleten: „Die Stimmung ist geladen, die Energie kurz vor dem Ausbruch, mit Mühe zurückgehalten. Mahlzeiten werden in einem großen Saal gemeinsam eingenommen. Jeder löffelt seine Nudeln in sich hinein, Trainer und Betreuer reden und scherzen, die Athleten hingegen sind schweigsam und konzentriert, nach innen gekehrt. Nichts an ihnen ist locker, gelöst, selbst die Kommunikation kurz und abgehackt, nur auf das Notwendigste beschränkt. Etwa 15 Eliteathletinnen wurden eingeladen. Alle sind sie da: Tegla Loroupe, Naoko Takahashi. Läuferinnen aus Russland, England, Spanien, ein paar Japanerinnen, Deutsche. Wir werden kurz vorgestellt, ja, die Österreicherin, das bin ich. Die Begrüßung ist sachlich. Nein, keine Rivalität – Nervosität!

Die Strecke ist schnell, sagen alle. Manche sind gestern noch zweimal kurz gelaufen, um irgendwie ihre Energie zu kanalisieren. Die Hoffnung auf eine gute Zeit wächst. Muskulär bin ich voll fit, nur die Nase!? Der Schnupfen ist noch nicht vorbei. Gibt es den komplikationslosen Marathon überhaupt? Dampfbad hilft den Schleimhäuten, aber nur kurz, ja keine Elektrolyte verlieren. ‚Two minutes maximum', rät mir Tesfaye. Ich freue mich, ihn zu sehen. Es war eine gute Zeit mit ihm in St. Moritz. Scherze helfen: ‚Sieh dir unsere Betreuer an', sagt er. ‚Wie die reinschaufeln: Steak, Torten, Eis – warum dürfen wir das nicht?!' Fachsimpeln löst die Spannung etwas und lenkt gleichzeitig die Aufmerksamkeit noch mehr auf den Lauf: ‚Do you need a Gel? You must take it!' ‚How do you concentrate your drinks?' Jeder hat ein ausgeklügeltes System für seine Getränkezusammensetzung. Die Flaschen werden um halb sechs Uhr morgens eingesammelt und zu den Verpflegungsstellen gebracht. Alles ist bis ins kleinste Detail vorbereitet – der Transport zum Start, das abgegrenzte Gelände zum Aufwärmen, die Aufstellung der TV-Wagen, die Geschwindigkeit der Tempomacher, die Jubelposen der Sieger: Beide Hände in die Luft strecken, wird uns gesagt, das wirkt auf Fotos und im Fernsehen am besten. Ein Eliteathlet muss nur laufen, sonst nichts, er kann die ganze Energie darauf richten und auf das Wesentlichste fokussieren – Zeit und Platzierung. Das Wesentlichste?"

Der Lauf. Es ist wolkig, fast regnerisch, windig. Allan Steinfeld, der Renndirektor des New Yorker Marathons, gibt gemeinsam mit dem Berliner Bürgermeister den Startschuss ab. Viele laufen mit schwarzen Schleifen auf dem Trikot, die von den Veranstaltern verteilt wurden. Ein Zeichen der Trauer und Solidarität mit New York, wo ein paar Wochen zuvor, am 11. September 2001, zwei Flugzeuge mit Terroristen an Bord in die Türme des World Trade Center gekracht sind. Der Sport schien plötzlich ein unangebrachter Karneval. Doch bald war die Abgrenzung zwischen Spiel und wirklicher Welt, die der Schock durchbrochen hatte, wieder aufrecht. Alle hatten die Fernsehbilder gesehen. Dennoch waren alle nach Berlin gekommen, über 30.000 Teilnehmer. „United We Run" lautete ein riesiges Spruchband, und es gab jetzt nichts Wichtigeres, als diese 42,195 Kilometer zu laufen.

Der Wind weht den Läufern entgegen, etwa fünf Kilometer lang, dann dreht sich der Kurs. „3:40 Minuten pro Kilometer, das war meine Zeit für einen neuen Rekord. Ich bin sehr schnell gestartet. Einzelne Kilometer waren in 3:35. Es war zu schnell, ich hab es gespürt, ein paar Sekunden nur. Ich hab es gespürt und trotzdem gemacht. Ungeduld? Übermut? Ein Anfängerfehler, unglaublich!"

Die im Körper gespeicherte Kohlenhydratmenge ist begrenzt,

sie kann während des Rennens nicht erneuert werden. Nur bei exakt dosiertem Tempo reichen auf lange Sicht die Kräfte. Ein paar Sekunden pro Kilometer machen den Unterschied. Siegen, versiegen. Zu viel Speed am Anfang, und alle Vorräte sind weg, bevor das Ziel noch in Sichtweite kommt. Es bringt den Läufer fast zum Kippen: „18:02 Minuten für die ersten fünf Kilometer, hochgerechnet eine Marathonzeit von 2:32 Stunden – jedenfalls über meinem Leistungsniveau."

Naoko Takahashi, die Favoritin, lag bald weit vor allen anderen Läuferinnen, die ersten fünf Kilometer ihres Rennens – 16:44 Minuten – waren dennoch ihre langsamsten. Sie hat nicht vorschnell gegen den Wind ihre Kraft verschlissen.

„Zuerst bin ich in einer guten Gruppe mit einer Spanierin und einer Läuferin aus Großbritannien gelaufen, dann aber habe ich sie ziehen lassen. Halbmarathon in 1:16:44 Stunden – noch hoffte ich auf eine gute Zeit."

Takahashi wurde vorneweg immer schneller. Bei 1:09:48 Stunden passierte sie die Halbmarathonmarke.

„Auf der zweiten Hälfte war nichts Lockeres mehr an meinem Laufen, das war nach dem schnellen Tempo vom Anfang zu erwarten. Ab 25 Kilometer bin ich immer langsamer geworden, kein großer Einbruch, ein gleichmäßiger Untergang. Ich hab noch laufen können, aber nicht mehr beschleunigen. Es lief nicht rund, aber bis zum Schluss war ich positiv gestimmt. Ich würde langsamer sein, als erhofft, das war mir klar. Aber ich habe nicht gehadert damit."

Die zierliche, dennoch muskelbepackte Japanerin lag überlegen an erster Stelle. Sie war klar auf Weltrekordkurs. Seit ihrem Olympiasieg ein Jahr zuvor hatte sie sich nur auf diesen Lauf vorbereitet. Hundert Journalisten waren eigens aus Japan angereist. Zehntausende Zuschauer jubelten an der Strecke. Die Führende wurde etwas langsamer zum Schluss, aber nach 2:19:46 Stunden querte Naoko Takahashi die Ziellinie: Sieg, Weltrekord, beide Arme in die Luft: Als erste Frau den Marathon unter 2:20 gelaufen.

„Der Zieleinlauf war ziemlich unspektakulär, kein markantes Gebäude, kein Platz, keine Tribünen. Nicht so wie Wien oder Amsterdam. Fast ein Antiklimax zur Stimmung an der Strecke. Doch ich war ... wie? 2:38:03, achter Platz – immerhin ein Marathon. Erfolgreich, erfolglos? Man kann nicht gänzlich unzufrieden sein, wenn man einen Marathon beendet.

‚Was war los?', war die erste Frage im Ziel. Soll heißen: ‚Was ist falsch gelaufen?' Die Gesichter nach dem letzten Schritt, mein Mann, Journalisten, mein Trainer – nicht alle konnten ihre Enttäuschung verbergen.“

Nichts ist falsch gelaufen, vieles ist falsch gelaufen, ich bin gut gelaufen, ich bin schlecht gelaufen, warum soll etwas falsch gelaufen sein, ich bin zu Ende gelaufen, ich bin schnell gelaufen, ich bin unvernünftig gelaufen, ich bin für die Zeit gelaufen, ich bin nur für mich gelaufen, ich bin für alle, die mich kennen, gelaufen, ich bin gegen meine Zweifel gelaufen, ich bin quer durch Berlin gelaufen, ich bin zum Ende meiner Kräfte gelaufen, ich bin meiner Schwäche davongelaufen, ich bin als achte Frau durchs Ziel gelaufen, ich bin schneller als viele gedacht haben gelaufen, ich bin die Glukose aus meinem Körper gelaufen, ich bin das Hirn aus meinem Kopf gelaufen, ich bin langsamer als ich wollte gelaufen, ich bin meine zweitbeste Zeit gelaufen, ich bin

Viele sind positiv überrascht. Die Stresshormone rennen noch, klares Denken unmöglich, nur Gefühle, aber welche sind das? Die Nervenimpulse, die Gehirnströme, die Körperschmerzen, der Schrittrhythmus, alles rennt weiter. Die ersten Meter nach dem Ziel: ein Transitraum zur Normalität, nicht Laufen und nicht Stillstand, den Kopf langsam dorthin bringen, wo der Körper bereits ist – ans Ende der 42,195 Kilometer, ins Ziel, das es nur mehr für wenige Minuten gibt, denn gleich ist der Marathon vorüber, und am nächsten Tag wird es beim Gedanken daran nur noch Phantomschmerzen geben und ziehende Muskeln. Ein paar Minuten noch in diesem Sammelbecken der Emotionen und weggeworfenen Plastikbecher; nur nichts verändern an dieser Situation, es ist, wie es ist, euphorisch, ernüchternd, egal. Die Schritte sind kurz und seltsam langsam jetzt, die Antworten kommen zäh, geradeaus schauen – mehr wäre zu anstrengend, der volle Trinkbecher will fast nicht in der Hand bleiben: Nur ein physiologisches Notprogramm funktioniert, immerhin, bei manchen ist auch das ausgeschaltet.

„2:38:03 – nein, das war nicht gut. Als ich die fragenden Gesichter im Ziel sah, wurde mir das bewusst. Mein Kopf konnte keine Gegenmeinung dazu bilden. Ja, die Zeit ist also doch wichtig für mich, ich wollte das nie so haben. Aber plötzlich hatte ich das Gefühl, der Lauf hat mein Rückgrat gebrochen. Ich war ganz tief unten in einem Loch, in dem die Wände zu steil sind.“

Hannes Langer, ihr Trainer, meinte: „Ich hab noch nie jemanden gesehen, der mit seiner zweitbesten Zeit so unzufrieden ist." Ein paar der weltbesten Marathonläufer gingen im Zielbereich auf und ab, in kleinen Schritten, eingehüllt in Decken, um Reste von Körperwärme einzufangen. Takahashi wurde umdrängt von Kameras. Nur eine Woche später war ihr Weltrekord übrigens bereits wieder Geschichte, Catherine Ndereba, eine Läuferin aus Kenia, lief in Chicago den Marathon um 59 Sekunden schneller.

„2:38:03 – ich dachte, hier steht eine Belohnung für mich bereit, die ich mit nach Hause nehmen könnte, eine neue Bestleistung. Falsch geträumt. Ich dachte, ich nehme Kraft mit aus Berlin, aus dem Marathon, doch jetzt ...?"

Der Ausnahmezustand nach den 42,195 Kilometern. Kraftlosigkeit, Hochgefühl. Auch wenn der Alltag die Emotionen des Laufs in den meisten Stunden wegschieben kann, sie kommen unangemeldet, bis das Körpergleichgewicht wieder hergestellt ist, Anspruch und Wirklichkeit verarbeitet wurden.

„Ich war enttäuscht über die Zeit – 2:38:03. Am ersten Tag haben nur diese fünf Ziffern gezählt, und gleichzeitig hat es mich bedrückt, wie wichtig ich dieses Ergebnis genommen habe. Immer habe ich gesagt: Ich laufe für die Emotionen, die Leistung kommt dann von selbst. Diesen Weg hatte ich diesmal verloren. War es nur eine Fiktion, die ich lebte, weil es half, das harte Training zu erleichtern? Monatelang habe ich gebraucht, das Übertraining hinter mir zu lassen, habe um ein gutes Laufgefühl gerungen. Jetzt schien es so, als würde ich wieder um andere Dinge kämpfen, eine Platzierung, eine Bestzeit.

‚Wo gehörst du hin?', fragte ich mich nachts nach dem Marathon. ‚Wo ist dein Platz? Weiter vorne bei den Schnellen, oder bei denen, die erst kommen, wenn du bereits im Ziel stehst, denen du mit deinem Wissen helfen könntest? Bei denen, die vor dem Fernseher sitzen und vom Marathon träumen? Laufen oder Medizin – eigentlich immer der gleiche Konflikt.' Ich war mit der ganzen Situation zutiefst unzufrieden: ‚Was willst du eigentlich? Dich über eine Zeit ärgern oder die Begeisterung für das Laufen weitergeben? Du kannst doch nicht zulassen, dass dich eine Marathonzeit aus der Bahn wirft!' Und doch hat es mich fast aus der Bahn geworfen. Erst nach zwei Wochen konnte ich Berlin so akzeptieren, wie es war. Ich begann, auch die positiven Dinge zu sehen: meine zweitbeste Zeit, der erste Marathon seit einem Jahr, mein wiedergewonnenes Leistungsniveau nach der unglaublichen Krise des Übertrainings. Ein dunkler Punkt blieb trotzdem. Es war ein Marathon ohne besondere Höhen und Tiefen, taktisch schlecht gelaufen und langsamer, als es mir möglich gewesen wäre. Akzeptieren heißt nicht Schönreden. Es heißt frei werden für neue Ziele. Die Blockade überwinden, wenn ein Ziel nicht geklappt hat."

Ein neues Ziel, das waren die Staatsmeisterschaften im Halbmarathonlauf drei Wochen später. Vielleicht etwas zu knapp nach dem Berlin-Marathon, die Muskeln noch nicht ganz erholt. Aber ein Vorhaben, das die Gedanken wieder bündeln konnte und dem sich Dagmar Rabensteiner gewachsen fühlte. Und sie erwog auch noch ein anderes Vorhaben: Einen weiteren Marathon in diesem Jahr, im November in Florenz zum Beispiel.

Die Halbmarathon-Meisterschaften liefen hervorragend. Sie siegte bei dem Rennen in Stinatz auf einer hügeligen Strecke und blieb nur wenige Sekunden über ihrer persönlichen Bestzeit. Auch die Vernunft siegte: Statt einer neuerlichen Wettkampfvorbereitung auf einen weiteren Marathon legte sie eine Erholungsphase von einigen Wochen ein, ein Chill-Out, um neue Kräfte sammeln zu können. Man trainiert zwar, aber deutlich weniger als sonst, und niemals intensiv. Man nimmt bewusst in Kauf, dass das Leistungsniveau sinkt, man lässt seinen Körper von der Wettkampfstärke heruntersteigen. Den Tatendrang kanalisieren, sich einbremsen, um später schneller zu werden. Das Training macht mehr Spaß danach, auch wenn es anfangs schwer fällt, und es ist auch wirksamer, weil der Körper Erholung und Abwechslung braucht. Es ist die Zeit zum Planen für die nächste Saison, die nächsten Rennen. Wien-Marathon? Europameisterschaften in München?

„Der Halbmarathon von Stinatz, drei Wochen nach Berlin, war ein sehr gutes Rennen, aber das große Ziel wäre Berlin gewesen. Ich war manchmal immer noch unzufrieden damit, weil ich das Gefühl hatte, meine Form nicht umgesetzt zu haben. Deshalb der leise Gedanke an einen weiteren Marathon in naher Zukunft. Ich suchte etwas, das Berlin überstrahlen konnte. Aber bald kam ich davon ab. Man kann ein Rennen nicht noch einmal laufen. Es gibt keinen zweiten Versuch, nur immer wieder einen neuen. Und dazu braucht man erst neue Kraft."

Frauen laufen anders

Naoko Takahashi lief am 30. September 2001 in Berlin als erste Frau den Marathon unter 2:20. Catherine Ndereba war eine Woche später noch schneller und erreichte in Chicago eine Zeit von 2:18:47 Stunden. Beide hätten nur 50 Jahre davor mit diesen Leistungen die Weltrekordliste der Männer angeführt. Beide waren schneller als einer der größten Langstreckenläufer der Geschichte in seinen besten Tagen, der legendäre vierfache Olympiasieger Emil Zatopek (1922 – 2000).

Laufen Frauen anders?

„Ich kämpfe nicht, ich laufe. Ich strenge mich an, aber mein Ziel ist die Leichtigkeit. Ich laufe für den Sieg, aber nicht gegen andere. Ich will die Bewegung genießen, auch wenn der Trainingsplan hart ist. Ich suche das fließende Laufgefühl, denn damit kommt der Erfolg. Mich freut eine Bestzeit wirklich unglaublich, aber schöner ist der Weg dorthin. Ich fordere meinen Körper, aber ich höre auf seine Signale. Mich fasziniert das Laufen an der Grenze, aber ich verspüre keine Lust, mich zu quälen. Laufen ist mein voller Ernst, aber es ist ein großes Spiel. Ich laufe nicht gegen den Schweinehund, denn ich habe keinen. Ich will all meine Kräfte bündeln, aber dazu muss ich locker sein. Ich kämpfe nicht gegen die Männer, aber manche kämpfen mit mir. Ich analysiere all meine Trainingseinheiten, aber die Harmonie der Schritte wird in den Tabellen nicht sichtbar. Ich will das Beste aus mir herausholen, aber es soll wirken wie mühelos. Ich will mich nicht selbst besiegen, denn dann trage ich auch eine Niederlage in mir. Ich will in mich hineinhorchen und aus mir herausgehen, viele Stunden und viele Kilometer lang. Ich mag Konkurrenz, aber keine Duelle. Ich laufe für neue Energie, und ärgere mich, wenn ich Zeit und Platzierung trotzdem am wichtigsten nehme."
Laufen Frauen also anders?

Kleine Unterschiede

❖ Frauen haben weniger Muskelmasse als Männer, um 10 – 15%. Durch das Testosteron können Männer leichter Kraft entwickeln und auch schneller regenerieren.

Mit den deutschen Favoritinnen Ines Cronjäger und Christine Döllinger,
Halbmarathon Altötting 2001

Berlin-Marathon 2001, unmittelbar nach dem Start

Zieleinlauf, Berlin-Marthon 2001

❖ Frauen haben mehr Fett als Männer, um etwa 8%. Für das Laufen ist das ein Ballast, der zusätzlich mitgetragen werden muss.

❖ Die Lungenkapazität von Frauen ist geringer.

❖ Das Herzvolumen von Frauen ist kleiner als das der Männer, um 10 – 15%.

❖ Der Hämoglobin-Anteil im Blut ist bei Frauen geringer, um 10 – 15%. Daher kann weniger Sauerstoff zu den Muskeln transportiert werden.

❖ Das Binde- und Stützgewebe ist bei Frauen durch die Östrogene elastischer. Die Anfälligkeit für Verletzungen ist dadurch höher.

❖ Durch den Monatszyklus sind Frauen nicht zu jedem Zeitpunkt gleich belastbar und leistungsfähig. In der ersten Woche nach der Menstruation ist die Leistungsfähigkeit höher, in der letzten Woche vor der Blutung am niedrigsten.

❖ Frauen laufen langsamer. Das sagt nicht nur die Physiologie des Körpers, das sagt ein Blick auf alle Laufstrecken und das sagen auch leistungsdiagnostische Untersuchungen. Das heißt aber: Frauen laufen – im Durchschnitt! – mit mehr Gefühl und weniger Verbissenheit. Achten Sie einmal auf die Laufbewegungen: Hineinstampfen in den Boden, kräfteraubendes Fäusteballen bei jedem Schritt, weit aufgerissene, verkrampfte Münder – sind es eher Männer oder eher Frauen, die so laufen? Die rhythmische Bewegung, das Aufnehmen von Sinneseindrücken, das leichte Laufgefühl, die beruhigende Wirkung des Dahintrabens – vielen Frauen ist das wichtiger, als sich bis an die Schmerzgrenze zu quälen. Mit diesem Zugang treffen sie den für die Gesundheit wichtigen Trainingsbereich meist besser als männliche Hobbyläufer. Diese trainieren sehr oft so, dass sie am Ende des Laufs „so richtig fertig" sind, dass jeder Abend-Jog zum kleinen Rennen wird, also zu intensiv.

❖ Langsam Laufen ist meist gesünder und auch zur Vorbereitung auf lange Bewerbe wie einen Marathon das geeignete Rezept. Frauen scheinen das eher verstanden zu haben als Männer. Das heißt selbstverständlich nicht, dass Frauen im Wettkampf keine Leistung bringen können. Im Gegenteil. Durch die biologischen Gegebenheiten werden die besten Frauen die besten Männer zwar nie überholen können. Aber eine gut trainierte Läuferin kann zum

Beispiel bei einem Marathonlauf dennoch schneller sein als 99% der männlichen Starter.

❖ Bestimmte körperliche Probleme betreffen in besonderem Maß oder ausschließlich Frauen:

❖ Frauen, die laufen, leiden häufiger als Männer an Eisenmangel. Eine Blutbildkontrolle einmal jährlich, entsprechende Ernährung oder Einnahme von Eisenpräparaten (auf Verschreibung eines Arztes) können vorbeugen und helfen.

❖ Durch anhaltendes hartes Training und einen geringen Körperfettanteil kann es bei Läuferinnen vorkommen, dass die Menstruation unregelmäßig auftritt oder über längere Zeit ganz ausbleibt. Es ist dies eine natürliche Reaktion des Körpers auf die körperlichen Belastungen. Bei geringerem Trainingspensum stellt sich das Hormonsystem wieder um, sodass sich eine regelmäßige Periode einstellt.

❖ Das Ausbleiben der Monatsblutung vermindert die Knochendichte. Der Körper produziert weniger Östrogene (weibliche Geschlechtshormone), die Einlagerung von Kalzium in die Knochen wird dadurch beeinträchtigt. Die Anfälligkeit für Ermüdungsbrüche steigt, die Gefahr des Knochenabbaus (Osteoporose) im Alter ist erhöht. Zusätzliche Einnahme von Kalzium und Vitamin D sind nach ärztlicher Diagnose mögliche Hilfsmittel.

❖ Magersucht und Essstörungen sind unter Langstreckenläuferinnen nicht zu unterschätzende Probleme. Bis zu einem gewissen Punkt geht mit einer Gewichtabnahme eine Leistungssteigerung einher, die Grenze zwischen Hochform und Absturz ist jedoch fließend. Leistungsdruck, Selbstkasteiung und die Besessenheit, einen Trainingsplan (über)erfüllen zu wollen, können sehr leicht zu schwerer Krankheit bis zum Zusammenbruch des Organismus führen. Der Körper ist kein Feind, gegen den man kämpfen muss! Man soll ihm Gutes tun, dazu gehört auch gutes, ausreichendes Essen – umso wichtiger, je mehr man sportlich aktiv ist.

Perfect Body – erstrebenswert?

Schönheit und Gesundheit sind nicht das gleiche. Ein Fitness-Studio, ein Umkleideraum – eine Frau mustert sich im Spiegel: „Jetzt werd' ich aber fett!"

„Das ist aber wirklich nicht der Fall, weibliche Rundungen halt, gesundheitlich völlig unbedenklich." Schräger Blick auf Dagmar Rabensteiner, von der diese Bemerkung kam: „Sie haben ja leicht reden."

„Schon, aber man soll doch seine Kraft im Leben ganz anderen Dingen widmen."

So schlank kann eine Figur gar nicht sein, um nicht tagesfüllendes Thema zu werden. Frauen sind diesbezüglich einem gewaltigen gesellschaftlichen Druck ausgesetzt. Ist das Gewicht runtergegangen? Und der Körperfettanteil? Passt die Kleidergröße? Wie viele Kalorien hat ein Schokoriegel? Kommt ein Minirock noch in Frage? Der perfekte Körper ist das Ziel, so wird es überall verkündet, schön, erfolgreich, begehrenswert. Auch der Lauf- und Fitnessboom trägt das seine zu dieser Sichtweise bei.

Gut, Abnehmen ist tatsächlich für viele Menschen empfehlenswert und eine häufige Motivation, warum jemand zu laufen beginnt – auch bei Männern. Aber abnehmen wofür?

Abnehmen für die Gesundheit

Übergewicht ist ein Risikofaktor erster Güte für das Entstehen klassischer Zivilisationskrankheiten. Aber wann ist man übergewichtig? Ein paar einfache Zahlen:

Als ein Wert kann der „Body-Mass-Index" (BMI) herangenommen werden. Ein Body-Mass-Index zwischen 19 und 25 gilt als ideal, weniger als 19 würde auf Untergewicht hindeuten, 25 – 30 heißt leichtes Übergewicht, ein höherer BMI als 30 zeigt schweres Übergewicht an. Man berechnet den BMI nach folgender Formel:

Körpergewicht dividiert durch Körpergröße in Metern zum Quadrat.

Beispiel: Eine Person wiegt 65 kg bei einer Größe von 1,73 Metern, das bedeutet

$$BMI = 65 : (1,73 \times 1,73) = 65 : 2,9929 = 21,72$$

Das ist ein sehr guter Wert. Der BMI bietet einen recht guten Anhaltspunkt dafür, ob das Körpergewicht gesundheitsgefährdend ist. Doch der Blick allein auf die Waage kann irreführend sein. Gewicht ist nicht gleich Gewicht.

Entscheidender als die bloßen Pfunde ist die Zusammensetzung des Körpers. Sprich: Wie viel Fett hat man und wo sitzt es. Jeder hat Fett, Frauen im Durchschnitt mehr als Männer (um etwa 8%), jeder an anderen Stellen und in unterschiedlichem Ausmaß. Gefährlich für die Gesundheit ist das sogenannte „viszerale Fettgewebe" rund um die Darmschlingen und das „abdominelle Unterhautfettgewebe" – oder konkret: ein dicker Bauch. Lagert sich hauptsächlich dort das Fett an – typisch für Männer –, steigt das Risiko der schädlichen Wirkungen des Übergewichts beträchtlich. Übergewicht steht dann am Beginn einer ganzen Reihe von Problemen: Unempfindlichkeit des Körpers gegenüber Insulin, das den Stoffwechsel reguliert, dadurch erhöhtes Risiko für Zuckerkrankheit, gestörter Fettstoffwechsel mit erhöhten Cholesterinwerten, Einlagerung von Fett in die Blutgefäße, Bluthochdruck. Diese Risikofaktoren führen zur Gefäßverkalkung, der Arteriosklerose, und als bitteres Ende drohen dann Schlaganfall oder Herzinfarkt – daran pflegen wir ja heutzutage zu sterben. Herz-Kreislauf-Erkrankungen sind die häufigste Todesursache in der westlichen Welt.

Kritische Körperproportionen lassen sich in Zahlen fassen, und zwar durch das Verhältnis von Taillenumfang zu Hüftumfang. Für Frauen sollte dieser Wert kleiner als 0,85 sein, für Männer jedenfalls unter 1. Das heißt: Der Bauch sollte zumindest etwas schmäler sein als das Becken. Ansonsten: Abnehmen, alles andere könnte auf die Dauer gefährlich sein.

Abnehmen für die Schönheit

„Ein toller Körper", wer wollte den nicht haben? Man ist eher bereit, für die Schlankheit zu kämpfen, als für die Normalisierung internistischer Laborparameter. Im besten Fall ergibt eines ohnehin das andere, Schönheit und Gesundheit. Aussehen und Figur, darum geht es in den meisten Fällen, wenn frau Sport betreibt. Nicht ausschließlich, nicht unbedingt an erster Stelle, aber läuft der Gedanke daran nicht praktisch immer mit?

Gesunde Körper gibt es in den unterschiedlichsten Formen und Gewichtsklassen. Aber durch Hungerdiäten extrem dünn gewordene Körper lassen der Gesundheit oft keinen Platz. Wer mit seinem BMI unter 19 liegt, sollte keinen Gedanken mehr ans Abnehmen verschwenden. Essstörungen und Magersucht bis zum Zusammenbruch der Körper- und Stoffwechselfunktionen können die Folge sein.

Das aktuell verbreitete Bild der „Idealfigur" ist nur zu erreichen, wenn man die Anlagen dazu von der Natur und seinen Eltern mitbekommen hat. Grundmerkmale des Körperbaus sind eben nicht veränderbar, da hilft nicht einmal die plastische Chirurgie. Hundert Frauen gleichen Alters mit einem identischen Körperfettanteil von z. B. 12 % würden allesamt völlig unterschiedlich aussehen. Ebenso unterschiedlich ist es, wie leicht oder schwer jemand sein Gewicht reduzieren kann. Körper und Stoffwechsel sind eben individuell. Doch Körperbewusstsein ist viel mehr als das Erreichen einer Idealfigur. Ausstrahlung, Auftreten, Wohlbefinden, Gesundheit – das hängt nicht mit dem Schönheitsideal zusammen. Im Körper steckt ja auch ein Mensch. Ist es nicht ein Zeichen von Abhängigkeit, einem genormten Look nachzueifern? Natürlich ist das Aussehen wichtig, ein Ausdruck der Persönlichkeit. Man soll es bewerten, aber nicht überbewerten. Sich nur auf die Optik des Körpers zu konzentrieren, bindet immense Kraft, die man viel besser einsetzen könnte. Es gibt so vieles im Leben, das sich mehr lohnt.

Abnehmen durch Laufen

Laufen ist der beste Weg zum Abnehmen. Bei reinen Fastenkuren ohne Sport schaltet der Körper auf Sparflamme, reduziert den Grundumsatz, also den Energieverbrauch im Ruhezustand, und baut darüber hinaus vorwiegend Muskeleiweiß ab. Das Gewicht mag am Anfang sehr rasch sinken, da Glukose verbraucht wird und der Körper dann weniger Wasser bindet. Unangetastet hingegen bleibt bei kurzzeitigen Fastenkuren das Fettdepot. Körperliches Training trägt dazu bei, nicht nur die Körpermasse insgesamt zu verringern, sondern besonders den Anteil, auf den es ankommt, nämlich die Fettmenge. Extrem „schlanke" Models haben durch Hungerkuren ohne gleichzeitiges Bewegungsprogramm oft einen Körperfettanteil von 25 %, was bei ihrem geringen Gewicht ganz schön viel ist! Ihre Muskulatur jedoch hat ihr Körper verbraucht.

Das wichtigste beim Abnehmen: Weniger Fette essen UND Bewegung – und das ganze zum Dauerzustand machen. Extreme Diäten sind nur mit großer Willenskraft durchzustehen, aber niemals für den Alltag geeignet. Panik und Selbstkasteiung sind schlechte Ratgeber. Laufen unterstützt das Abnehmen mehrfach: Bewegung kurbelt den Stoffwechsel an, dosierte Belastung verbraucht die Energie aus den Fettdepots, fettabbauende Enzyme werden im Körper verstärkt wirksam und das Hungergefühl wird reguliert. Krafttraining an speziellen „Problemzonen" hilft nur indirekt, weil es den Energieverbrauch erhöht. Ein gezielter Fettabbau an bestimmten Stellen ist jedoch nicht möglich.

Aber selbst bei der Formel „Weniger Essen – Mehr Verbrauchen" muss klar sein: Abnehmen dauert! Drei Kilo minus innerhalb einer Woche sind nie von Dauer. Es geht immer darum, seinen Lebensstil so zu verändern, dass kein Gedanke an „Diäten" mehr auftaucht. Übrigens ist Gewichtsabnahme allein kein Zeichen für eine erfolgreiche Bekämpfung von Übergewicht. Bei entsprechender Bewegung wird Fett ab- und Muskelmasse aufgebaut. Die äußerliche Veränderung kann enorm sein. Aber da Muskeln schwerer als Fett sind, sinkt das Gewicht nicht notwendigerweise sehr stark – das Wohlbefinden steigt jedoch allemal.

Kurze Geschichte des langen Laufens

Im Stadion von Amsterdam – an jener Stelle, an der Dagmar Rabensteiner die letzten 200 Meter ihres Österreichischen Marathonrekords lief – fanden 1928 die ersten Olympischen Spiele statt, bei denen Frauen zu Laufbewerben überhaupt zugelassen wurden. Eine Distanz von 800 Metern war das längste, was Mediziner und Funktionäre den Sportlerinnen damals zumuten wollten. Weil sich einige Teilnehmerinnen bei diesem Lauf so sehr verausgabten, dass sie im Ziel erschöpft zu Boden gingen, wurde diese Frauen-"Langstrecke" damals wieder aus dem olympischen Programm gestrichen. 200 Meter, mehr wollten die Herren vom IOC den Frauen nicht gönnen. Erst 1960, bei den Olympischen Spielen in Rom, wurden die 800 Meter wieder eingeführt; 1972 in München kamen zusätzlich die 1500 Meter ins Programm. Das klingt heute, da Frauen ganz selbstverständlich und auf höchstem sportlichen Niveau die gleichen Laufbewerbe wie Männer absolvieren, wie tiefstes Mittelalter.

Lange Zeit konnte man die Marathon-Frauen an einer Hand abzählen: 1896, bei den ersten Olympischen Spielen der Neuzeit, absolvierte eine Griechin den Marathonlauf, obwohl sie von den Organisatoren nicht zugelassen worden war. Eine Französin bewältigte 1918 ebenfalls die 42,195 Kilometer, 1926 lief die Britin Violet Piercy offiziell gestoppte 3:40:22 Stunden. Erst in den sechziger Jahren wurden nach und nach Frauen zu Marathonläufen zugelassen.

Legendär ist eine Szene des Boston-Marathons 1967. Unbeeindruckt vom Verbot der Veranstalter wollte die US-Amerikanerin Kathrine Switzer am Lauf teilnehmen. Ein Funktionär erspähte die Frau im Männerfeld und wollte sie mit Gewalt von der Strecke bringen. Nur dank einer Boxeinlage ihres Begleiters, einem Hammerwerfer, der den Rausschmiss verhinderte, konnte sie das Rennen beenden. Die Bilder dieses Zwischenfalls brachten viele Marathonveranstalter dazu, ihre Rennen auch für Frauen zu öffnen.

Die Entwicklung verlief seither rasant. Da der Frauenmarathon damals praktisch bei Null begann, waren die Leistungssprünge anfangs enorm. Binnen zwölf Jahren, von 1971 bis 1983, fiel die Weltbestmarke von 3:01:42 auf 2:22:43 Stunden. Der erste

Frauen-Olympiamarathon 1984 in Los Angeles brachte der Disziplin endgültig ihren Durchbruch. Nicht nur bei Marathons begannen die Teilnehmerzahlen zu boomen. Bei manchen Straßenlaufbewerben über kürzere Distanzen sind heute mehr Frauen als Männer am Start, besonders wenn in lockerer Atmosphäre nicht unbedingt der Leistungsgedanke im Vordergrund steht. Einige Frauenläufe über Strecken von fünf oder zehn Kilometer haben Teilnehmerfelder von über 20.000 Starterinnen! Die Stimmung ist gelöster dort, viele Frauen, die dem Kampf um Plätze und Sekunden bei anderen Veranstaltungen fernbleiben, machen so ihre ersten Rennerfahrungen. Nicht die Demonstration von Stärke zählt, sondern die Freude, überhaupt am Start zu sein, das Dabeisein, das Ins-Ziel-Kommen, das Laufen mit Tausenden anderen.

An der Weltspitze stoßen indes immer mehr Läuferinnen in Bereiche vor, die selbst für den Großteil der männlichen Athleten unerreichbar sind. Ein Marathon unter 2:20, wie das Naoko Takahashi und Catherine Ndereba als erste Frauen geschafft haben – das ist in Österreich nur einer Handvoll männlicher Athleten möglich.

Wo liegen die Grenzen? Eine Steigerung fällt immer schwerer, je höher das Leistungsniveau bereits ist. Yoshio Koide, der Trainer von Naoko Takahashi und anderen japanischen Läuferinnen, spricht jedoch seit langem von 2:16 Stunden, die an einem optimalen Tag möglich sind. François Péronnet, Direktor des Instituts für Kinesiologie an der Universität Montreal, hat im Jahr 1989 auf Basis leistungsdiagnostischer Daten versucht, die weitere Weltrekordentwicklung bei Laufbewerben zu prognostizieren *(Journal of Applied Physiology, 67, 453-465, 1989)*. Die Marathonzeiten für das Jahr 2000 hat er bis auf wenige Sekunden getroffen. In knapp 30 Jahren sieht er den Frauenmarathon bei 2:12 Stunden – und den Herrenrekord bei 1:59! Selbst wenn diese Zeiten übertrieben optimistisch sind, ein Endpunkt der Entwicklung ist noch nicht erreicht. Solange es Geld und Anerkennung dafür gibt, werden Rekorde fallen. Wer wann wo die nächste Bestleistung laufen wird, ist unabschätzbar. Aber dass sie gelaufen wird, steht fest.

Im Ziel ist immer am Start

„Für diesmal reicht es", sagt Dagmar auf den letzten Schritten unseres Laufes, und hüpft anschließend, als hätte sie Sprungfedern in den Beinen. Unerklärlich? Aber so ist das manchmal. Energie verbrauchen gibt neue Energie zurück. Eine scheinbar unnütze Verschwendung mit überschießendem Kraftrückfluss. Laufen, das hat mit Marathon-Zeiten und Platzierungen wenig gemein. Atemzug um Atemzug verändert es den Körper, lüftet es den Kopf. Es kann die pure Freude sein, sich selbst bei der Bewegung zu spüren. Jeder Lauf ist eine Abenteuerreise – neue Orte, Gedanken, Erfahrungen. Die einfache Tätigkeit, Schritte aneinander zu reihen, kann der Zugang zu bisher ungeahnten Tiefen des Bewusstseins, zu einem spannenderen Leben sein. Die meisten Menschen sind jedoch entweder zu gestresst oder zu gelangweilt, um das Außergewöhnliche in sich wahrzunehmen und es auszuleben. Laufen ist nur einer von vielen Wegen dorthin, aber jeder kann ihn für sich entdecken.

„Solange ich vom schweren Training mehr Freude zurückbekomme als es mich Kraft kostet", sagt sie, „solange werde ich mich ganz intensiv dem Laufen widmen. Bestzeiten werden einmal wieder unwichtig werden für mich, aber laufen werde ich weiter. Es kommen neue Ziele", fügt sie hinzu."Andere, als schnell zu laufen. Das medizinische Wissen weitergeben beispielsweise, anderen Menschen Mut machen, sich zu finden – wie mit diesem Buch."

Man kann neue Vorhaben angehen wie ein wichtiges Rennen: Laufschritt für Laufschritt, anfangs mit Respekt, der mehr und mehr von Begeisterung abgelöst wird, mit gewissen Vorstellungen und vollstem Einsatz für jeden Augenblick. Intensiv Laufen braucht Mut, denn es passt meist nicht in den Alltag. Intensiv Leben braucht Mut. Diejenigen, die ein außergewöhnliches Leben führen, zeichnet nicht etwa die Abwesenheit von Angst aus, sondern die Kraft, das zu machen, wofür sie sich begeistern.

Lebenslauf

Dr. Dagmar Rabensteiner, geb. Umfer
Geboren 15.6.1963 in Innsbruck
Verheiratet, ein Sohn (geboren 1983)

1969-81	Volksschule und Realgymnasium in Innsbruck
1981	Beginn des Studiums der Medizin in Innsbruck
1990	Umzug nach Wien
1990-91	Lehrwarteausbildung „Fit-Erwachsene"
1991	Promotion zum Doktor der gesamten Heilkunde in Wien
1991-92	Wissenschaftliche Mitarbeiterin am Ludwig-Boltzmann-Institut der 2. Medizinischen Abteilung (Hämatoonkologie) des SMZ Ost – Wien
1993-95	Assistenzärztin an der Universitätsklinik für Innere Medizin III im AKH Wien
1993	Erster Marathonlauf in Wien
ab 1995	Ausbildung zur Fachärztin für Innere Medizin im Krankenhaus Lainz
1999	Beginn des leistungsorientierten Marathontrainings
1999-01	Sportärzteausbildung
10/1999–5/2000	Karenzierung für den Leistungssport
5/2000	Fortsetzung der Facharztausbildung und Arbeit als Assistenzärztin im Krankenhaus Lainz
2000	Österreichische Marathonbestleistung in Amsterdam
2001	Abschluss der Facharztausbildung in einer internistischen Praxis und Sportärztediplom

Laufbewerbe 1993 – 2001

Datum	Bewerb	Ort	Zeit	Platz
18.4.1993	Marathon	Wien	3:28:00 (Das erste Rennen)	
23.6.1993	Halbmarathon	Deutsch Wagram	1:28:50	2.
23.4.1995	Marathon	Wien	3:16:20	
25.5.1997	Marathon	Wien	3:07:04	18.
30.11.1997	Marathon	Florenz	2:55:19 (Unter 3 Stunden)	6.
24.5.1998	Marathon	Wien	3:01:38	10.
21.6.1998	Halbmarathon	Deutsch Wagram	1:23:49	1.
27.6.1998	10.000 m (Strasse)	Spannberg	37:50	1.
4.7.1998	Cross-Halbmarath.	Jochberg	1:31:23	2.
20.9.1998	Halbmarathon	Wachau	1:21:23	11.
25.10.1998	Marathon	Venedig	2:55:08	10.
5.4.1999	10.000 m (Strasse)	Pinkafeld	35:08	4.
25.4.1999	Halbmarathon	Wien-Prater	1:17:23 (3. Platz Österr. Meisterschaften)	4.
30.5.1999	Marathon	Wien	2:49:33 (Der Aufstieg beginnt)	6.
29.8.1999	9.400 m	Apetlon	33:57,8	1.
19.9.1999	Halbmarathon	Wachau	1:17:35	5.
17.10.1999	Marathon	Graz	2:41:46 (Karenzierung Oktober – Mai)	1.

Datum	Bewerb	Ort	Zeit	Platz
16.1.2000	Halbmarathon	Wien-Prater	1:18:10	1.
6.2.2000	**Marathon**	**Valencia**	**2:43:25**	**4.**
12.3.2000	Halbmarathon	Paris	1:17:16	9.
2.4.2000	10.000 m (Strasse)	Apetlon	35:36	1.
16.4.2000	**Marathon**	**Rotterdam**	**2:38:56**	**11.**
21.5.2000	**Marathon**	**Wien**	**2:39:08** (1. Platz Österr. Meisterschaften)	**6.**
6.8.2000	10.000 m (Strasse)	Wien-Donaupark	35:58	1.
1. 17.9.2000	Halbmarathon	Wachau	1:15:29	1.
1.10.2000	10.000 m (Strasse)	Wien-Währing	35:48	1.
15.10.2000	**Marathon**	**Amsterdam**	**2:35:42** (Österr. Bestzeit)	**3.**
21.10.2000	Halbmarathon	Salzburg	1:16:29 (1. Platz Österr. Meisterschaften	1.
4.2.2001	Halbmarathon	Bad Füssing	1:15:42	1.
1.4.2001	10.000 m (Strasse)	Apetlon	35:41 (Übertrainiert – Rennpause)	1.
2.9.2001	Halbmarathon	Altötting	1:16:22	3.
23.9.2001	10.800 m	Wien	38:02	1.
30.9.2001	**Marathon**	**Berlin**	**2:38:03** (Das Come-back)	**8.**
21.10.2001	Halbmarathon	Stinatz	1:15:37 (1. Platz Österr. Meisterschaften)	2.

Bildnachweis:

Privatarchiv Peter Rabensteiner: S. 17, 18, 35, 36, 53, 95, 96 (unten), 130, 147, 148
© Johannes Langer: S. 71, 129, 181, 182, 199, 200
© Bernhard Noll: S. 72, 89, 90/91, 92, 93 (oben), 94, 96 (oben)
© Andreas Maier: S. 93 (unten)

Die Rechtslage bezüglich der reproduzierten Bilder wurde – soweit möglich – sorgfältig geprüft; eventuelle berechtigte Ansprüche werden vom Verlag in angemessener Weise abgegolten.

Jorge Louis Borges: Aus dem Geburtstagsgruß eines Freundes.
aus: Jorge Louis Borges: Gesammelte Werke
© 1980–83 Carl Hanser Verlag, München–Wien

© Franz Deuticke Verlagsgesellschaft m. b. H.,
Wien – Frankfurt/Main 2002
Alle Rechte vorbehalten.
www.deuticke.at

Umschlaggestaltung: Robert Hollinger
Umschlagfotos: Johannes Langer
Lektorat: Afra Margaretha
Herstellung: Josef Embacher
Druck: MANZ CROSSMEDIA, 1051 Wien
Printed in Austria
ISBN 3-216-30634-8

„Pointen, bei denen Männern gewöhnlich das Lachen im Hals stecken bleibt. Sehr lustig"

Sibylle Fritsch
Worüber Frauen lachen
Der Geschlechterkampf im Spiegel des Witzes

240 Seiten, Klappenbroschur
ISBN 3-216-30608-9
€ 14,90 / sfr 27,20

www.deuticke.at

Deuticke